RESEARCH
DESIGN
AND
METHODOLOGY
IN
MANAGEMENT

# 管理研究
## 设计与方法

于晓宇　赵红丹　范丽先 ◎ 等编著

机械工业出版社
China Machine Press

## 图书在版编目（CIP）数据

管理研究设计与方法 / 于晓宇等编著 . —北京：机械工业出版社，2019.8（2021.1 重印）
（华章精品教材）

ISBN 978-7-111-63455-3

I. 管… II. 于… III. 管理学 - 高等学校 - 教材 IV. C93

中国版本图书馆 CIP 数据核字（2019）第 165667 号

  本书主要针对管理学、心理学、社会学与教育学等领域的"研究新手"、青年教师、研究生而设计，通过作者亲身经历的论文写作及发表背后的故事，系统地介绍了论文的研究设计、方法操作和发表实战，有助于读者掌握主流的研究方法，提升自身的研究设计和论文发表能力。

  全书共 9 章，内容涉及研究设计、理论构建、假设提出、实验研究、问卷调查、数据处理、社会网络分析、Stata 应用等。本书弱化了对原理的介绍，诠释研究方法的一般性步骤，将重点放在论文发表上，尤其是高质量论文发表对研究设计、方法的要求与解决方案。本书的每一部分都将尽可能地强调如何操作才更容易获得匿名评阅人、领域主编、期刊主编等专家的青睐。书中的大量"诀窍"并非论文发表的规律，都是作者自己在发表过程中遇到的困惑、纠结、权衡、选择与事后的反省等。

  本书非常适合高等院校和科研院所管理学、心理学、社会学与教育学等领域的研究新手、研究生以及高年级本科生等。

出版发行：机械工业出版社（北京市西城区百万庄大街 22 号 邮政编码：100037）
责任编辑：施琳琳  责任校对：殷 虹
印　　刷：三河市宏图印务有限公司  版　次：2021 年 1 月第 1 版第 2 次印刷
开　　本：185mm × 260mm 1/16  印　张：18.25
书　　号：ISBN 978-7-111-63455-3  定　价：50.00 元

客服电话：(010) 88361066　88379833　68326294　　投稿热线：(010) 88379007
华章网站：www.hzbook.com　　　　　　　　　　　　读者信箱：hzjg@hzbook.com

版权所有·侵权必究
封底无防伪标均为盗版
本书法律顾问：北京大成律师事务所　韩光 / 邹晓东

# 前言

## 以战代练

2010年，我在上海大学指导了第一位硕士研究生——来自老挝的韩梦兰。刚指导她写硕士论文时，我发现她对研究方法了解甚少，我一边在办公室给她讲解研究方法，一边从"经管之家"一类的论坛上购买了SPSS/AMOS实操讲解视频，供她学习使用。尽管成本很高，但她非常用心，同时利用她在老挝等商会的关系收集了国际创业的调查数据，最终其硕士论文的部分内容在《管理科学》杂志上发表。

在韩梦兰以及随后几届研究生的硕士论文答辩过程中，我发现很多研究生对研究方法一知半解，数据来源不清，方法操作也存在一些漏洞，部分论文"贡献"了无效甚至可能有害的知识。在随后指导研究生的过程中，我要求硕士、博士研究生在入学之前先学习陈晓萍、徐淑英、樊景立主编的《组织与管理研究的实证方法》，但一些研究生由于缺乏实操经验，很难领会书中的精妙，高山仰止之后，随即束之高阁。

我反思自己在攻读硕博期间学习管理研究方法的经历，感觉打牢基础固然重要，但以目标为导向整合各类碎片化的知识，似乎也是一个办法。因此，这明确了本书的三个特点。

（1）发表导向。我们非常认同发表是研究的自然结果，而非刻意为之，但这个觉悟不应强加给研究生或研究新手，毕竟，他们中的大多数必须通过发表"安身立命"。因此，本书弱化了对原理的介绍，诠释研究方法的一般性步骤，将重点放在发表上，尤其是高质量论文发表对研究设计和方法的要求与解决方案。每一部分尽力强调如何操作才更容易获得"客户"——匿名评阅人、领域主编、期刊主编的青睐。无疑，这很直接，但对很多研究新手而言，入门更快，代入感更强。

（2）跨越隐性知识的壁垒。知行合一的障碍之一是很多事物发展的规律都是隐性知识。这些知识之所以是隐性的，一个原因是"无法说"，不能言传身教，只可意会；另一个原因是"不愿说"，因为说出来就可能会引起他人的质疑和误解。对管理研究而言，也是如此。尽管国内外已有一些关于研究方法的书籍，但这些书很少或不愿涉及隐性知识，而诸多研究新手又很难复制这些科学的、完美的、高难度的显性知识。**逐渐地，完美成了完成的敌人，科学成了拖延的理由，精通研究方法成了迟迟不启动的借口。**

**一个简易、冲动、不完美的开始，要好过一个周密、理性、不落实的计划。**因此，我们在书中分享了很多"诀窍"（know-how），尽管很多研究老手都会使用这些诀窍，但他们很少在书中或其他渠道公开说明。这也是很多研究新手的痛点。由于本书的大部分内容使用我们自己发表的论文作为案例，因此我们提供了在发表过程中遇到的困惑、纠结、权衡、选择与事后的反省。这些诀窍并不是规律，但可以帮助研究新手跨越隐性知识的壁垒，减少试错的成本，最重要的是，暗示你不是一个人在战斗，因此无须等待万事俱备，而应快速启动。

（3）与时俱进。管理研究方法的更新可谓日新月异。以中介效应的检验为例，研究新手刚熟悉掌握 Baron 和 Kenny（1986）的三步法，就开始流行用 bootstrap 检验中介效应了，2014 年国际管理学会（Academy of Management，AOM）会议还设专场分享了中介效应的最新检验方法。统计软件的使用也是如此，2003 年以前，如果你会使用 AMOS 软件包，那么你在国内管理学研究领域就基本"无敌"了，无论是发表职称论文还是学位论文，加上 AMOS 四个字母都会显得格调很高。十多年过去了，到了 2013 年，如果你不会使用 Matlab、Stata、Mplus 等软件包，你都不好意思和学术社区的"邻居"打招呼。

本书所有写作成员都主持过至少 1 项国家自然科学基金项目或国家社会科学基金项目，并在国内外高校普遍重视的 UTD24、FT50、ABS4 等期刊上发表过论文，长期奋斗在"不发表就出局"（publish or perish）的第一线，有较强的研究设计能力。他们操作娴熟，适应速度很快，既是投稿人，也是审稿人，乐此不疲。本书介绍的方法和操作能够满足大部分期刊主编、匿名审稿人对方法适用性、前沿性的"挑衅"。不仅如此，我们也会不断更新，并在随后的版本中分享经验，让读者在我们经历的痛苦中感受到幸运、幸福、快乐与成长。

## 管理研究方法在中国的普及

2003 年冬天，我的师兄费宇鹏教授坐着火车，风尘仆仆地去了北京，买来了 AMOS 正版软件和一本几百页的英文使用手册。回到长春，他郑重地将 AMOS 软件和英文使用手册交给了即将读研的我，让我认真学习、快速掌握，为师门团队提供方法支持。我捧着英文使用手册，一时间手足无措，凝视着师兄炙热的眼睛，侧身遥望窗外的鹅毛大雪，百感交集……

当时，国内没有介绍AMOS软件的书籍，我穷尽了吉林大学图书馆和各类书店，也只能在郭志刚编著的《社会统计分析方法：SPSS软件应用》一书中，找到有关"路径分析"等只言片语。我只好一边熟悉软件的操作，一边学习统计方法，一边阅读英文使用手册与示例，一边熟悉管理研究的实证范式……

虽有各种尝试和努力，但进度仍然较慢。直到突然有一天我在网上发现有两位青年教授似乎使用过AMOS软件，于是就发邮件问询，因为担心人微言轻而被忽略、拒绝，所以我在邮件中不仅打着导师蔡莉教授的旗号，还写明"为了节省您的时间，您只需用对错告诉我以下对AMOS软件操作的理解是否正确即可"。两位青年教授都很快回复了邮件，实诚地写下"对"或"错"，尽管简单，但仍为我打开了AMOS软件的大门。

因此机缘，之后我时而关注两位给予我帮助的学者。两位学者在各自研究领域披荆斩棘，异常耀眼，都获得了国家杰出青年科学基金项目、长江学者特聘教授称号和复旦管理学杰出贡献奖等：一位是清华大学苏世民书院院长薛澜教授，另一位是同济大学经济与管理学院院长李垣教授。两位学者除了都在长春读过书，还都给学生时代的我回过邮件。2018年4月，我受邀参加薛澜教授在清华大学主办的学术研讨会并做报告，认真地为15年前的往事向薛澜教授致谢，也感慨（西方）管理研究方法在中国的普及之迅捷。

**普及迅捷，不代表发展**。时至今日，国内管理研究仍在研究方法上对国外学者和规范亦步亦趋，时而东施效颦。国外有 *Organizational Research Methods* 等期刊鼓励研究方法的发展，但国内很少刊登研究方法领域的进展。可喜的是，越来越多的国内学者开始在研究方法上投入时间和精力，杜运周教授和贾良定教授等引入及推广的组态视角与定性比较分析（QCA）、马庆国教授团队开创的神经管理学等，都为管理研究带来了多样的选择和创新的希望。我们期待更多的学者、同人加入发展研究方法的社区，不仅为研究新手带来高质量发表之曙光，也为探索中国本土管理学理论提供更适合的方法支持。

## 理论与方法

理论与方法之争，是很多新手开启科研之路的困惑，也是导师在指导研究生论文写作过程中的纠结之处。是先有理论后选择方法，还是先掌握方法后据此构建适合方法检验的理论？我想，这其中的关键是新手或研究生的悟性。对理论有悟性者，当从理论入手；对方法有悟性者，当从方法入手。

无论是理论还是方法，本质上都是我们理解世界、理解自己的手段，是"致良知"的途径。

## 合作与致谢

2012年，我怂恿同事范丽先博士为研究生开设"组织与管理研究的实证方法"课程，她拥有统计学硕士学位，也对教学饱含激情。在我的鼓励下，范博士开始独立承担这门课程，在课堂上讲授SPSS、AMOS等软件包的操作，一直到2015年。其间，我会在学期最后一堂课上分享工商管理研究，主要是有关发表的经验和教训。

2016年，我邀请几位交流较多且精于方法的同事一起加入了这项"公益"事业，他们是马君教授、赵红丹副教授、刘婷副教授、王海花副教授、吕怀立副教授、厉杰副教授、娄祝坤助理教授，他们长期指导各自研究生开展实证研究。我们抱团取暖，利用自己在研究方法上的长项各承担一次课。课程内容既结合学生在实操过程中遇到的问题，也尽可能反映主讲教师各自研究进展的快速迭代。三年过去了，我们决定将这些经验、教训沉淀成书，为更多的研究新手提供启发。因此，本书是诸位同人友谊的成果、合作的结晶。

初稿形成之后，主要由赵红丹副教授负责协调、统筹、修缮等。他不仅担任主管科研与研究生工作的系主任一职，也很有激情地致力于提高研究新手的方法论水平，并在FT50等知名期刊上发表过大量论文，经验丰富。我至今记得他在我的办公室里向我传授Process、Mplus等在检验被调节的中介及被中介的调节模型方面优劣异同的情景，诚恳且热情。他为本书付出了大量的心血，在此特别致谢。

除了教师，很多研究生也为本书做出了贡献，博士生陈颖颖、陶奕达和硕士生刘婷等都将最新的学术成果、经验体悟分享到了本书中。此外，他们也是本书最早的读者与评阅人。

与机械工业出版社华章公司的吴亚军先生合作的《翻盘》《创业研究经典文献述评》这两本书，给我留下了深刻的印象。《翻盘》一书不仅得到了央视等媒体的广泛传播，也在创业者圈子里获得了很好的反响，一度在京东等热卖榜排名第一。我和他谈了想要出版一部关于管理研究方法的书之后，他立刻响应，并借用他的人脉为本书初稿提供了几百条修改建议，让我不仅错愕，也很懊悔，当然，更加开心。

在此，我们对这些热心人士的意见、鼓励和建议表示真诚的感谢，他们（按姓氏笔画排序）是：

| | | | |
|---|---|---|---|
| 丁 奕 | 衢州学院 | 邓子梁 | 中国人民大学 |
| 丁桂凤 | 河南大学 | 石维磊 | 美国纽约市立大学柏鲁克分校 |
| 丁海方 | 浙江外国语学院 | 卡茜燕 | 浙江大学 |
| 于春杰 | 临沂大学 | 叶文平 | 暨南大学 |
| 于洪彦 | 中山大学 | 叶桂平 | 澳门城市大学 |
| 万 兴 | 南京财经大学 | 田新民 | 上海交通大学 |
| 卫旭华 | 兰州大学 | 代文彬 | 天津科技大学 |
| 马 俊 | 贵州大学 | 白建磊 | 山东工商学院 |
| 马 亮 | 兰州理工大学 | 白 胜 | 西南政法大学 |
| 马鸿佳 | 吉林大学 | 邢小强 | 对外经济贸易大学 |
| 马 静 | 温州肯恩大学 | 邢 戈 | 聊城大学 |
| 王少飞 | 上海财经大学 | 毕可新 | 哈尔滨工程大学 |
| 王玉晶 | 哈尔滨工程大学 | 朱仁宏 | 中山大学 |
| 王成岐 | 英国诺丁汉大学 | 朱传书 | 重庆城市职业学院 |
| 王 青 | 英国华威大学 | 朱秀梅 | 吉林大学 |
| 王 凯 | 首都经济贸易大学 | 朱 沆 | 中山大学 |
| 王京安 | 电子科技大学中山学院 | 朱陈陈 | 宿州学院 |
| 王治海 | 新疆大学 | 朱桂龙 | 华南理工大学 |
| 王 玲 | 中国政法大学 | 朱曦济 | 中央财经大学 |
| 王砚波 | 新加坡国立大学 | 乔 辉 | 武汉工程大学 |
| 王振源 | 华东师范大学 | 任俊义 | 烟台大学 |
| 王 涛 | 法国格勒诺布尔高等商学院 | 任胜钢 | 中南大学 |
| 王 娟 | 南京邮电大学 | 邬爱其 | 浙江大学 |
| 王 婉 | 中国海洋大学 | 庄永耀 | 昆明理工大学 |
| 王新华 | 武汉轻工大学 | 刘志迎 | 中国科学技术大学 |
| 王新春 | 美国西弗吉尼亚大学 | 刘丽刚 | 内江师范学院 |
| 韦荷琳 | 广西大学 | 刘俊华 | 内蒙古工业大学 |
| 云绍辉 | 九江学院 | 刘润刚 | 常州大学 |
| 尹 奎 | 北京科技大学 | 刘景江 | 浙江大学 |
| 尹 萌 | 兰州财经大学 | 刘静岩 | 暨南大学 |

| | | | |
|---|---|---|---|
| 闫 春 | 山西财经大学 | 李 峰 | 江南大学 |
| 关浩光 | 中欧国际工商学院 | 李乾文 | 南京审计大学 |
| 汤津彤 | 美国圣路易斯大学 | 李雪灵 | 吉林大学 |
| 许长勇 | 河北工业大学 | 李雪松 | 吉林农业大学 |
| 许 涛 | 同济大学 | 杨 松 | 美国阿肯色大学 |
| 阮永平 | 华东理工大学 | 杨学儒 | 华南农业大学 |
| 孙戈兵 | 新疆大学 | 杨 俊 | 南开大学 |
| 孙灵希 | 东北财经大学 | 杨 洋 | 哈尔滨工业大学 |
| 孙金云 | 复旦大学 | 杨隽萍 | 浙江理工大学 |
| 孙海荣 | 西北政法大学 | 吴小节 | 广东工业大学 |
| 孙 慧 | 新疆大学 | 吴伟伟 | 哈尔滨工业大学 |
| 买忆媛 | 华中科技大学 | 何 雷 | 临沂大学 |
| 苏中锋 | 西安交通大学 | 余 江 | 中国科学院大学 |
| 苏 勇 | 复旦大学 | 邹 波 | 哈尔滨工业大学 |
| 苏 靖 | 上海立信会计金融学院 | 宋 波 | 上海师范大学 |
| 杜兴艳 | 福建工程学院 | 张义明 | 河北工业大学 |
| 杜运周 | 东南大学 | 张书军 | 中山大学 |
| 杜 萌 | 大连大学 | 张立杰 | 新疆大学 |
| 李乃文 | 辽宁工程技术大学 | 张有道 | 兰州交通大学 |
| 李允尧 | 湖南工商大学 | 张陈健 | 英国巴斯大学 |
| 李玉峰 | 上海海洋大学 | 张劲松 | 中南民族大学 |
| 李立威 | 北京联合大学 | 张 奔 | 华中科技大学 |
| 李 宁 | 美国艾奥瓦大学 | 张晓妮 | 西北农林科技大学 |
| 李亚琴 | 扬州大学 | 张 铮 | 上海理工大学 |
| 李华晶 | 北京林业大学 | 张 晶 | 河南科技大学 |
| 李全升 | 西安交通大学 | 张 楠 | 清华大学 |
| 李纪珍 | 清华大学 | 张新安 | 上海交通大学 |
| 李秀文 | 盐城师范学院 | 张 璐 | 山东大学 |
| 李炜文 | 中山大学 | 张 鑫 | 河海大学 |
| 李哲鹏 | 加拿大约克大学 | 陈 闯 | 厦门大学 |
| 李晓婷 | 北京劳动保障职业学院 | 陈 其 | 美国得克萨斯基督教大学 |
| 李晓蓓 | 韩国成均馆大学 | 陈振华 | 山东大学 |

| | | | |
|---|---|---|---|
| 陈海涛 | 吉林大学 | 袁彦鹏 | 浙江大学宁波理工学院 |
| 陈娟艺 | 吉林大学 | 贾建峰 | 东北大学 |
| 陈寒松 | 山东财经大学 | 夏　凡 | 法国雷恩高等商学院 |
| 苗　青 | 浙江大学 | 夏天添 | 南昌理工学院 |
| 林　嵩 | 中央财经大学 | 夏清华 | 武汉大学 |
| 易凌峰 | 华东师范大学 | 顾元勋 | 北京交通大学 |
| 罗兴武 | 浙江财经大学 | 倪文斌 | 浙江财经大学 |
| 罗　瑞 | 中北大学 | 徐凤增 | 山东大学 |
| 罗瑾琏 | 同济大学 | 徐　光 | 哈尔滨师范大学 |
| 周中允 | 同济大学 | 徐振亨 | 临沂大学 |
| 周　平 | 澳门城市大学 | 徐雪娇 | 吉林大学 |
| 庞玉成 | 滨州医学院 | 徐德力 | 常州工学院 |
| 郑海东 | 中国石油大学（华东） | 奚艳燕 | 广东科学技术职业学院 |
| 房　琳 | 商洛学院 | 郭桂梅 | 陕西师范大学 |
| 孟　亮 | 上海外国语大学 | 郭　海 | 中国人民大学 |
| 项国鹏 | 浙江工商大学 | 郭　韬 | 哈尔滨工程大学 |
| 赵广军 | 山东管理学院 | 唐子俊 | 江苏理工学院 |
| 赵文红 | 西安交通大学 | 唐　颖 | 岭南师范学院 |
| 赵剑波 | 中国社会科学院 | 桑大伟 | 上海交通大学 |
| 赵晓琴 | 新疆大学 | 黄旺明 | 汕头大学 |
| 赵新元 | 中山大学 | 黄金鑫 | 广西师范大学 |
| 郝庆升 | 吉林农业大学 | 黄嫚丽 | 华南理工大学 |
| 段锦云 | 华东师范大学 | 崔　淼 | 大连理工大学 |
| 侯胜田 | 北京中医药大学 | 阎海峰 | 华东理工大学 |
| 俞　薇 | 新加坡国立大学 | 梁　正 | 清华大学 |
| 姜忠辉 | 中国海洋大学 | 梁　强 | 汕头大学 |
| 洪　晔 | 天津科技大学 | 宿慧爽 | 吉林财经大学 |
| 费宇鹏 | 吉林大学 | 彭　伟 | 常州大学 |
| 姚　伟 | 天津科技大学 | 彭华涛 | 武汉理工大学 |
| 姚国荣 | 安徽师范大学 | 斯晓夫 | 浙江大学 |
| 姚　凯 | 复旦大学 | 董保宝 | 吉林大学 |
| 秦文婷 | 青岛大学 | 韩　亦 | 上海财经大学 |

| | | | |
|---|---|---|---|
| 韩　炜 | 西南政法大学 | 路江涌 | 北京大学 |
| 程云喜 | 河南工业大学 | 窦军生 | 浙江大学 |
| 程发新 | 江苏大学 | 蔡　莉 | 吉林大学 |
| 程名望 | 同济大学 | 蔺　楠 | 上海财经大学 |
| 焦　豪 | 北京师范大学 | 潘静洲 | 天津大学 |
| 储智鹏 | 宁波财经学院 | 潘燕萍 | 深圳大学 |
| 谢富纪 | 上海交通大学 | 薛继东 | 山西财经大学 |
| 靳　娟 | 北京邮电大学 | 穆　钰 | 东华大学 |
| 蒲　波 | 四川农业大学 | 戴维奇 | 浙江财经大学 |
| 赖红波 | 上海理工大学 | 戴　燕 | 合肥工业大学 |

还是那句话，一个简易、冲动、不完美的开始，要好过一个周密、理性、不落实的计划。因此，尽管本书仍存在诸多局限，我们还是扬帆起航。我们对存在的错误和疏漏全权负责，期待读者、同行及时反馈，我们将在随后的版本中列示诸位的贡献。

于晓宇

2019 年 8 月

yuxiaoyu@vip.126.com

前言

## 第1章 管理研究概述 ······ 1

1.1 管理研究及研究方法 ······ 1
    1.1.1 研究及研究方法的定义 ······ 1
    1.1.2 管理研究的目的和方法 ······ 2
    1.1.3 管理研究的动态性和时间范围 ······ 2

1.2 管理研究中思考问题的方式 ······ 3
    1.2.1 推理方式：归纳法与演绎法 ······ 3
    1.2.2 研究的基石 ······ 5

1.3 管理研究设计及研究的基本过程 ······ 7
    1.3.1 研究设计 ······ 7
    1.3.2 管理研究的基本过程 ······ 8

1.4 管理研究计划书 ······ 12
    1.4.1 研究计划书的目的 ······ 12
    1.4.2 研究计划书中的模块 ······ 12

1.5 研究中的伦理与道德 ······ 14
    1.5.1 什么是研究伦理与道德 ······ 14
    1.5.2 CABLES模型在研究道德中的应用 ······ 17

小结 ······ 18
参考文献 ······ 18

## 第2章 理论框架的构建与假设的提出 ······ 19

2.1 理论框架的构建 ······ 19
    2.1.1 理论概述 ······ 19
    2.1.2 理论框架的内涵及表现形式 ······ 23
    2.1.3 如何构建理论框架 ······ 24
    2.1.4 示例与解读 ······ 25

2.2 假设的提出 ······ 27
    2.2.1 假设及假设类型 ······ 27
    2.2.2 假设的陈述方式 ······ 30
    2.2.3 "好假设"的评判标准 ······ 30
    2.2.4 假设提出的过程 ······ 32
    2.2.5 示例与解读 ······ 34

小结 ······ 43
参考文献 ······ 43

## 第3章 实验研究方法 ······ 45

3.1 实验研究概述 ······ 45
    3.1.1 实验研究的概念 ······ 45
    3.1.2 实验研究的原理 ······ 46
    3.1.3 实验研究的优缺点 ······ 46
    3.1.4 实验室实验与现场实验 ······ 48
    3.1.5 实验研究的研究范式 ······ 49

3.2 实验的效度问题 ······ 49

3.2.1　内部效度的主要威胁 ……… 50
　　　3.2.2　外部效度的主要威胁 ……… 51
　3.3　实验设计的基本概念 ……………… 52
　　　3.3.1　控制与操纵 ………………… 52
　　　3.3.2　配对与随机化 ……………… 52
　　　3.3.3　因子设计与交互效应 ……… 53
　3.4　实例解读 …………………………… 55
　　　3.4.1　实验设计实例 ……………… 55
　　　3.4.2　实例中的数据分析 ………… 56
　小结 ……………………………………… 61
　参考文献 ………………………………… 62

# 第4章　测量量表、问卷设计及调研实施 ……………………… 63

　4.1　构念与测量 ………………………… 63
　4.2　信度及效度分析 …………………… 65
　　　4.2.1　信度 ………………………… 65
　　　4.2.2　效度 ………………………… 68
　4.3　量表设计 …………………………… 71
　　　4.3.1　沿用现有量表 ……………… 71
　　　4.3.2　新量表开发 ………………… 74
　4.4　问卷设计 …………………………… 77
　　　4.4.1　问题设计 …………………… 77
　　　4.4.2　问卷的编排 ………………… 78
　　　4.4.3　问卷预调研 ………………… 80
　4.5　调研实施 …………………………… 80
　　　4.5.1　抽样调查方式 ……………… 80
　　　4.5.2　问卷数据收集方法 ………… 82
　　　4.5.3　问卷调研中的注意事项 …… 83
　小结 ……………………………………… 86
　参考文献 ………………………………… 86

# 第5章　数据初步处理及探索 …………… 88

　5.1　数据预处理及数据描述 …………… 88
　　　5.1.1　数据预处理 ………………… 88
　　　5.1.2　数据描述 …………………… 88

　5.2　相关分析和回归分析 ……………… 89
　　　5.2.1　相关分析和回归分析概述 ……………………… 89
　　　5.2.2　相关分析方法 ……………… 90
　　　5.2.3　回归分析及SPSS案例操作 ………………………… 92
　　　5.2.4　多元线性回归分析及SPSS案例操作 ……………… 100
　5.3　方差分析 …………………………… 111
　　　5.3.1　方差分析的基本问题 ……… 111
　　　5.3.2　单因素方差分析 …………… 112
　　　5.3.3　无交互作用的双因素方差分析 ……………………… 113
　　　5.3.4　有交互作用的双因素方差分析 ……………………… 116
　　　5.3.5　多个样本均值间的多重比较 ………………………… 118
　　　5.3.6　方差分析案例及SPSS操作说明 ………………… 119
　5.4　因子分析 …………………………… 129
　　　5.4.1　概述 ………………………… 129
　　　5.4.2　主成分分析 ………………… 130
　　　5.4.3　因子分析 …………………… 135
　5.5　聚类分析 …………………………… 138
　　　5.5.1　什么是聚类 ………………… 138
　　　5.5.2　聚类方法原理介绍 ………… 138
　　　5.5.3　因子聚类综合分析案例及SPSS操作说明 ………… 140
　小结 ……………………………………… 145
　参考文献 ………………………………… 145

# 第6章　中介、调节及其检验操作 …………………………… 146

　6.1　中介变量及其检验 ………………… 148

|  |  | 6.1.1 中介变量的内涵 ...... 148 |
|---|---|---|

- 6.1.1 中介变量的内涵 …… 148
- 6.1.2 中介变量的检验操作 …… 148
- 6.1.3 中介效应的检验操作示例 …… 151
- 6.2 调节变量及其检验 …… 153
  - 6.2.1 调节变量的内涵 …… 153
  - 6.2.2 调节效应的检验操作 …… 156
  - 6.2.3 调节效应检验操作示例 …… 160
- 6.3 被调节的中介和被中介的调节 …… 162
  - 6.3.1 模型比较 …… 162
  - 6.3.2 模型类型 …… 163
  - 6.3.3 模型检验操作 …… 165
  - 6.3.4 检验操作示例 …… 166
- 6.4 发表历程与体会 …… 170
- 小结 …… 172
- 参考文献 …… 172

## 第7章 非线性关系检验 …… 174

- 7.1 非线性关系及非线性回归方法概述 …… 175
  - 7.1.1 非线性关系的含义与研究趋势 …… 175
  - 7.1.2 非线性关系处理方法 …… 176
- 7.2 组织研究中非线性关系产生的潜在根源 …… 181
- 7.3 组织研究中一般非线性关系的处理 …… 186
  - 7.3.1 二次曲线类型 …… 186
  - 7.3.2 如何提出二次曲线效应假设 …… 188
  - 7.3.3 二次曲线效应的检验 …… 189
- 7.4 如何提出非线性调节关系假设 …… 193
- 7.5 非线性调节关系的检验 …… 196
- 7.6 非线性中介关系检验 …… 200
- 小结 …… 201
- 参考文献 …… 204

## 第8章 社会网络分析及软件操作实例 …… 207

- 8.1 社会网络分析方法简介 …… 207
  - 8.1.1 社会网络发展历程 …… 207
  - 8.1.2 社会网络主要理论 …… 210
- 8.2 社会网络的基本概念 …… 212
  - 8.2.1 社会网络的构成 …… 212
  - 8.2.2 社会网络中的模态 …… 213
- 8.3 社会网络的分析 …… 213
  - 8.3.1 数据收集及处理 …… 213
  - 8.3.2 主要指标及测算 …… 216
- 8.4 社会网络分析软件操作 …… 220
  - 8.4.1 ORA 简介 …… 220
  - 8.4.2 界面介绍 …… 221
  - 8.4.3 数据输入 …… 223
- 8.5 实例应用 …… 227
  - 8.5.1 数据收集及输入 …… 227
  - 8.5.2 网络可视化 …… 228
  - 8.5.3 网络指标测算 …… 233
- 小结 …… 237
- 参考文献 …… 238

## 第9章 虚拟变量及其STATA应用实例 …… 239

- 9.1 虚拟变量的定义 …… 239
- 9.2 被解释变量为虚拟变量的估计模型 …… 241
  - 9.2.1 Probit 模型 …… 242
  - 9.2.2 Logit 模型 …… 243
  - 9.2.3 Probit 模型与 Logit 模型的结果比较 …… 245

9.3 解释变量为虚拟变量的估计模型 ·············· 247
　9.3.1 不含交乘项的估计模型 ····· 247
　9.3.2 含虚拟变量与虚拟变量交乘项的一般估计模型 ····· 248
　9.3.3 含虚拟变量与虚拟变量交乘项的倍差（DID）估计模型 ·············· 249
　9.3.4 含虚拟变量与连续变量交乘项的估计模型 ········· 251
9.4 问题解决 ························ 252
　9.4.1 多重共线性 ················· 252
　9.4.2 异方差 ······················· 258
　9.4.3 内生性 ······················· 259
　9.4.4 样本自选择 ················· 262
　9.4.5 样本选择偏误 ·············· 264
　9.4.6 样本区间不连续 ··········· 267
小结 ······································· 270
参考文献 ································ 271

**附录　研究中的学术资源** ················· 272

# 第1章

# 管理研究概述

## 1.1 管理研究及研究方法

管理研究的目的是通过对组织及其在管理中所遇问题的研究，分析产生问题的原因，从而引导管理者解决问题，提高组织效率。在这个研究过程中，方法论是一个重要的研究支撑，只有在正确的理论和方法的指导之下，才能更好地认识和解决问题。人们要想在实践的基础上形成正确的理性认识，需要进行科学研究；对于理性认识怎样回到实践中并有效地指导实践，也需要进行科学研究。因此本章从管理研究的定义入手，通过介绍研究中的思维方式，进一步讨论研究的基本过程和研究设计等。当然，研究中的伦理与道德近年来也逐渐引起了人们的注意，本章还结合案例及文献探讨研究者在研究中应如何避免伦理与道德问题，从而提高研究质量，为管理者提供决策依据。

### 1.1.1 研究及研究方法的定义

Kerlinger 和 Lee（2000）对科学研究的定义为：以系统的、有控制的、实验的、严谨的方法来探讨对于现象之间的关系所做的假设命题。

沿袭 Kerlinger 和 Lee 的定义，我们将管理研究定义为：以系统的、有控制的、实验的、严谨的方法来探讨管理决策中需要解决的问题。这里"系统的"阐明了管理研究中看待问题的角度，"有控制的"表明了管理研究的策略方法，"实验的"揭示了管理研究的一般性工具，"严谨的"显示了管理研究中采用的科学的方法论体系。可以看出，研究方法是用以研究问题、揭示事物内在规律的工具和手段。

### 1.1.2 管理研究的目的和方法

管理研究的目的主要有三个方面，即对现象进行报告、对现象进行描述以及为决策提供依据。因此，根据研究目的的不同，可以分为以下三类研究方法。

（1）描述性（descriptive）研究：反映某个状态、背景、行动或关系的细节，将现象和事件识别清楚，回答 who、what、where 的问题。描述性研究的目标包括：描述一个过程、机制或一种关系，如对未来发展趋势的描述；反映事物（如一个组织）正确的全貌，如市场调查（描述某产品的使用人数及构成）；挖掘信息以引出新的解释，如决策前的民意测验；呈现出基本的背景、情景的情况，如工业普查；划分出不同的类型，如通过问卷、访谈了解人员态度等。

（2）探索性（exploratory）研究：指对某个议题提出一些初步的认识，对某一未知领域进行探索，回答 should be 的问题。探索性研究的目标包括：根据一些事实提出问题，如企业激励机制的误区或弊端、企业激励机制的设计；根据一些事物的演化过程，发展出一个完整的架构，如晋商的兴衰、技术开发与企业发展；产生许多概念，并发展试验性的理论与推论，如物本管理、资本管理、人本管理、能本管理；决定进一步研究的必要性，如研究空白是否有研究意义；归纳问题并提炼出需要系统研究的议题，如文献回顾；发展未来研究所需要的技术与方向感，如应用什么技术方法对什么问题展开研究，需要补充什么知识与技能等。

（3）解释性（explanatory）研究：指解释事物发生的原因，探索现象与事件之间的关联，回答 why 的问题。解释性研究的目标包括：决定某项原则或理论的正确性，比如为什么目标管理是一种有效的管理方法；在各种不同的解释中找出较好的解释；发展出对某个基本过程的知识，如因果研究、相关分析；连接某个一般性陈述下各个不同的议题，如在营销理论的发展中所出现的绿色营销、网络营销、关系营销；扩展某个理论到新的领域，解释新问题，如应用生态理论研究企业生态，应用系统理论研究组织与环境的关系；提供证据支持或驳斥一项解释或预测，如对某些问题或因果关系的新解或质疑。

### 1.1.3 管理研究的动态性和时间范围

由于研究的对象和环境在不断变化，在一定时期、一定环境中成立的结论，在另外的场合可能就不成立。研究的过程是静止的，也不一定能按照设计的研究步骤及顺序推进。

根据不同的时间范围，管理研究可以分为三类。一是共时或横剖面研究

（cross-sectional study），例如现状分析、在某一时点收集数据展开的研究。二是历时性研究（longitudinal study），包括趋势研究，即对样本进行时间序列分析，研究随时间发生变化的规律；小样本连续调查、追踪研究，即对发展史研究等。三是个案研究（case study），发现某个时间段内研究对象的特征。需要注意的是，小的个案也可以阐述大的"故事"。

> **小诀窍**
>
> 什么样的研究才可被称为一个好的研究呢？一个好的研究应当做到以下几点：首先要有一个清晰的目标，并且有详细的研究过程。其次，要做到透彻的研究设计，并且说明即将开展的研究的局限性。再次，一个好的研究必须要有较高的道德准则，这将在第1.5节中详细阐述。与此同时，对决策者的需求也要进行详细分析，然后要对研究的结果毫不含糊地展示。最后，一个好的研究还需要有合理的结论，能够反映研究者自身的经验。

## 1.2 管理研究中思考问题的方式

### 1.2.1 推理方式：归纳法与演绎法

我们一般有两种路径获取知识：经验主义者试图通过观察来描述、解释和预测事件的发展，而理性主义者相信所有的知识都可以从已知的规律或自然界的基本真理中推导出来。因此，根据推理的思路不同，获取知识的路径可以总结为归纳法（induction）和演绎法（deduction）。

归纳是由特殊事件或部分证据产生结论的推理方式，又称为经验的通则化（empirical generalization）。归纳法是从对数据的观察开始并从中发展出能够解释观察对象之间关系的概括性理论的研究方法。

归纳主义的模式不是对事实的简单概括，而是通过一定的归纳程序，揭示事物的规律。被归纳的事例，在量的方面要求种类齐全、数量充分，在质的方面要具有典型性。科学认识也是一个逐步排除错误的假设过程和证伪过程，科学认识要经过许多不同程度确定性的发展阶段，才能达到最终的确定性。归纳是通过一系列中间公理逐级上升为普通公理的过程。

演绎是由前提产生结论的推理方式，是从某些一般性规律出发并将其运用于特殊事件的研究方法。演绎主义相信有先验知识，认为依靠理智的力量，能获得关于一切事物的知识，从正确条件出发演绎而来的结论能提供绝对正确的结果。在演绎主义模式中，观察和实验是体现一般定律、联系先验演绎与具体世界的中间环节。演绎主义难于自圆其说的困难是作为演绎出发点的公理的来源问题，以及如何确定公理的真理性问题。

演绎逻辑的古典例证是人们熟知的三段论。演绎结论正确的条件是导致结论的前提的真实（true）和论证形式的有效（valid），如例1-1和例1-2所示。

【例1-1】 所有的正式员工都不会偷窃
　　　　　张三是正式员工。
　　　　　张三不会偷窃。

【例1-2】 环境的不确定性导致未来难以预测
　　　　　我们处在一个不确定的环境中。
　　　　　哪怕预测未来几个月的情况都是徒劳之举。

二者的思维逻辑不同，例如演绎逻辑的思维过程：凡人都难免一死，S是人，因此S终有一死。同样的问题，在采用归纳逻辑思维方式时，是如下过程：由S和其他所有被观察的人的死得到一个暂时的结论，凡是人都终有一死。

按归纳主义模式建立理论常常是通过观察社会生活的某个方面来发现具有普遍意义的模式，例如，在社会学研究中"宗教的社会剥夺理论"的提出。按演绎主义模式建立理论常常是首先根据已有的命题提出假设，然后通过观察或实验判断假设是否成立。为了更好地理解归纳模式与演绎模式，我们通过以下例子对二者进行比较。

【例1-3】 备考时间与考试成绩间关系研究

图1-1清晰地展示了两种方法的思维模式。演绎法从检验事物的逻辑开始，考试分数反映了学生记忆和使用信息的能力，这两种能力可以通过考前复习加以提高。由此得出假设，即复习时数与考试分数有正相关关系，然后我们展开与假设有关的观察，将假设与观察进行比较，根据二者的接近程度判断假设是否成立。

归纳法从观察开始，即收集有关复习时数与考试分数二者关系的资料，找出对观察资料最具概括性的模式，就两个变量之间关系的模式得出暂时性的结论。由于所做的观察仅仅是模式的来源而不是模式的检验，因此结论是暂时性的。

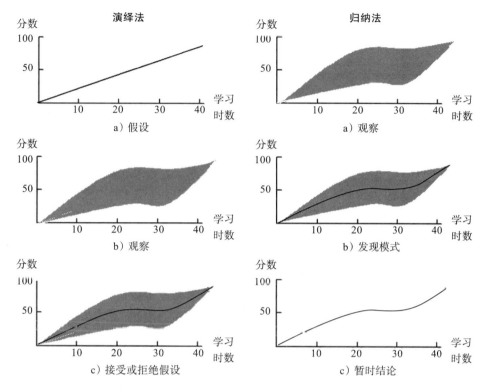

图 1-1 备考时间与考试成绩间关系研究

## 1.2.2 研究的基石

研究要想具有说服力,能够被读者理解,则必须遵循一定的研究通则。各类成功的实证研究都离不开对以下因素的清晰定义及讨论。

(1) **概念**(concept)是指与特定事件、对象、条件、情景和行为相关的一系列含义或特征,如组织、投资、人力资源等。随着时间的推移,概念已经通过使用的共享得到了发展。可以说研究的成功与否首先取决于概念是否清晰以及其他人如何理解我们使用的概念。

(2) **构念**(construct)是为某一特定研究或理论构建目的而专门发明的一种形象或想法,如公司业绩、客户满意度、港口效率、生活方式、文化等。

(3) **变量**(variable)则是用来对概念或构念进行衡量的具体工具。研究中普遍使用的变量包括:自变量(independent variable)、因变量(dependent variable)、调节变量(moderating variable)、中介变量(mediating variable)与控制变量(control variable)。自变量一般用 $X$ 表示,是研究者主动操纵,而引起因变量发生变化的因素或条件,是研究者确定的原因。因变量一般用 $Y$ 表示,会随着自变量变化而变化的变量，是研究者设定的结果变量。

控制变量是指除了自变量（或实验因素）以外的其他影响因变量的变量（或因素）。尽管这些变量或因素不是本研究要研究的内容，但该类变量的缺失会使研究结果产生偏差。只有将自变量以外的一切能引起因变量变化的变量控制好，才能真正揭示研究（或实验）中的因果关系。

调节变量是决定或限制两个其他构念之间关系的构念，它可以给出理论中的边界条件。调节变量决定了另外两个构念之间关系的强弱以及这种影响是积极的还是消极的。如图1-2所示，压力会使人感到沮丧，而一定的社会支持可以调节二者之间的关系。

中介变量是一个过程变量，是将先前变量的影响传递给后续变量的构念。中介效应如图1-3所示，压力会使人反思，反思会让人感到更沮丧。本书第6章将对中介和调节作用进一步展开详细讨论。

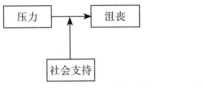

图1-2 调节效应模型

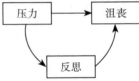

图1-3 中介效应模型

通过以上介绍，五种变量之间的关系可总结为图1-4。

（4）**命题**（proposition）是陈述的基本形式，是对概念（或变量）及概念（或变量）间关系的陈述。

（5）**假设**（hypothesis）是对现象的暂时性解释，是对一个可以通过实证研究验证其真伪的事实的臆测性（assumption）陈述。假设可以指导研究的方向、识别

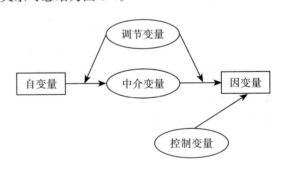

图1-4 研究中的变量类型

相关概念及其关系、建议合适的研究设计，并能提供研究结论的展示框架。一个好的假设必须适合并支撑其研究目的，同时是可以被检验的。

（6）**理论**（theory）包括在经验世界中观察到的或近似的单位之间关系的陈述（Bacharach, 1989, p.498）。其中，近似的单位指的是构念，不可直接观察到。观察到的单位就是变量。关系或协方差陈述包括命题和假设。理论可以帮助研究

者缩小需要研究的事实范围,建议哪些研究方法将产生最好的意义,指导数据分类系统,总结关于研究对象的知识以及预测应该发现的更多事实。

(7)**模型**(model)是系统的一种表示。模型与理论不同的是,理论的作用是解释,而模型的作用是演示,是推进理论和帮助决策者的重要手段。

## 1.3 管理研究设计及研究的基本过程

### 1.3.1 研究设计

研究设计是对科学研究进行规划,指要完成研究问题所需的资料来源和对研究类型的规划,用于指定研究变量之间关系的框架,描述了从假设到分析的每个过程的蓝图。

研究设计涉及一系列方案选择决策(见图 1-5),主要内容如下。

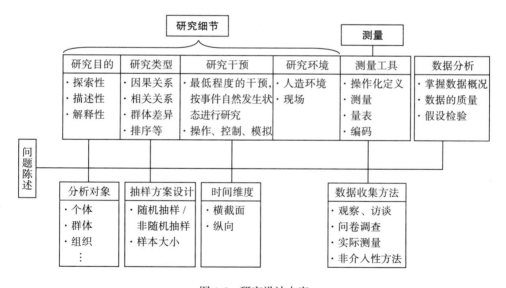

图 1-5 研究设计内容

(1)研究目的:是为了探索、描述还是解释?这意味着你进行的是探索性研究、描述性研究还是解释性研究。三类研究目的的对比如表 1-1 所示。

(2)研究类型:是为了建立因果关系、相关关系或只是描述差异?

(3)研究的时间维度和环境:是进行横截面研究还是纵向研究?是在人造环境还是在现场?

(4)分析对象:是个人、群体还是组织?

表 1-1　三类研究目的的特征比较

| 对比项目 | 探索性研究 | 描述性研究 | 解释性研究 |
| --- | --- | --- | --- |
| 对象规模 | 小样本 | 大样本 | 中样本 |
| 抽样方法 | 非随机选择 | 简单随机、按比例分层 | 不按比例分层 |
| 研究方式 | 观察、无结构访谈 | 问卷调查、结构式访谈 | 调查、实验等 |
| 分析方法 | 主观的、定性的 | 定量的、描述统计 | 相关与因果分析 |
| 主要目的 | 形成概念和初步印象 | 描述总体状况和分布特征 | 变量关系和理论检验 |
| 基本特征 | 设计简单、形式自由 | 内容广泛、规模很大 | 设计复杂、理论性强 |

（5）研究干预：确定研究者对研究对象干预和控制的程度。

（6）测量工具：详细设计概念度量的方案。

（7）抽样方案设计：是采用随机抽样还是非随机抽样，样本大小如何确定，等等。

（8）数据收集方法：对观察、实验、访谈、问卷调查、现场研究等数据收集方法的选择和设计。

（9）数据分析：确定数据分析拟采用的方法和形式。

（10）研究结论拟推广应用的范围。

回答上述问题的过程就是研究设计的过程。研究设计要考虑研究能力和资源支持情况，不要试图设计一个完美但无力实行的研究计划。

### 1.3.2　管理研究的基本过程

对研究的基本过程划分众说纷纭，但一般来说包括六个步骤：研究选题、文献回顾、研究设计、数据收集、数据分析、论文撰写。值得注意的是，六个步骤并非顺次发生。在真正的研究过程中，六个步骤往往循环往复。

#### 1. 研究选题

在确定研究选题之前，首先需要寻找研究的问题。研究问题的来源一般有多种，比如可以在对现实生活的细心观察后结合有关理论得出，也可以根据个人的经历体验有感而发，或者是通过广泛的阅读文献得来。

研究问题确定之后，需要将其进一步明确化，例如缩小问题的内容与范围、将要解决的问题具体化、将要解决的问题数量缩减到 5 个以内等。在对问题进行界定的过程中需要回答这些问题：要研究的问题是否对解决管理问题有价值？要研究的问题是否有理论价值？对现象的认识是否客观，问题认识是否清楚？问题的范围是否界定清楚？涉及的因素有哪些？该问题已有的研究成果如何？是否可以收集到有关研究资料？是否有能力及条件进行研究？资源和时间能否支持研究？这些问题将会帮助你更好地了解你的选题及其可行性。

此外，选题一般遵循四个重要标准：①重要性，理论与实践的价值；②创造性，创新与独特性；③可行性，研究的主、客观条件；④乐行性，有兴趣。

本章归纳了以下几种常见的管理研究选题的来源：

- 待解决的特定管理问题；
- 与现有认识相矛盾的事件；
- 要证实某一结果或预测某一事件；
- 有关管理的环境、对象、活动等规律的假说；
- 由理论演绎引致的对管理现象的新认识；
- 研究者的兴趣及对某事的独特看法。

> **小诀窍**
>
> 我们经常会听到"选题不宜过大，也不宜过小"的说法，但这个标准非常难以把握。这里给大家推荐一个相对可"度量"的方法。当你根据以上标准对要研究的问题有了一定方向的时候，可以在相关文献数据库（如中国知网）中对关键词进行搜索，如果搜索出来的文献非常多（如搜索"满意度"），那么你就需要谨慎了。因为该研究方向或问题可能已经被多个学者，从各个方面、角度甚至在不同行业中都研究过了，你能创新的方向也将非常有限。而如果关键词的搜索结果显示，该研究方向或题目可参考的文献非常少，可能只有一两篇的时候，也同样应引起重视。作为学生或初入门者，要想从理论、研究方法、研究结论等方面进行突破创新可能会较困难，而且可参考的资料有限，研究后期很可能会有进展不下去的风险。

### 2. 文献回顾

研究过程的第二步是文献回顾，是指回顾到目前为止，某一特定领域里已经发表的文章、观点及其结果。通过文献回顾可以了解该领域的研究状况，帮助研究者熟悉和了解本领域中已有的研究成果，明确自己对理论发展所做的贡献。在阅读文献的过程中，你也可以发现一些可供参考的研究思路和研究方法以及其他作者研究问题的角度、策略和方法，同时也为最后解释研究结果提供背景资料的支持。

那么如何查找相关文献呢？你可以去图书馆查找相关的著作、论文、统计资料与档案资料等，也可以利用网络资源，如中国知网（CNKI）、维普期刊、万方数据库、百度学术、超星图书、必应学术、谷歌学术等搜索相关的文献。

接下来就是高效地阅读文献。在阅读文献的过程中，需要理解该文献的研究框架与理论背景、研究的方法和主要结果，挖掘和记录自己的思想火花，突破思维定式。

---

### 🗨 小诀窍

论文的文献回顾或文献综述部分，经常被研究者忽略，他们认为把以前相关的文献罗列出来就可以了。其实不然，一篇好论文的文献综述也会写得相当精彩。研究者会将相关文献进行总结分类，逐类进行综述，更关键的是在对文献进行总结时，会连带指出该类文献研究中忽略的地方或研究不足的地方，从而引出自己研究的重要性或意义。

另外，在文献引用过程中，一般有两种方式，我们将其命名为：一体式（integrated）和非一体式（non-integrated）。一体式是将所引用文献作为你所陈述的句子的一部分的方式，例如：

Recently, Kagkarakis et al.（2016）explored the dynamics of the ship demolition market and investigated the causal relationship between international steel-scrap prices and ship demolition prices.

这里，文献作者即该句的主语，所以我们叫一体式。顾名思义，在非一体式引用中，文献作者并非句子成分，例如：

Summarizing from the related literature, it is obvious that the factors impacting the vessel's demolition decision are classified into: ship characteristics（Knapp et al., 2008）, market situation（Buxton, 1991；Knapp et al., 2008；Mikelis, 2007）and operating environment（Evans, 1989；Knapp et al., 2008）.

括号内为所引用的相关文献，而某一文献被去掉后，并不影响句子的完整性。

在文献综述部分，并不是每篇文献都有详细介绍的必要，因此非一体式引用方式更能体现出作者对相关文献的梳理和总结。

另外，在向期刊投稿的过程中，有一个重要环节是检查你的研究主题是否与目标期刊的主题相符。一个比较合理的考察标准就是看你的文章里是否引用了该期刊的文献。而一般学者在投稿时并非一投即中，有可能会陆续投到不同的期刊，那么这种非一体式引用方式会使文献引用相对灵活可控。

### 3. 研究设计

研究设计是指对科学研究做出规划，在管理研究的过程中起着重要的作用。研究设计包括确定研究的目的及内容、确定研究的最佳途径两个方面。

另外，研究设计中还需要确定研究策略。首先要进行文献查阅，看关于这个题目前相关学者已经做了些什么，采用的是什么方法。有时你可以采用某种他人使用过的方法或索性重复他人做过的研究，对某个研究课题的独立重复研究是最常见的做法，这对科学发展来说也很重要。你也可以研究这一课题中被他人忽略的方面，或采用与前人不同的方法，用不同方法检验同一发现称为"三角测量"，是管理研究中一个很有价值的研究策略。

### 4. 数据收集

对理论假设的检验最终要依靠数据的支持。在收集数据的过程中要确保整个过程对研究对象无害且研究对象是自愿参与的。数据收集的方法有文献资料研究（档案研究）、实验、问卷调查、访谈和实地观察等，本书将在其他章节中对这些方法详细展开讨论。

### 5. 数据分析

在数据收集完毕后，要通过数据处理与分析来检验假设，得出接受或拒绝理论性假设的结论。数据分析的结果还将反馈到研究过程之初的看法和理论中，这一反馈将成为新的研究过程的起点。

研究过程中非常重要的环节是对理论的解释、改进与应用，即① 对研究结论进行解释，说明假设得到验证的情况，判断所研究问题是否得到解决；② 对理论进行必要的修改与补充，也可能提出新的理论；③ 提出进一步研究的方向和设想，确定研究结果推广应用的合理范围等。

### 6. 论文撰写

研究过程的最后一步就是论文撰写，也就是要求用规范化的方式呈现研究结果。

---

> 📝 **小诀窍**
>
> 以上各个步骤并非总是能顺序开展。例如，在有些情况下，我们会事先获得一定的二手数据资料，通过对数据的各种探索性分析，可能会有研究发

> 现，从而导出自己的研究方向。这并不是说，前面的文献回顾、理论总结不重要了。研究者还需要回过头，更加有针对性地搜集、阅读相关文献，梳理问题和研究理论，推导研究的重要性和意义。

## 1.4 管理研究计划书

### 1.4.1 研究计划书的目的

研究计划书是研究某个项目的计划，计划的两个主要目的是分析和综合关于特定主题的现有研究，描述研究人员进行研究的想法。对一个研究人员而言，研究计划书有什么好处呢？首先，允许研究人员计划和审查项目的步骤。其次，指导整个调查及研究过程。最后，制定合理的时间规划和预算等，并引导计划的实施。

鉴于研究的系统性以及研究和研究计划的连续性，本章提出一个构建研究计划的"模块法"，可将各相关模块进行连接，从而完成研究计划书。

### 1.4.2 研究计划书中的模块

一份完整的研究计划书一般包括以下几个模块：问题陈述；研究目标；文献综述；研究的重要性；研究设计或方法；数据分析方法；结果的性质和形式；时间进度安排；参考文献。

每一个模块都应该在计划书中进行解释，特别是研究目标、研究的重要性、研究设计或方法等方面更需要进行清晰的描述和分析。因为在编写研究计划之前还有大量的工作需要完成，因此，我们一般推荐学生在入学第一年的头几个月里就尽量完成这些工作。另外，在准备研究计划书的各个模块时，研究者需要回答以下几个问题：

- 我的研究问题是否清楚？
- 我在这方面有广泛而深入的阅读吗？
- 我有没有和同行讨论过这个话题？
- 我有足够的时间和资金开始这项研究吗？
- 我的研究课题能否得到导师和同行的支持？

研究计划书应该包含哪些内容取决于你的研究问题是否明确，也就是说你需要清楚地回答以下问题：

- 你想做什么？
- 你为什么想这样做？
- 它为什么如此重要？
- 谁做过类似的研究？
- 你打算怎么做？
- 这需要多长时间？

具体而言，研究计划书可以按照以下几个步骤展开。

第一步，确定研究问题。研究主题是什么？题目是否确定？我想观察什么？我将如何做到这一点？在回答以上问题时，研究者需要考虑信息资源的可获得性、理论背景、研究的价值、问题是大是小、外部要求、成功完成的概率、个人兴趣等。

第二步，收集信息（文献回顾和阅读）。文献收集可以利用计算机，比如使用在线图书馆、期刊文章、图书、数据库和研究相关信息。在阅读文献的过程中要随时记录收集到的有用信息，可以将电子资料打印出来，制作文献卡片帮助记录，同时也要学会鉴定相关文献。

在文献阅读的过程中应该提出自己的观点和建议，以证明自己了解在相关文献中提出的争论和问题；同时应该提及关键的文献，以表达对其在你所要研究的领域中做出贡献的感谢。硕士或博士的研究是一项原创性研究，因此通过文献综述可以证明你提出的研究问题以前未曾研究过，从而指出研究的贡献或创新性。

第三步，研究方法。在这个模块中，可以描述研究的抽样技术、纳入和排除标准、测量仪器、数据收集程序、数据分析过程。该部分内容向读者展示了如何通过分析寻找研究问题的答案，它应该能反映出研究人员完成该研究工作的能力，同时所提出的方法必须适合所要研究工作的类型。

第四步，时间进度的安排。制定合理的时间计划表，有助于规划任务的进度，使工作职责更加切实可行。

第五步，研究计划书的撰写。收集、整理各模块信息，对于使用的参考文献要按要求的格式进行引用。在写作过程中需要注意的是：①提前组织计划各模块内容；②在写作之前知道你所要表达的想法；③每句话只能包含一个想法；④前后句子、段落之间必须遵循一定的逻辑；⑤以易于阅读的方式书写；⑥使用易于理解的语言；⑦检查拼写和语法；⑧切忌从其他文章中直接剪切和复制。

> **小诀窍**
>
> 对研究新手而言，我们建议在阅读文献的过程中，或正式开展研究之前，先尝试撰写一份简单的研究计划。尝试将问题陈述、研究目标、研究设计、数据分析方法、时间进度安排等部分，各用几个简单的句子表述清楚。很多研究者发现存在"落笔相当困难"的问题，这是因为研究者通过阅读、思考、分析等积累了大量素材，而一旦开始撰写论文时，会发现内容过多，不知应从哪里入手了。这个在开始阶段就勾画好的研究设计能有效地避免研究中过多资料的干扰，帮助研究者时刻保持研究思路的清晰，并有助于研究者在写作阶段直接提取资料进行撰写。

## 1.5 研究中的伦理与道德

### 1.5.1 什么是研究伦理与道德

伦理与道德是行为准则，是指导我们的行为和与他人的关系的道德选择。研究的伦理与道德也可以理解为，必须确保没有人会因为研究活动而受到伤害或遭受任何不利影响或后果。近年来，随着各类论文抄袭与剽窃事件的发生，文章重复率问题引起了学者以及各期刊编辑的重视。本节也将对论文写作中的重复率问题展开讨论，并为研究新手提供部分常用的检索查重工具。

各国因为无视伦理与道德而引发的事件非常多，而其研究者也都遭受到了社会或相关机构的惩罚。例如，韩国著名生物科学家黄禹锡，曾任首尔大学兽医学院首席教授，他在干细胞领域的研究一度令他成为韩国民族英雄，被视为韩国民族摘下诺贝尔奖的希望。2005 年 12 月，他被揭发伪造多项研究成果，韩国举国哗然。黄禹锡发表在《科学》杂志上的干细胞研究成果均属子虚乌有。2009 年 10 月 26 日，韩国法院裁定，黄禹锡侵吞政府研究经费、非法买卖卵子罪成立，被判 2 年徒刑，缓刑 3 年。⊖

2017 年 4 月 19 日《人民日报》第 5 版"捍卫真实就是捍卫科学的生命"的报道指出，"科学研究是揭示真相、发现真理的神圣事业，真实诚信是其基本准则"。报道揭示 2017 年学术出版商施普林格·自然出版集团一次性撤销了涉嫌造假的 107 篇文章，论文作者均来自中国。涉及的单位不乏全国知名的三甲医院和重点高校。此次撤稿事件让学术界深感震惊，也在社会上引发了广泛关注。

---

⊖ 资料来源：《克隆先锋黄禹锡：从民族英雄到国耻》，人民网。

一直以来，无论是社会还是学术界都对论文抄袭等行为表示出了"零容忍"，近些年每每出现类似事件，必然会掀起一阵舆论热议，但屡屡曝光、屡屡喊打却屡屡冒头、屡打不绝。作为研究新手的我们在入门初期就应该加强对学术不端的认识，将各种潜在风险扼杀在摇篮中。

另外，塔斯基吉梅毒（The Tuskegee Syphilis）研究（Brandt，1978）、茶室性爱（Tearoom Sex）研究（Humphreys，1965）等均因为研究内容或研究设计有违伦理与道德标准而受到社会的强烈批评，并引发公众对有关研究道德的一系列讨论：研究者是否享有绝对自由，可以对任何问题进行研究吗？其所在机构是否有权限制研究者的这种绝对自由？而研究者对于学术范围外的争议性问题进行研究或汇报结果时，是否需要考虑自己应该承担的社会责任？

在我们看来，任何研究人员均处于一定的社会环境中，其行为活动应受到伦理协议和社会标准的限制，这些规范可能会禁止某些研究程序，从而禁止某些研究项目。特别是在研究设计的实施中，研究人员应时刻注意是否存在有违伦理规范的操作。

（1）在对待被访者时，应保持尊重、公正的态度，确保不对被访者带来伤害。

（2）在数据采集中须获得被访者的"知会同意"，不强迫被访者，不侵害个人隐私，确保数据安全。

（3）在数据分析中，不捏造、曲解和歪曲所做的工作，应清楚说明可能存在的偏差，使用三角测量来抑制潜意识的偏见。

（4）切忌剽窃。剽窃指的是从别人的作品中提取文字或想法直接用在自己的作品中，但并不承认是他人文字或想法的行为。通常研究者会通过阅读大量文献，提出自己的研究问题和方法，然而在写作过程中，如不注意会出现剽窃的潜在风险。

因此，作为科学、严谨的研究人员，我们须记住以下几个容易被忽略但确实有剽窃危险的行为：当复制任何来源的文字时，必须把摘录放在引号中，并且必须给出一个精确的参考；如果提取的内容较长，可以另起段落进行描述；若是改述别人作品，也须辅以文字说明并进行引用；如修改了别人的图表，也要进行说明。在实证研究中，研究人员通常会借鉴成熟量表，加以修改后应用到自己的调研问卷中。如有采用别人的量表，须在文中说明。另外，在研究过程中，如在数据收集、分析、讨论中获得了其他人的帮助，也要进行说明。

一些知名的国际期刊，为降低文章抄袭隐患，在作者提交初稿后，就会进行论文内容的重复率检查，只有低于重复率标准的论文，才有机会进入下一轮的同行盲审。图1-6为一篇投稿至期刊 *Journal of Product Innovation Management* 的文章，作者在投稿后的一天内收到回复邮件。尽管该篇文章主要的"抄袭"内容为作者曾经发表的另外一篇文章的方法论部分，但查重软件并不会对是不是作者自己的文章进行区分，也不会对"抄袭"哪一部分进行区分。尽管实证研究论文在研究设计、数据收集等部分的结构非常相似，但是仍然要尽量体现出个性化的特征，避免论文在投稿阶段就踩到"红线"，被期刊退稿。

---

-------Original Message-------
From: onbehalfof+editor+jpim.pdma.org@manuscriptcentral.com
[mailto:onbehalfof+editor+jpim.pdma.org@manuscriptcentral.com]
On Behalf Of editor@jpim.pdma.org
Sent: Friday, November 27, 2015 5:02 PM
To: Bruton, Garry <g.bruton@tcu.edu>
Subject: *Journal of Product Innovation Management* - Decision on Manuscript ID JPIM-11-15-1397
[email ref: DL-SW-5-a]
27-Nov-2015

Dear Dr. :
I am writing to you regarding manuscript # JPIM-11-15-1397 entitled "Entrepreneurial Learning From New Product Failure in Entrepreneurial Teams" which you submitted to the *Journal of Product Innovation Management*.
Unfortunately, the manuscript is not up to the rigorous academic standards expected for JPIM, and I will not be sending it out for review for possible publication. Every paper submitted to JPIM goes through a plagiarism check and receives a similarity rating. The rating on this paper was 30%, above our threshold. Upon further investigation, it appears that the authors have generously copied text/sentences/paragraphs from previously published articles. As one example, the section on "the moderating role of entrepreneurial alertness" is almost completely taken from other sources. This behavior is unacceptable and violates international academic standards (see the Committee on Publication Ethics).
Thank you for considering JPIM for the publication of your research.

Sincerely,
Dr. Gloria Barczak
Editor-in-Chief, *Journal of Product Innovation Management* editor@ipim.pdma, org

---

图 1-6　期刊查重率检查示例

---

> 💬 **小诀窍**
>
> 　　对于图 1-6 中期刊 JPIM 拒稿的原因，文章作者通过分析进行了总结，这里展示给各位学者，也请各位年轻同行提高对该问题的重视。
> 　　（1）该论文并未模仿任何既有文献的模型，且在"项目失败"这一很少有人探索的情景中，因此，作者当时判断没有必要查验内容重复率。
> 　　尽管如此，大多数学者在文章写作中，会自觉或不自觉地回忆起所读过

的文献并进行引用。为防万一，建议各位学者在投稿前对文章进行查重，以消除该方面的潜在风险。

（2）在投稿前，作者不知道 JPIM 的相似率标准，因为不同期刊有不同的认定标准（全球有三大标准）和接受标准（10%～30%）。因此，在投稿前需要对投稿期刊进行深入的了解，一般的期刊网站上会有详细的、大篇幅的介绍。不要怕麻烦，建议将期刊的相关政策、规范了解清楚后再次检查文章，进行确认。

（3）相似度的认定是计算机认定，因此可能存在多处相似（例如概念的定义）导致相似率较高。这也为各位研究者带来了挑战，由于机器会针对句子中的词语进行检查，因此，不可避免地会出现重复率问题，这也要求研究者在写作中更加注意文章的措辞、对观点的提炼，尽量用自己的语言重新组织构架内容。

（4）作者通过采用 Turnitin 进行论文查重，发现 15% 的相似性在于方法论部分，而这也是大多数学者很难控制和改写的，毕竟我们大多是采用成熟的方法论进行研究。只能通过对方法论的熟练学习和掌握，用自己的理解进行解释，并尽量采用不同方法进行融合以提高结论的科学性。

### 1.5.2　CABLES 模型在研究道德中的应用

为更加有效地避免潜在伦理与道德风险的发生，Koocher（2002）提出了一个有效降低研究中伦理与道德问题的模型，以帮助研究者降低风险。CABLES 为六个英文字母的首字母，分别代表一个方面。

认知风险（cognitive risk）是指对参与者的智力活动、学习、学业成就以及自尊的理性等产生的威胁。例如，在教学策略的比较演技中，如处理不当，有可能会影响被放入控制组的参与者的自尊心。

情感风险（affective risk）指的是参与者在参与研究期间和之后受到的情绪困扰，包括其不愿意看到的某些方面的自我发现的风险，有些研究涉及收集敏感数据，从而可能对被访者产生影响。

生理风险（biological risk）指由于研究者的干预或疏忽，使被访者因延迟、无效或缺乏治疗而导致的身体上的伤害或疾病。例如在药物有效性的研究中，被放入控制组的被访者有可能因为研究设计而不得不延长其疾病治疗时限。

法律风险（legal risk）指在研究中，由于设计不当可能引致的法律责任，如披露敏感的机密信息等。

经济风险（economic risk）指由于研究需要，被访者不得不付出的实际成本（如乘车至实验室）或失去的机会成本（如为了参与研究而放弃招聘机会而失去的时间和收入)。

社会与文化风险（social and cultural risk）有可能导致被访者被贴上标签、遭受排斥或歧视。

在研究设计中，可以通过 CABLES 模型分析，筛选或预测出可能存在的风险，并加以预防。

## 小结

本章从管理研究方法的定义入手，解释研究方法在研究中的重要作用，在回顾总结了科学研究的两种推理方式后，详细解释了研究中的各相关概念、构念、变量、假设、理论和模型等名词。对这些相关概念的理解和熟悉是研究者在开展研究之前就必须准备充分的基础工作。

本章进一步将研究过程大体分为六步，逐一进行了讨论，并根据研究者的经验，在各步的讨论中，提供了详细的研究心得和小诀窍以供初学者参考。鉴于研究计划书在学术及实践中的重要性，本章介绍了一个构建研究计划的"模块法"，在确保研究的系统性的同时，保证研究的连续性。本章最后针对层出不穷的研究伦理与道德问题，分析何为研究的伦理与道德，并为研究者提出使用 CABLES 伦理与道德模型以检视自己在研究中可能面临的潜在风险。

## 参考文献

[1] S B Bacharach. Organizational Theories: Some Criteria for Evaluation[J]. Academy of Management Review, 1989, 14(4):496-515.

[2] A M Brandt. Racism and Research: The Case of the Tuskegee Syphilis Study[J]. The Hastings Center Report, 1978, 8(6):21-29.

[3] L Humphreys. Tearoom Sex Study[EB/OL]. https://tearoomsexstudygroup.wikispaces.com/Tearoom+Sex+Study, 2018-04-04/2019-04-04.

[4] F N Kerlinger, H B Lee. Foundations of Behavioral Research[M]. 4th Ed. New York: Harcourt College Publishers, 2000.

[5] G P Koocher. Using the CABLES Model to Assess and Minimize Risk in Research: Control Group Hazards[J]. Ethics and Behavior, 2002 (12): 75-86.

[6] 陈晓萍，沈伟. 组织与管理研究的实证方法 [M].3 版. 北京：北京大学出版社，2018.

[7] 李怀祖. 管理研究方法论 [M].3 版. 西安：西安交通大学出版社，2017.

[8] 赵永新. 捍卫真实就是捍卫科学的生命 [N]. 人民日报，2017-04-19.

# 第2章

# 理论框架的构建与假设的提出

撰写学术论文好比建筑大厦。柱立则墙固,梁横则屋成。在确定研究问题后,研究者需要构建理论框架并提出研究假设,为学术论文"立柱架梁"。如何运用既有研究构建理论框架?如何基于理论框架提出研究假设?一个"好"假设的评判标准是什么?……本章将为读者介绍理论框架构建和假设提出的相关内容,带领大家领略学术论文这一"重大建筑"的结构之美。

## 2.1 理论框架的构建

### 2.1.1 理论概述

#### 1. 理论的界定与构成

许多学者都曾给理论(theory)下过定义。例如,Merton(1968)将理论定义为"在逻辑上相互联系并能获得实证性验证的若干命题"。Bacharach(1989)将理论看作"一个概念和变量构成的系统"。"在这个系统中,概念之间通过命题联系在一起,而变量之间则通过假设联系在一起"(Bacharach,1989)。McBurney和White(2009)将理论定义为"一个或者一系列关于变量间关系的陈述"。李怀祖(2017)将理论定义为"一组用来解释和预测现实世界的结构化概念、定义与命题"。根据上述定义,我们可以看出理论通常具有两个方面的特征:第一,理论是一种抽象的、系统化的认识;第二,理论的目的在于对现象做出解释。

关于理论的构成,以往学者也曾有相关论述。陈昭全和张志学(2012)认为,理论主要包含四个构成要件:①有关概念;②命题和假设;③机制或原理;

④边界条件。Dubin（1976）认为，理论包括：①构成现象的若干单元；②各单元之间的互动法则；③理论成立的边界；④决定各单元之间互动表现的系统状态；⑤关于这些单元之间互动的命题；⑥用于对这些命题进行检验的实证指标和假设。Whetten（1989）指出，一个完整的理论应当包括如下四个要素。

- 什么（what）：从逻辑上来讲，哪些要素应被用于解释这个现象的一部分；
- 如何（how）：这些要素如何相关；
- 为什么（why）：用于佐证要素选择及其因果关系的心理学、经济学或者社会学动力有哪些；
- 谁、何地、何时（who、where、when）：这一理论模型有哪些限制条件。

在管理研究中，主流观点认为理论建构应该包括什么、如何、为什么和谁这四个成分，即**理论本质上是一个对特定现象是什么、如何、为什么、谁、何时等问题的解释**。因此，一个好理论不仅能够对特定现象进行描述，而且还能够解释现象中不同要素间如何联系并且为什么产生联系。也就是说，理论能够以合乎逻辑的解释来阐明现象中不同要素的前因后果。研究者者应认识到，学术研究中的"理论"是一个比较宽泛的概念。此外，研究中的理论依据不一定是现成的理论，如代理理论、资源基础理论、社会资本理论、社会网络理论等，同时也包括研究者在观察到管理现象之后所提出的对于这些现象的具体解释机制（罗胜强和姜嬿，2014）。

---

### 💬 小诀窍

管理理论林林总总，但方兴未艾。实际上，真正经得起检验的经典理论并不多。选择一个新颖的、合适的理论视角开展研究，往往事半功倍。因此，我们为研究新手提供了三个小诀窍。

第一，我们推荐研究新手可以阅读《管理学中的伟大思想：经典理论的开发历程》（北京大学出版社，2016）、《管理与组织研究必读的40个理论》（北京大学出版社，2017）、《现在，顶尖商学院教授都在想什么？》（机械工业出版社，2015）等专门介绍经典理论的书籍，还有诸如《创业研究经典文献述评》（机械工业出版社，2018）等聚焦介绍细分领域相关理论的书籍。通过阅读这些书籍，研究新手可以快速熟悉各类理论，更重要的是了解各个理论的应用场景或者前提，例如资源基础理论的两个重要前提包括：①资源在一定程度上是异质的；②资源在一定程度上是不可流动的。

第二，尽管很多研究者都希望从现象中识别研究问题，进而对既有理论做出修正或补充，但对研究新手来说，这一方法往往存在较大的难度。其实，研究者可以换一个思路，即从理论出发，挑战既有理论成立的前提。仍以资源基础理论为例，在当今互联网时代，资源（尤其是信息资源）的异质性越来越弱。因此在部分与互联网相关的情景下，例如互联网企业、网络购物等，RBV的资源异质性前提受到挑战。换言之，这给研究者进一步完善资源基础理论带来了机会，也为提出新的解释、与资源基础理论的相关文献形成高质量的学术对话（发表论文）带来了机会。

第三，我们建议研究者关注管理研究的公益网站或论坛。例如中文OBHRM百科网站，会对近年AMJ、JAP等顶级国际期刊上经常出现的理论进行统计，供研究者参考。

除了以上介绍经典理论、文献的中文书目之外，我们还建议一些研究新手多花时间读阅读原著、原文献，以批判性的思维阅读，去发现更多的"学术创业"机会。

### 2. 理论的层次

理论本质上是对现象的合理化解释。在管理研究中，理论通常可以被划分为三个层次。

**宏大理论**（grand theory）是一种高度复杂、高度抽象和系统的理论，试图包括社会、组织和个人中的大部分方面，例如马克思的阶级斗争理论、Homans的社会交换理论、中国道家的阴阳理论以及管理学中的资源依赖理论和代理理论等。这类理论更像是一种范式，代表那些广泛意义上共享的信念和看法，它们往往不直接与具体的、经验的社会研究发生联系，更多的是提供一种理论的透镜，帮助研究者去观察问题和分析问题。

**中层理论**（middle range theory）介于宏大理论和细微理论之间，是连接两种理论的桥梁。用Merton（1990）的观点来描述，中层理论既非日常生活中大量涌现的操作性假设，也不是一个包罗万象、用以解释几乎所有可观察到的社会行为、社会组织和社会变迁一致性的统一理论，而是介于这两者之间的理论。管理研究中的中层理论关注管理现象的一般方面，它通常以某一方面的管理现象或某一类组织行为为对象，提供一种相对具体的分析框架，比如管理学中常见的激励理论、马斯洛需求层次理论、角色理论等。

**细微理论**（trivial theory），也被称为工作假设（working hypothesis），它是普通人在日常生活中建立起来的常识。与宏大理论所涉及现象的全面性不同，细微理论只集中于有限的概念，而这些概念也只与有限情境下的少数现象有关。细微理论与可观察的现象之间几乎也是相同的，它的抽象程度远不及宏大理论。

需要注意的是，多数研究者可能更关注中层理论，这毫无疑问降低了提出宏大理论的可能性。然而，理论的建构是一个社会化的过程。如果研究者希望降低学术创业中的试错成本，那么从中层理论出发，不断从各个角度丰富对某一现象或问题的解释，则更有可能"十年磨一剑"，最终构建学术社区更能接受的宏大理论。⊖

### 3. 管理研究中的理论体系

管理研究涉及众多的理论流派，不同的流派基于各自的视角提出了一系列具体的理论，包括代理理论、制度理论、资源依赖理论、社会网络理论、社会交换理论等。这些具体的理论按照特定的视角又可以进一步合并归类。比如，代理理论和契约理论均属于关于交换的理论，它们均基于经济学的视角；制度理论和权变理论所代表的制度观，则可以划分到关于环境应配的理论体系之中。表 2-1 列示了管理研究中主流理论所归属的理论体系。

表 2-1 管理研究的主流理论

| 一级类别 | 二级类别 | 三级类别 |
| --- | --- | --- |
| 关于交换的理论 | 经济学视角 | 交易成本理论 |
| | | 产业组织理论 |
| | | 博弈论 |
| | | 代理理论 |
| | | 契约理论 |
| | 社会交换视角 | 公平理论 |
| | | 社会心理学理论 |
| | | 社会认同理论 |
| | | 社会交换理论 |
| | | 社会资本理论 |
| | 社会经济学视角 | 经济社会学理论 |
| | | 网络理论 |
| | | 竞合理论 |
| 关于环境应配的理论 | 制度观点 | 制度理论 |
| | | 权变理论 |
| | 战略观点 | 战略选择理论 |
| | | 资源依赖理论 |
| | | 期权理论 |
| | 共演观点 | 结构化理论 |
| | | 共演理论 |
| | 生态观点 | 种群生态 |

---

⊖ 建议参阅：孙黎，殳成，曾晓丹. 学术对话的盛宴 [J]. 管理学季刊，2018，3（1）：20-30.
彭维刚. 制度转型、企业成长和制度基础观 [J]. 管理学季刊，2018，3（1）：1-19.
陈明哲. 学术创业：动态竞争理论从无到有的历程 [J]. 管理学季刊，2018，1（3）：1-16, 142.

(续)

| 一级类别 | 二级类别 | 三级类别 |
|---|---|---|
| 关于跨越边界的理论 | | 跨边界理论 |
| | | 松散耦合理论 |
| | | 信息处理理论 |
| 关于企业成长的理论 | | 企业成长的古典理论 |
| | | 资源基础观 |
| | | 知识基础观 |
| | | 组织学习理论 |
| | | 动态能力理论 |

资料来源：陆亚东. 中国管理学理论研究的窘境与未来[J]. 外国经济与管理，2015，37（3）：3-15.

### 2.1.2 理论框架的内涵及表现形式

#### 1. 理论框架的内涵

理论框架是指运用既有理论对研究中的各个概念或变量关系所做的结构性阐述。通过对具体的理论进行组织、整理，从而形成该领域系统、全面的知识体系。

对于理论框架，研究者需要有两个方面的基本认识。

第一，理论框架具有系统性。研究者需要从既有文献中提炼出研究概念或变量，并以合乎理性和逻辑的方式将这些概念或变量整合在一起。在同一理论框架中，各概念的定义和范围需保持一致，各概念之间的关系要系统、清晰，不可出现混乱或自相矛盾的情形。同时，理论框架中的概念都应尽可能地与既有理论中的术语保持一致，以便研究的汇总比较、整合验证以及知识的累积（刘军，2008）。

第二，理论框架为研究问题服务。研究者需要通过研究问题将既有理论结合在理论框架中以支持自己的研究。因此，理论框架不是简单地罗列理论，而是要运用这些理论进行逻辑推断。研究者需要把理论所涉及的主要内容迁移到自身研究的特定情景（context）下，进行具体化应用。

#### 2. 理论框架的表现形式：理论框图

理论框架既可以通过文字叙述相关概念或变量之间的关系，也可以通过理论框图将概念或变量之间的复杂关系以可视化的方式进行展示。一种常见的方法是利用方框和箭头来构造理论框图。其中，方框代表概念或者变量，箭头表示概念或变量之间的关系。一个完整的理论框图能够将理论模型的大致脉络或骨架表达出来。虽然框图本身不是理论，但一个好的框图比简单的概念列表或者没有组织好的图表更接近理论（陈昭全和张志学，2012）。理论框图可以直观地显示变量以及变量之间的关系，如主效应、中介效应或调节效应等，从而使读者更容易理解变量之间的关系。具体可参考后面的图 2-3。

### 2.1.3 如何构建理论框架

理论框架的构建没有统一的方法，但有思路可循。

首先，梳理既有研究已经做了什么。研究者可以通过文献回顾，了解特定研究主题所涉及的概念，总结既有研究在该主题及相关领域的积累程度，掌握该主题的理论基础，以及相关概念（变量）之间的逻辑关系。

其次，厘清既有研究还没有做什么。为了找出既有研究的不足，研究者应该思考如下问题：既有研究未曾涉及的话题或相关概念（变量）有哪些？既有理论对于相关现象或概念（变量）之间的关系的解释是否存在缺陷或不足？是否有其他理论能够解释这些现象或概念（变量）之间的关系？是否存在其他影响机制（中介或调节）？既有研究为何没有对这些话题进行探讨？是这些话题不重要，还是其他原因？

通过上述两方面的工作，研究者可以对既有研究进行总结，并识别研究空白或冲突，进而提出新的概念、命题或者解决方案。在理论指导下，研究者需要建立相关概念（变量）之间的联系，进而构建出新的理论框架。

一般而言，理论框架的构建有两种途径：内部细化法、外部延伸法。

**内部细化法**是指在一个相对完整的领域内，更为细致、恰当地解释各变量之间关系。方法一是**寻找中介变量**，即在原来自变量 A 影响因变量 B 的关系中（见图 2-1a），增加一个中介变量 C，用来解释 A 通过什么（即 C）影响 B。原来 A 到 B 的关系变成新的 A 到 C 到 B 的关系（见图 2-1b）。方法二是**寻找调节变量**，即在原来自变量 A 影响因变量 B 的基础上（见图 2-1a），增加一个调节变量 C，用来解释 A 在什么情况（即 C）下影响 B（见图 2-1c）。

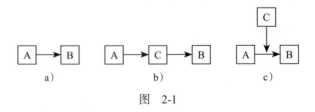

图 2-1

**外部延伸法**是指在一个较小的领域内，先求取完整的解释，然后再向相关的领域进行延伸拓展。**方法一是寻找因变量的其他影响因素**。比如,既有研究已经发现自变量 A 会影响因变量 B(见图 2-2a),而本研究可以从另一个视角出发探索变量 C 对变量 B 的影响(见图 2-2b)。**方法二是寻找自变量的其他后果**。比如,既有研究发现自变量 A 会影响因变量 B(见图 2-2a),而本研究可以探索 A 除了影响 B 是否还会影响 C(见图 2-2c)。

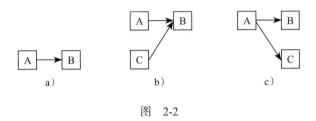

图 2-2

### 2.1.4 示例与解读

我们以 Dekker 在 2004 年发表于国际权威期刊 *Accounting, Organizations and Society* 上的一篇论文为例,展示理论框架的构建过程。

这篇论文的题目为 "Control of Inter-Organizational Relationships: Evidence on Appropriation Concerns and Coordination Requirements"。在文章中,作者基于交易成本经济学和组织理论,识别出企业在涉入组织间关系时可能会出现的两种控制问题:侵占担忧(appropriation concerns)和协调需求(coordination requirements),并且讨论了用于管理这两类问题的控制机制,以及它们和非正式(基于信任)机制之间的关系。基于这些讨论,作者提出了如图 2-3 所示的理论框架。

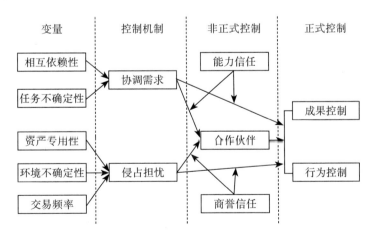

图 2-3 Dekker(2004)提出的有关组织间关系的控制的理论框架

首先，作者从交易成本经济学视角出发，对组织间关系治理（the governance of IOR）的理论和文献进行了梳理。作者发现，几十年来，交易成本理论在获得极大发展的同时也备受争议。学者认为，该理论在解释组织间关系的治理方面并不是那么有用，尤其是对于解释组织间关系的管理和控制并不充分。这种不充分主要表现在两个方面：第一，交易成本理论只关注机会主义和交易成本最小化，缺乏对组织间关系形式和目标变化的考量；第二，交易成本理论忽视了组织间关系治理中使用的控制机制，尤其是非正式机制（社会机制）。

作者认为，在组织间关系中，控制的首要目的在于创造条件来激励合作伙伴努力实现期望或预先设定的结果，而管理交易风险仅仅是在追求期望或预定结果过程中需要控制部分内容。企业建立组织间关系是为了通过合作完成价值创造活动以实现共同收益。Zajac 和 Olsen（1993）认为，传统交易成本理论的一个主要缺陷在于单一地强调交易成本最小，而忽视了交易伙伴在追求共同价值的过程中所产生的相互依赖性，因而交易价值最大（而不是交易成本最小）才应该是组织间合作的根本目标。杜尚哲、加雷特和李东红（2006）指出，许多企业会出于战略目的建立联盟关系（企业间合作的高级形式），在一些特定的情况下，甚至会建立交易成本反增的战略联盟。因此，当采用价值创造视角来看待组织间关系时，交易成本理论中的价值侵占问题就缩小为组织间关系治理的一个子集。

作者认为，组织间关系控制的第二个目的是协调伙伴之间相互依赖的任务。一般而言，组织间关系相互依赖的程度从非常低（仅仅需要很少的协调工作）到非常高（需要持续的交流和在伙伴之间共同进行决策制定）不等。在传统的"购买方—供应商"关系情境下，资源从一方转移到另一方。在这一过程中，协调主要是为了确保连接点的恰当匹配。为了应对彼此的情境，以互惠式相互依赖为特征的组织间关系则需要在更广泛的伙伴运营上相互匹配，并且需要更为复杂的协调机制用来沟通和持续调整。例如，这一类组织间关系主要关注分享互补性技术、联合缩短创新时间以及共同开发新技术。在这种关系中，合作伙伴会努力深化和拓展技能，或者是学习和开发新技能。随着组织间关系任务变得更加相互依赖和更加不确定，协调和联合决策制定的需求不断增加，控制机制可以被用于管理任务之间的相互依赖性。

综上，侵占担忧和协调需求能够共同描述合作企业管理价值创造与价值保护的需求，因此作者认为这两个概念对于解释组织间关系管理和控制至关重要。同时，治理机制在管理这两种控制问题上也能发挥效用。

随后，作者谈到，交易成本理论用于解释组织间关系控制的第二个局限性在于它对治理机制的识别存在不足,尤其是非正式治理或社会控制。交易成本理论过多地强调机会主义,忽略了企业和个体以前重复交互的影响。格兰诺维特认为,社会关系会影响个体的行为模式。用他自己的话来说,"持续的经济关系常常渗透了社会成分,因此个体彼此会产生强烈的信任感以及拒绝投机行为的社会期待,这将使个体超越纯粹的经济动机进行行动"(Granovetter,1985;周雪光,2003)。交易成本理论对治理的非正式和社会机制的考量比较有限,这引发了作者对组织间关系控制机制更深层次的思考。

基于上述原因,Dekker在既有研究的基础上,对组织间关系的控制机制进行了重新识别和分类。从整体上看,组织间关系的控制机制可以分为正式控制(formal control)和非正式控制(social control)两大类。其中,正式控制包括结果控制(outcome control)与行为控制(behavior control),而非正式控制主要是以信任机制为主要模式的社会控制。进一步地,作者将组织间关系可能会出现的两类控制问题与控制机制进行链接,并基于一系列逻辑推理提出了如图2-3所示的理论框架。

在这个框架中,来自交易成本经济学和组织理论中的变量,如相互依赖性(interdependence)、任务不确定性(task uncertainty)、资产专用性(asset specificity)、环境不确定性(environmental uncertainty)和交易频率(frequency)等,能够很好地反映协调需求和侵占担忧这两类控制问题;这些控制问题则会影响企业努力选择一个好的合作伙伴来减轻这些问题,同时也会影响企业设计和实施正式控制机制来管理这些问题,并且企业在寻找优秀合作伙伴方面的投资会降低其对正式控制的需求。此外,企业对合作伙伴的能力信任(capability trust)和商誉信任(goodwill trust)将会分别减弱侵占担忧和协调需求与正式控制和伙伴选择努力程度之间的关系。

## 2.2 假设的提出

### 2.2.1 假设及假设类型

假设是对现象的暂时性解释,是对一个可以通过实证研究验证其真伪的臆测性陈述。假设可以源于常识、个人预感或猜测,也可以源于调查资料或既有理论,其中后两者是更为重要的假设来源。假设的目的在于预测变量之间的关系,引导数据的收集。因此,提出假设是研究工作中非常重要的一个环节。

根据不同的角度,我们可以把假设分为不同的类型。**从假设提出的思维方式**

**来看，假设可以分为归纳型假设和演绎型假设两种。**

归纳型假设是研究者通过对一些个别经验事实材料的观察和调查得到启示，进而概括、推论提出的假设。例如，研究者可以对若干典型企业进行调查，归纳得出管理规律，并在此基础上形成假设。归纳方法在管理研究中非常有用。不过，归纳型假设的价值不仅在于它能够正确解释已有的全部观察资料（即内符），还在于其需要适配今后的实践和更大的范围（即外推）。

演绎型假设是从公理、原理或学说出发，运用综合和逻辑推理提出的假设。例如在熊彼特"创造性消亡过程"的理论下，人们可推导出"工业政策不利于企业创新"的假设。又如人们熟悉的一种陈述"西方社会是资本主义社会，资本家唯利是图，因而西方社会必然是尔虞我诈、互相欺骗"也是一种演绎假设。

**从假设的性质、复杂程度和研究目的来看，假设又可以分为描述性假设、解释性假设和预测性假设三类。**

描述性假设是从外部表象和特征等方面来大致描述研究对象，进而提出关于事物外部联系与内在细致关系的推测。比如，"不同产业结构对城市竞争能力有不同的影响"。

解释性假设是解释事物的内部联系，指出现象本质，并说明事物原因的一类假设。这类假设更复杂也更重要。它能够从整体上解释事物各部分相互作用的机制，揭示条件与结果、研究主题最初状态与最终状态的因果关系原理。一般认为，解释性假设是比描述性假设更高一级的假设形式。

预测性假设是对事物未来发展趋势的科学推测，它是研究者基于对现实事物更深入、全面的了解上所提出的更复杂、更困难的一种假设。

**从假设所涉及变量之间的关系来看，假设又可以分为因果假设、中介假设、调节假设和其他假设（MMM 假设、非线性假设等）。**

因果假设是对"why"问题的回答，是对事物之间因果联系的推测判断，即推断由于某一变量存在或变化进而导致另一变量发生或变化的假设。这时，原因变量称为自变量，而结果变量称为因变量。如杨隽萍、于晓宇、陶向明和李雅洁（2017）在研究社会网络与创业风险识别的关系时提出的假设之一：创业者的网络强度越高，则越可能识别更多的创业风险。在这一假设中，创业者的"网络强度"是自变量，"创业风险识别"是因变量，"高网络强度"是因，"识别更多的创业风险"是果。

中介假设主要解决"how"问题。研究者往往在因果假设的基础上，探究影响这一因果关系的内在机制。仍以杨隽萍、于晓宇、陶向明和李雅洁（2017）的研究为例，作者在明确网络强度与创业风险识别之间存在因果关系的基础上，进一步探索了"信息数量/信息质量在网络强度与创业风险识别关系之间发挥中介作用"的中介假设。在这两个假设中，"信息数量"和"信息质量"是创业者网络强度和创业风险识别关系的中介变量，即创业者的网络强度会通过影响其获取信息的数量和质量来影响创业风险的识别。

调节假设主要解决"where、when、on what condition"问题。研究者通常在因果假设的基础上，进一步探究调节变量对该类因果关系的影响。仍以杨隽萍、于晓宇、陶向明和李雅洁（2017）的研究为例，作者在明确网络强度与信息数量/信息质量之间存在因果关系的基础上，进一步探讨了创业者先前经验的调节作用。该研究提出了"创业者的先前经验正向调节网络强度与信息数量/信息质量之间的关系"两个调节假设。在这两个假设中，"先前经验"是影响网络强度和信息数量/信息质量关系的调节变量。当创业者的先前经验越丰富时，网络强度对信息获取数量/质量的正向作用就越强。

其他假设是指除因果、中介、调节假设之外的假设类型，主要包括MMM假设和非线性假设。

MMM假设可以分为"被调节的中介"（moderated mediation）假设和"被中介的调节"（mediated moderation）假设两种类型。其中，"被调节的中介"假设描绘的是：自变量$X$通过中介变量$M_e$影响因变量$Y$，而这一中介作用会受到调节变量$M_o$的影响。例如，赵红丹（2014）在研究强制性组织公民行为对员工任务绩效的影响时，提出了"政治技能显著调节强制性组织公民行为通过组织认同影响任务绩效的中介作用，即对低政治技能的员工而言，他们之间的中介作用显著；对高政治技能的员工而言，他们之间的中介作用不显著"的研究假设。这一假设就属于典型的"被调节的中介"假设。"被中介的调节"假设描述的是：调节变量$M_o$对自变量$X$与因变量$Y$关系的影响，通过中介变量$M_e$得以实现。例如，马君和赵红丹（2015）在研究任务意义与奖励对创造力的影响时，就提出了这类假设，他们认为"奖励对任务意义与创造力关系的调节效应，通过创造力角色认同的中介作用得以实现，即奖励通过提高创造力角色认同来加强任务意义对创造力的影响"。

非线性假设的类型比较多样，最为常见的是U形或倒U形假设。以于晓宇和陶向明（2015）的研究为例，作者在探讨创业失败经验与新产品开发绩效的关系时，基于不同的理论视角提出了"创业者先前创业失败经验与当前企业的新产品开发绩效存在倒U形关系"的假设，这一假设就属于典型的非线性假设。在这一假设中，创业者先前创业失败经验与企业的新产品开发绩效之间不再是简单的线性关系。

### 2.2.2 假设的陈述方式

在研究中，研究者需要陈述假设以说明两个或者更多变量之间的可期待关系。假设的陈述方式主要包括条件式陈述、差异化陈述、统计式陈述和形象化陈述四种类型。

（1）条件式陈述。条件式陈述可以说明两个以上的群体在各种变量下是否有所不同或存在相关性。条件式陈述的表达形式为："如果 A，则 B"。

（2）差异化陈述。差异化陈述的表达形式是："A 不同，B 也不同"或者"A 不同，B 相同"。

这一类假设可分为方向性假设和非方向性假设。方向性假设指出相关或差异的特点，能够比较两个变量或群体是否存在正向、负向或大小关系，如"男生的推理能力比女生强""更多的工作经验，更少的工作满足感"。非方向性假设仅指出存在相关关系或差异，能够陈述两个变量或群体存在某种关系，但并不明确说明是何种关系，如"男女生在思维能力上存在差异""工作满足感与年龄有关"。

（3）统计式陈述。统计式陈述主要用于统计检验。研究者可以运用统计方法来确认推论关系是否存在。此类假设阐述或定义两个变量之间的明确关系，可被分为零假设和对立假设。

零假设，也称虚无假设或空假设。零假设属于中性，不表达研究者对研究结果的预期。零假设通常假设两个变量之间没有任何关系，如"思维能力与性别无关""工作满足感与年龄无关"。

与零假设相反，对立假设陈述在两个变量间存在着某种关系，并根据实际情况同时采用两种表达方式，如"更多的工作经验，更少的工作满足感""更多的工作经验，更多的工作满足感"。

（4）形象化陈述。形象化陈述是将言词转换成因果关系模式，使读者可想象自变量、中介变量与因变量的关系，如"创业导向在创业失败经验与新产品开发绩效间起部分中介作用"（于晓宇和陶向明，2015）。

### 2.2.3 "好假设"的评判标准

一个好的科学研究需要建立在好假设之上。好假设往往能够回答一个非常重要并且以往的研究都没能回答好的问题。对研究者而言，假设是其对研究结果的一种设想，是其对研究问题中变量间关系的一种预期。研究者在提出假设之后，总是期望能够通过收集回来的数据和事实来验证自身预期的正确性。但是，研究者需要认识到，无论假设最后是否得到验证，这项研究工作都富有意义和价值，或者说对管理理论和实践都富有贡献。当然，各种假设的优劣或价值可能不同，研究者可以从以下几个方面对假设进行评判。

首先，一个好假设需要**建立在可靠的理论基础之上**。脱离现有理论体系、依靠拍脑袋想出来的假设，往往都不是一个好假设。假设是对既有理论的延伸和拓展。它的基础是既有理论研究成果，而其目的是扩充理论甚至是发现新理论。虽然我们鼓励研究者在提出假设时要有所创新，要去发现人类尚未攀登的知识高峰，然而山峰离不开原先已到达过的高地。因此，研究者需要在现有的理论基础上提出假设，通过对既有理论的改进或者提出既有理论没有研究过的假设来继承和发展理论。因此，研究者要想提出一个好假设，就要充分地掌握和利用既有的理论研究成果，要能站在巨人的肩膀上思考问题。

其次，一个好假设应尽可能**清晰和明确地说明变量之间的关系**。假设是关于变量与变量之间关系的陈述，可以被用来解释某个现象。在假设中，因变量就是这种现象，而自变量通常是导致这个现象的原因。如果一个假设无法清晰界定变量与变量之间的关系，那么这个假设便不可能得出有意义的结论。所以，一个好假设既要能够清楚说明变量之间存在关系，还要交代清楚变量之间存在怎样的关系（关系的方向、作用机制及作用边界）。一个好假设应该使读者一眼就能看出假设中谁是自变量、谁是因变量以及作者想要验证怎样的关系，使读者脑海中勾画出变量之间的关系图。

再次，一个好假设应做到**简明扼要**。许多经典的研究往往能做到假设简单，表述清晰、简明、准确。但研究新手经常会走入这样一个误区，即在研究假设中陈述很多自变量对因变量的影响。随着自变量的增多，这些变量之间的关系就变得越来越复杂，这将导致研究者难以对因变量的变化做出合理的预测。例如，有研究者想研究管理者背景特征和公司绩效之间的关系，但是他也意识到，组织结构、公司治理、企业文化、外部环境等因素都和公司绩效有关。如果他一股脑儿把这些因素都加入假设中，那结果可想而知：他的假设一定变得非常庞杂，导致读者觉得这个研究缺乏重点。因此，研究者要明白，好假设不必穷尽所有的因素。任何试图把太多变量囊括在内的假设都可能会造成适得其反的效果。

当然，一个好假设必须是**可证伪的**。假设的可证伪性是指，一个假设应该能够被数据证明是正确的还是错误的。如果假设所预测的关系无法被证实或者证伪，那么这种假设也不可能为理论发展做出贡献。我们认为，假设的可证伪性是一个好假设的必要条件。因此，在提出假设时，研究者要对其中涉及的概念进行清晰的界定，对相关变量的度量技术和方法、数据的收集和分析方法心中有数，否则难以提出可证伪的假设。

最后，一个好假设还应该是**有趣的**。相信做过研究的人都有这样的体会：即使不看这篇文章，我也知道这个结果，原因是这个研究所提出的假设实在太显而易见了，比如说"审计工作时间越长，审计师收费越高"之类的假设就属于这一类。还有的时候，我们在看一篇文章时，可能会产生这样的感觉：不读这篇文章，我真想不到事情会是这样的，但是读了之后我会感慨，为什么我就想不到呢？这篇文章说得太有道理了！大多数好的文章都属于这一类研究。我们之所以把"有趣的"作为评判假设优劣的标准之一，就是希望鼓励研究者多做"意料之外，却又在情理之中"的研究，而少写"显而易见"的文章。

此外，我们在教学过程中发现，很多研究新手往往认为有些假设非常"显而易见"，因此忽视了这些"显而易见"的假设背后隐含着研究情景的复杂性，以及研究者将抽象复杂变为"显而易见"所做出的努力。

### 2.2.4　假设提出的过程

假设提出的过程包括确定研究变量、变量定义、为假设进行逻辑推理、最终形成假设等步骤。

#### 1. 确定研究变量

假设是对所要研究的变量之间关系的一种假定性描述。因此，研究者在提出假设前必须首先明确研究变量，例如自变量、因变量、调节变量和控制变量等。

**因变量**是假设中被预测的变量，是随着自变量变化而变化的变量。因变量是研究者要观察的现象、要研究的事物，同时也是研究者观察的起点。因此，在科学研究中，研究者首先应明确因变量。

其次要明确自变量。**自变量**是假设中引起现象变化的变量，是研究中的独立变量。自变量不受其他因素所影响，是研究的重点。

此外，在研究中，自变量和因变量之间的关系通常并非一成不变。因此，研究者需要设计调节变量，以更加准确把握变量之间的关系。

最后，研究者对于不感兴趣但又可能会对因变量产生影响的因素，例如控制变量，也要有清晰的界定。如果研究者忽略了重要的控制变量，这可能会干扰资料的搜集和分析，最终会影响结论的效度和信度。

### 2. 变量定义

在确定研究变量的基础上，研究者需要清晰界定变量并确定其测量指标，即对变量进行抽象性定义和操作性定义。

**抽象性定义**（abstract definition）是指对研究变量共同本质的概括。

**操作性定义**（operational definition）是指变量的较精确与不含糊定义，并将其以操作的方式表示以表明变量是能被觉察和测量的。从本质上讲，变量的操作性定义就是关于用什么方法测量以及如何测量变量的描述。操作性定义不仅是为了满足交流的需要，同时也是为了满足研究和测量变量的需要。

### 3. 为假设进行逻辑推理

在确定研究变量并完成操作性定义之后，研究者需要对变量之间的关系进行逻辑推理。所谓**逻辑推理**，就是研究者**借助既有理论和文献对假设中所描述的变量关系进行解释**。在提供解释和理由时，研究者可以从两个方面着手。

首先，解释为什么两个变量之间具有所预测的关系。这需要研究者诉诸每个变量的内涵以及变量之间的逻辑联系或者因果关系。除此之外，研究者还需要考虑变量之间是否存在其他的**替代性解释**（alternative explanation）。因此，在逻辑推理的过程中，研究者需要清楚地解释为什么两个变量是以某种特定的方式（而不是其他方式）发生联系的。换句话说，研究者需要考虑其他可能存在的假设，思考为什么其他假设不合理，进而排除其他假设或者解释。

其次，研究者不能让假设之间相互孤立，而是要将所有假设联系起来。正是多个研究假设之间的联系构成了理论的核心。

### 4. 最终形成假设

研究者需要经过严密的逻辑推理，提出有关变量之间的具体关系，形成研究假设。因果关系对于理论的建立至关重要。研究者要想把自变量与因变量之间的关系描述上升到理论阶段，就需要认真考虑自变量为什么影响了因变量，尽可能提出包含因果关系的假设，而不仅限于描述变量之间的相关关系。

---

💬 **小诀窍**

假设的建立过程其实也是理论的探索过程。理论最初起源于研究者对现实问题的思考。研究者在思考过程中会不断浮现疑难困惑，并探寻这些疑难

---

困惑的解决路径。"假设"由此产生，并求得证明（见图 2-4）。

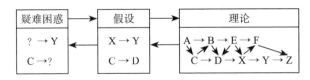

图 2-4　理论探索过程（假设建立过程）

研究者的每一轮思考可以大致分为四步：①感觉疑难；②辨识疑难；③提出假设；④推理论证。

图 2-4 显示了研究者的理论探索过程。研究者常常思考两类问题：现象 Y 是由什么因素引起的？因素 C 会引起什么后果？随后，人们针对相关的疑难问题提出猜测性的解释，例如 Y 是由 X 引起的、C 影响了 D 等。这些解释的提出即为假设。假设一旦得到证实，便可充实理论框架。若干假设关联的集合便综合形成某种理论，而形成的理论又可以作为提出假设的依据，帮助人们发现疑难困惑。

假设的提出并不意味着理论推理工作的结束。事实上，整个研究过程涉及反复的演绎和归纳，即便是假设检验的过程也是如此。当我们在实际研究过程中遇到实证检验结果不支持最初的假设时，我们就需要反思之前的假设推理是否合理？是否只考虑了一种理论解释，而忽略了其他可能的理论解释？因此，研究者需要在假设推理和实证结果之间反复思考与修正，以尽可能向读者阐述一个有说服力的理论解释。

当然，研究新手在根据实证结果对原假设进行精炼时，需要保持相当谨慎的态度并恪守学术道德。关于这方面的内容，读者可以参看《组织管理研究》第 7 卷第 3 期上的文章：《以后假设为先假设：伦理与理论问题》（梁觉著，魏昕译）。

### 2.2.5　示例与解读

在了解假设的概念、类型、陈述方式、评判标准以及假设提出的步骤之后，我们以于晓宇和蔡莉（2013）发表在《管理科学学报》上的论文《失败学习行为、战略决策与创业企业创新绩效》为例，向大家展示假设提出的过程。

#### 1. 确定研究变量及变量定义

作者以若干问题开篇："从失败中学习是否有助于提高创业企业绩效？创业企业的失败学习行为何时影响创业企业创新绩效？创业企业'粗犷式'的决策方式是否损害创业企业从失败情景中学习的价值？"与过往关注创新绩效的研究不同，

作者认为,"多数创新都以失败告终,然而创新过程中的失败情景并不总是'坏事',很多创新的失败都孕育了随后成功的种子;但是,创新成功并非失败的必然产物,而是取决于创业企业是否可以从失败情景中有效学习"。作者基于信息处理理论和经验学习理论,就失败学习行为与创新绩效的关系进行了探索。

该研究的因变量为创业企业创新绩效,即创业企业与主要竞争对手相比的成功程度。自变量是失败学习行为,即组织打破旧行为模式,建立新行为模式的过程,包括个体失败学习行为和组织失败学习行为。调节变量有两个:一是战略决策周密,即创业团队在制定并权衡战略决策时的全面性和包容性程度;二是技术环境不确定性,即创业企业主营业务所在行业的技术更新速度和不可预测程度。控制变量选取了创业企业所属产业、企业规模、企业年龄、研发投入占销售收入比例以及创业导向5个变量作为控制变量。

**2. 逻辑推理**

基于经验学习理论角度,作者认为个体对旧知识的忘却以及对新知识的重学,有利于个体创新知识的学习。于是,作者提出假设H1,认为创业企业的个体失败学习行为对其创新绩效有正向影响(见图2-5)。

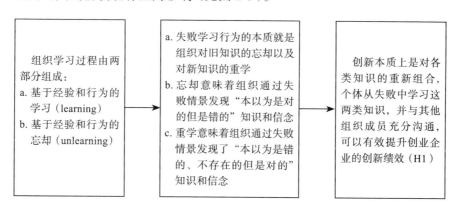

图2-5 假设H1的逻辑推理过程

在假设H1的基础上,作者认为组织本身不具有学习能力,但是可以通过组织内的个体进行创新知识的学习。此外,作者还认为失败学习行为具有自我修正、自我调整的本质特征。据此,作者提出假设H2,认为创业企业的组织失败学习行为对其创新绩效有正向影响(见图2-6)。

在假设H1和假设H2的基础上,作者思考个体作为组织中的一员,其学习行为与组织的学习行为也应该是密不可分的。组织失败学习行为水平较高时,个体失败学习行为对创新绩效的作用效果如何呢?组织失败学习行为水平较低时,个体失败学习行为对创新绩效的作用又会有何影响呢？通过理论和相关文献的分析，作者提出假设 H3，即认为创业企业的组织失败学习行为与个体失败学习行为对创新绩效有负向的交互影响（见图 2-7）。

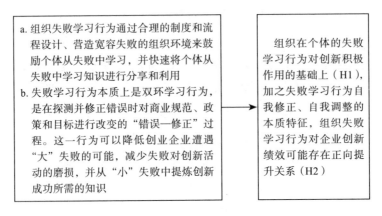

图 2-6　假设 H2 的逻辑推理过程

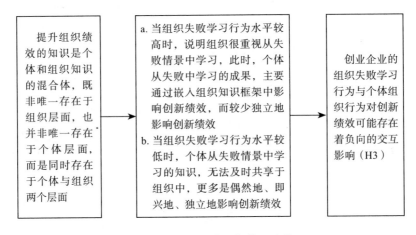

图 2-7　假设 H3 的逻辑推理过程

基于信息处理理论的角度，作者认为战略决策周密使得决策者能更深入地关注企业外部环境，同时也会带来更高的成本以及过多的信息。但是从创业企业这一特定对象来看，作者认为战略决策周密所带来的收益是高于成本的，因而作者提出假设 H4，即战略决策周密对创业企业创新绩效有正向影响（见图 2-8）。

假设 H5a/H5b 属于调节假设，作者将战略决策周密作为调节变量，考察其对 H1/H2 因果假设的影响。作者通过理论和文献的推理，认为无论是个体失败学习行为还是组织失败学习行为对创新绩效的贡献，都会受到决策者对失败认知的影响，即决策者战略决策周密程度的影响。随之，作者提出 H5a 和 H5b，分别是"战略决策周密正向调节组织失败学习行为与创业企业创新绩效之间的关系""战略决策周密正向调节个体失败学习行为与创业企业创新绩效之间的关系"（见图2-9）。

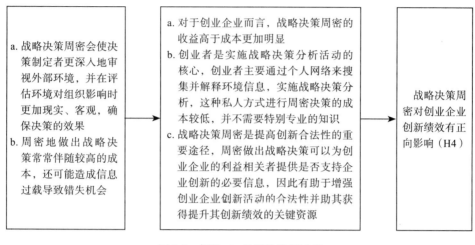

图2-8 假设H4的逻辑推理过程

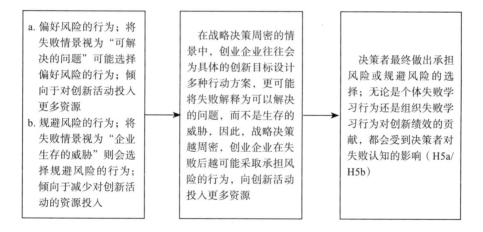

图2-9 假设H5a/H5b的逻辑推理过程

假设H6a/H6b也属于调节假设，作者将技术不确定性作为调节变量，考察对H1/H2因果假设的影响。通过理论和文献的推理，作者认为技术不确定性会限制组织失败学习行为向创业企业创新绩效的转化，进而提出假设H6a，即"技术不确定性负向调节组织失败学习行为与创业企业创新绩效之间的关系"；此外，作者认为组织失败学习行为更可能促进创新绩效，进而提出假设H6b，即"技术不确定性正向调节个体失败学习行为与创业企业创新绩效之间的关系"（见图2-10）。

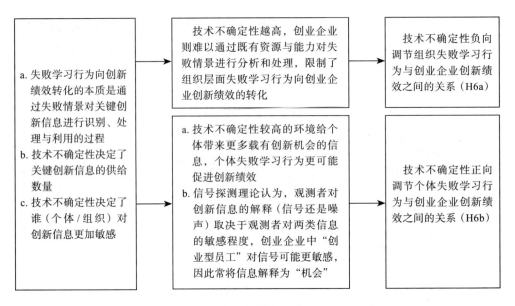

图 2-10 假设 H6a/H6b 的逻辑推理过程

以上假设逻辑推理过程向大家展示了研究者借助既有理论和文献对假设中所描述的变量之间的关系进行解释的过程,并且在逻辑分析过程中自然而然地提出了自己的假设。基于以上逻辑推理,作者构建了如图 2-11 所示的理论模型。

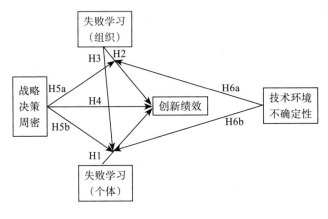

图 2-11 理论模型

### 3. 形成假设

假设 H1:创业企业的个体失败学习行为对其创新绩效有正向影响。

假设 H2:创业企业的组织失败学习行为对其创新绩效有正向影响。

假设 H3:创业企业的组织失败学习行为与个体组织行为对创新绩效有负向的交互影响。

假设 H4：战略决策周密对创业企业创新绩效有正向影响。

假设 H5a：战略决策周密正向调节组织失败学习行为与创业企业创新绩效之间的关系。

假设 H5b：战略决策周密正向调节个体失败学习行为与创业企业创新绩效之间的关系。

假设 H6a：技术不确定性负向调节组织失败学习行为与创业企业创新绩效之间的关系。

假设 H6b：技术不确定性正向调节个体失败学习行为与创业企业创新绩效之间的关系。

### 4. 审稿意见展示

在研究过程中，假设的提出离不开理论的支持，理论的充实和完善也得益于假设的检验。为了更好地使读者理解上述假设的内在逻辑性，特附上该文在投稿过程中的两轮审稿意见，供读者参考。

---

**第一轮审稿意见**

论文研究的是从失败中学习、战略决策周密、技术环境不确定性和创新之间的关系，研究具有一定的理论意义和实践价值，在模型设计、假设推导和结果讨论等部分存在一些亟待改进的问题。

a. 关于失败中学习问题。论文将失败界定为在创建或管理企业过程中，创业企业未达成目标的阶段性情景或事实。这一界定，有助于真实刻画创业情境，但在研究设计上有待改进之处。第一，既然失败是一个阶段性事实或情景，那么可能是一个相当复杂的现象，比如可预测性高低（可预测失败或意外性失败）、复杂性（局部失败或系统失败），不能笼统地说我研究的是失败现象，好的研究需要情境化，那么，研究关注的是哪一类失败现象？需要对于研究情境更好地选择理论构念，进而开展更好的测量。第二，进一步与构念测量相联系，尽管研究指出了量表测量（失败学习）的理论依据，但似乎这些测量方式与失败本身关系不大，而是一种企业的学习方式，或者说是经验学习方式，尤其是体现在组织层面失败学习的量表测量。理论和测量有些脱节。这些问题有必要在引言和理论设计部分进一步说明。

b. 关于组织失败学习和个体失败学习。这两个概念的提出有一定的新意，但需要将其情境化。一方面，针对创业企业而言，组织和个体的关系也许不同于大企业，因为其内部科层制并不是那么完善，并没有形成管理系统；另一方面，两者可能存在内在的交互关系，个体有很好的失败经验学习，却并没有反映到组织层面。在研究中，增加两者交互效应对于创新的影响可能会更加有趣。建议研究可以围绕这一点进一步深化。

c. 关于假设推导。在主效应假设中，逻辑线条不是特别清晰，并不能笼统地推导假设，然后直接将个体和组织层面的失败学习罗列出来。这样做，可能将组织和个体失败学习视为失败学习的两个要素，但在理论和现实中，可能并非如此。因此，我们可能需要对此进一步细化，可能与组织失败学习相比较，个体失败学习通过不同路径和条件去影响组织创新。这一点，请予以重视。

d. 关于研究结果和讨论。研究并没有将结果与已有研究文献相联系，在这方面有待进一步加强。与已有研究文献相比，你的研究有什么独到的发现？哪些体现了创业企业的特点？哪些又可能体现了中国的特点？这些不同又对于未来研究有什么启示和建议？明确这些问题有助于进一步提炼研究的理论贡献和创新点。

e. 在文字上，有一些小错误（如第11页表5的表头书写有误），另外，针对一些构念的翻译，可能需要进一步修饰。战略决策周密，在中文体系中，似乎很难理解，也不一定反映出了原意。

目前论文还是有较大的不足，主要是研究模型的构建不严谨。从失败学习的角度分析创新绩效是比较有创意的思路，但将战略周密决策加入模型的理论依据是什么？这在论文中并没有进行详细的说明。学习涉及组织（从测量来看是公司层面）与个体两个层面，战略决策周密侧重于团队层面。不同层面的关系一直没有说清楚，并且从理论上讲，失败学习与战略周密决策是存在一定的逻辑关系的，因为它们不仅存在时间的次序关系——学习在前，周密决策在后，而且是有因果关系的。所以论文将战略周密决策作为一个调节变量，在理论上说不通。

建议作者重新思考理论模型的构建，并且在撰写过程中尽可能地简化统计处理的结果描述，有些结果不必用表格列示。

## 第二轮审稿意见

a. 本次修改增加了个体失败学习和组织失败学习交互作用的影响，很有趣。从假设推导和实证结果上看，个体失败学习和组织失败学习之间似乎是相互替代而不是相互补充的关系，因为在缺乏组织失败学习的条件下，个体失败学习就会起到更大的作用，反之亦然。这个发现有些独特性，有关组织学习的文献认为学习是个体—组织互动的结果。建议讨论部分进一步在理论上阐述为什么结果会是相互替代而不是相互补充的关系，对已有组织学习文献而言，这个发现有什么理论启示。

b. 个体失败学习或组织失败学习的测量方式可能存在改进之处。例如，在实地调研中，可能需要受访者回忆某个失败情境，再根据实际情况填写问题的答案；或者是找寻有过相似、明确失败经历的受访者来填写问卷。建议作者在局限性与未来研究启示部分强调这一点，如何更加科学、真实地反映失败学习是未来研究的重要努力方向。

c. 论文有一些小的语法错误。例如表 7 模型 6 中应该是 SC 是……而非 SC 不是……请予以核查、修正。

由上述审稿意见可以看出，理论框架的构建和假设提出并不是一蹴而就的，它既源于研究者不断地观察和思考，也来自与同行的交流和沟通。在理论框架构建的过程中，研究者要考虑所运用理论的实践性和说服力。在假设提出的过程中，研究者要注意相关变量定义的合理性以及假设推导过程的严谨性。当然，论文撰写过程中相关的格式和书写问题也应当引起研究者的重视。

**5. 其他展示**

不同研究问题所涉及的理论框架和假设推导的过程各不相同。为了使读者对这部分内容有更深入的理解和体会，我们还建议读者阅读于晓宇（2013）发表在《管理科学》上的论文《网络能力、技术能力、制度环境与国际创业绩效》。下面仅附上该文的研究假设和审稿意见，供读者学习参考。

### 研究假设

作者整合资源基础理论和国际创业理论，研究了技术能力、网络能力和制度环境对国际创业绩效的作用。文章提出了如下 7 个研究假设（见图 2-12）。

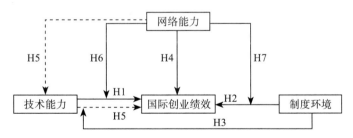

图 2-12　理论模型

假设 H1：技术能力对新创企业的国际创业绩效有正向影响。
假设 H2：母国的制度环境越完善，新创企业的国际创业绩效越好。
假设 H3：制度环境对技术能力与国际创业绩效的关系起正向调节作用。
假设 H4：网络能力对新创企业的国际创业绩效有正向影响。
假设 H5：技术能力在新创企业网络能力与国际创业绩效之间发挥中介作用。

假设 H6：网络能力对技术能力与国际创业绩效的关系有正向调节作用。
假设 H7：网络能力对制度环境与国际创业绩效的关系有正向调节作用。

## 审稿意见展示

**突出的特点**：论文整合制度理论与资源基础理论探讨国际创业绩效的决定因素，具有一定的理论价值与现实意义，行文也较规范。

**突出的缺陷**：论文选题较好，但是在论述变量之间的关系时，假设推导过程的逻辑性还不够严密，尤其是网络能力的主效应及调节效应的假设推导过程还有待补充完善。

另外，"网络能力为什么对国际创业绩效没有显著影响"，该点研究结论请作者再结合理论论述与重新思考统计分析后再做出。

具体修改意见如下。

a. 论文在假设推导过程方面还需要更详细的论述，使推导逻辑性更强。尤其是在提出网络能力的调节效应时，即在提出 H5 和 H6 过程中，作者仅仅用了简短的几句话来论述，过于简单，建议补充完善。

b. 论文在提出 H2，即在论述制度环境与国际企业绩效的影响时，只是简单地提出"母国制度环境对国际创业绩效有正向影响"，还不尽具体，并且在该假设的推导过程中也缺少一个明显的理论逻辑。建议可以用类似"母国制度环境越完善，国际企业绩效越好"的句子来表述。

c. 论文提出 H4"网络能力对国际创业绩效有正向影响"，却没有得到支持。请作者对此进行充分的讨论。为什么没有得到支持呢？按理来说，网络能力对创业绩效具有显著的正向影响，这点也得到了许多创业学者的验证。为什么这点在作者开展的转型经济国家内的国际创业企业的研究中没有得到验证呢？作者只是简单地说提到一点"关系能力聚焦于从母国获取资源"似乎有些欠妥，因为读者同样可以这样思考"网络能力强，国际新创企业为什么不能通过与外国合作伙伴建立网络关系来获取资源呢"？此外，从相关分析表格可以看出，网络能力与国际绩效呈现显著的正相关关系（系数为 0.348，P 也小于 0.01），怎么解释回归系数不显著呢？考虑到网络能力与技术能力的高度相关（系数高达 0.545），网络能力与制度环境之间也是高度相关的（系数高达 0.504），是否变量之间的共线性造成了表 6 中模型 2 中网络能力的回归系数不显著，并且回归系数值还为负值呢？建议作者单独将控制变量以及网络能力放入回归方程中构建一个模型分析，估计此时网络能力对国际绩效的回归系数可能是正值并且是显著的。如果分析结果果真如此，那么可能网络能力、技术能力（抑或制度环境）、国际绩效之间存在中介效应。因此，仅仅从统计分析的角度来看，作者也不能轻易得到 H4 不能得到支持的结论。另外，再从统计分析结果来看，表 6 中网络能力的调节效应都不显著，自身的主效应也不显著，这说明很有可能网络能力对国际绩效的作用是通过技术能力来起作用的。基于以上理论，建议作者重新思考理论框架，对理论框架的逻辑性多加推敲。

  d. 创业导向量表参考自哪些文献，还是自行开发的？请交代清楚。

  e. 请作者在论文的最后一部分中就本论文的理论贡献及实践启示进行更为详细的深入讨论，并适当地指出论文局限性及未来可以深入研究的方向。

  f. 基金项目第3项缺少项目编号，请补充。

  g. 表2～表5中公共因子下面的1、1～4、1～3、1是什么意思？

  h. 5.1第1自然段文字写"模型4～模型6"，而这部分只有5个模型，请核实。在模型后面逐个交代 $\alpha$ 和 $\beta$ 的含义。

  i. 5.2中又出现了模型1～模型5，如与5.1中不是同一模型，请用不同的模型编号。$\alpha$ 和 $\beta$ 的含义如与5.1中的不符，请换其他符号表示。

  j. 图2和图3请用Word绘图工具重新绘制。

  k. 补充中文文献，不少于参考文献总数的1/3。

## 小结

  理论框架和研究假设是一篇标准学术论文的重要组成部分，也是最彰显研究者学术功底的内容之一。本章利用两个小节向读者介绍了理论框架构建和研究假设提出的相关内容。在理论框架构建部分，我们介绍了理论的概念、理论框架的内涵与表现形式、理论框架构建的基本思路和方法，并以一篇发表在国际权威期刊上的论文为例向读者详细展示了理论框架构建的过程。在假设提出部分，我们介绍了研究假设的概念、类型、陈述方式、评判标准以及假设提出的步骤，并以作者发表在国内权威期刊上的论文为例向读者详细展示了假设提出的过程。当然，这部分内容的学习仅仅只是开始，要想构建一个相对完善的理论框架并提出好的研究假设，需要研究者在学术实践中不断地学习与领悟。

## 参考文献

[1] S B Bacharach. Organizational Theories: Some Criteria for Evaluation[J]. Academy of Management Review, 1989, 14(4):496-515.

[2] H C Dekker. Control of Inter-organizational Relationships: Evidence on Appropriation Concerns and Coordination Requirements[J]. Accounting, Organizations and Society, 2004, 29(1): 27-49.

[3] R Dubin. Theory Building in Applied Areas[M]. Chicago: Rand McNally College Publishing Company, 1976.

[ 4 ] M Granovetter. Economic Action and Social Structure: The Problem of Embeddedness[J]. American Journal of Sociology, 1985, 91(3): 481-510.

[ 5 ] D H McBurney, T L White. Research Methods[M]. Belmont, CA: Wadsworth Cengage Learning, 2009.

[ 6 ] R K Merton. Social Theory and Social Structure[M]. New York: Free Press, 1968.

[ 7 ] D A Whetten. What Constitute a Theoretical Contribution[J]. Academy of Management Review, 1989, 14(4): 490-495.

[ 8 ] E J Zajac, C P Olsen. From Transaction Cost to Transactional Value Analysis: Implications for the Study of Interorganizational Strategies[J]. Journal of Management Studies, 1993, 30(1):131-145.

[ 9 ] 陈晓萍，沈伟．组织与管理研究的实证方法 [M].3 版．北京：北京大学出版社，2018.

[10] 杜尚哲，加雷特，李东红．战略联盟 [M]．北京：中国人民大学出版社，2006.

[11] 李怀祖．管理研究方法论 [M].3 版．西安：西安交通大学出版社，2017.

[12] 梁觉．以后假设为先假设：伦理与理论问题 [J]．组织管理研究，2011，7（3）：85-94.

[13] 刘军．管理研究方法：原理与应用 [M]．北京：中国人民大学出版社，2008.

[14] 陆亚东．中国管理学理论研究的窘境与未来 [J]．外国经济与管理，2015，37（3）：3-15.

[15] 罗胜强，姜嬿．管理学问卷调查研究方法 [M]．重庆：重庆大学出版社，2014.

[16] 马君，赵红丹．任务意义与奖励对创造力的影响——创造力角色认同的中介作用与心理框架的调节作用 [J]．南开管理评论，2015，18（6）：46-59.

[17] 西宝．管理科学研究方法 [M]．北京：高等教育出版社，2008.

[18] 杨隽萍，于晓宇，陶向明，李雅洁．社会网络、先前经验与创业风险识别 [J]．管理科学学报，2017，20（5）：35-50.

[19] 于晓宇，蔡莉．失败学习行为、战略决策与创业企业创新绩效 [J]．管理科学学报，2013，16（12）：37-56.

[20] 于晓宇，陶向明．创业失败经验与新产品开发绩效的倒 U 形关系：创业导向的多重中介作用 [J]．管理科学，2015，28（5）：1-14.

[21] 于晓宇．网络能力、技术能力、制度环境与国际创业绩效 [J]．管理科学，2013，26（2）：13-27.

[22] 赵红丹．强扭的瓜到底甜不甜？——员工感知到的强制性组织公民行为对工作绩效的影响 [J]．经济与管理研究，2014（11）：71-79.

[23] 周雪光．组织社会学十讲 [M]．北京：社会科学文献出版社，2003.

# 第3章

# 实验研究方法

在所有的研究方法中,实验是最具"艺术感"的。在整个实验过程中,研究者就像是一个导演,他可以根据拟定的剧本,布置好场景、设计好情节,再招徕些许演职人员,让现场发生美妙的化学反应,甚至得到一场超越剧本的美轮美奂的演出。在实验过程中,剧本就是最初的理论假设,戏剧场景变成了实验场景,情节即为实验的操作程序,而美妙的化学反应则是变量之前发生的相互作用,最后的演出则是实验的最终结果。显然,实验研究比其他研究都来得更为灵动、巧妙,特别是实验的设计部分,充分考验了研究者的创造力与想象力,这也正是很多学者着迷于此的原因。下面,我们将会带领大家领略实验的"艺术之美"。

## 3.1 实验研究概述

### 3.1.1 实验研究的概念

实验研究法是科学研究的重要手段。所谓实验研究,就是指针对某一研究问题,根据相应的理论与假设,通过对变量的操纵、观察和控制,探寻自变量与因变量之间的因果关系,进而得出科学规律或科学结论。通俗来说,实验研究就是基于研究的目的与假设,通过对某些干扰因素进行人为的控制,来研究自变量的变化对因变量产生的影响效果。

在人们的日常生活中,也经常使用实验方法来解决问题。例如,管理者在决定最终升职哪一位候选人时,可能会让两位或多位候选人分别完成相同或类似的工作任务,再根据其完成结果进行最终判定;又如,在评价广告投放效果时,对比广告投放前后产品销量的差异。在进行实验研究时，首先要将与研究主题相关的可能的影响因素筛选出来，确定要研究的因素和需要施加控制的因素，再进一步建立研究假设和模型。举例来说，我们要研究员工的薪酬与工作绩效之间的关系，那么薪酬就是自变量，工作绩效就是因变量。但除了薪酬，影响工作绩效的因素还有很多，如学历、性别、工作环境等，那么这些因素就是需要人为施加控制的。在严格控制这些变量不变的条件下，测量员工薪酬（自变量）的变化与相应的工作绩效（因变量）的变化，然后通过对数据的定量分析，来验证员工的薪酬与工作绩效之间的因果关系是否存在，即验证研究的假设与模型是否成立。

### 3.1.2 实验研究的原理

实验的目的是要推断自变量和因变量之间是否存在因果关系，因此实验研究又被称为因果关系研究。其实质是在测量变量的过程中对实验环境进行人为的操控或干预，使研究变量呈现不同的取值或水平，并控制其他无关变量，观察在此情况下因变量的变化，由此推断自变量与因变量之间的因果关系。具体而言，首先要提出研究假设，内容是对某一因果关系的陈述，即假设某一自变量的变化会（正向或负向地）引起因变量的变化。随后按照如下步骤进行操作：①在实验开始之前，对因变量进行事先测量（前测，pre-testing）；②引入自变量，并使之发挥作用；③在实验结束前，对因变量进行事后测量（后测，pro-testing）；④比较因变量的前测与后测的差异值，检验研究假设。倘若前测与后测没有差异，则说明自变量对因变量没有影响，即研究假设不成立；倘若二者之间存在差异，则表明研究假设可能是正确的，而后再通过实验结果具体分析其正负影响。

### 3.1.3 实验研究的优缺点

任何一种研究方法都有利有弊，实验研究法也不例外。实验研究法的优点主要有以下几点。

第一，便于探索因果关系。由于研究者可以控制其他因素的影响，通过操纵自变量来观测因变量的变化，即可以将自变量对因变量的影响独立出来，从而推断自变量与因变量之间的因果关系。同时，实验研究者还可以通过设立控制组来衡量操纵的强度。

第二，可控性强。相较于其他研究方法，实验法能够更有效地控制其他变量对因变量的影响，将研究变量分离出来并估计其对因变量的影响。实验研究者可以按照先前提出的研究假设设定自变量的水平，甚至可以通过调整相关变量或实验条件以观测正常条件下很难出现的极端值。

第三，具有可重复性。可重复性即信度，它指的是实验结论的可靠性和前后一致性程度，即结论可以重复验证。实验法能够严格、有效地控制其他变量对因变量的影响，将所要研究的因果关系尽量独立出来，使实验能够在一种相对"纯化"的条件下进行，因此，实验研究法是便于重复的，这也是实验研究法科学性的重要体现。

第四，能够观测到变量的动态变化。从时序角度来看，实验研究法是一种纵贯式的研究，实验是在一段时间内进行的，因此在实验过程中，研究者可以在多个时间点施测，以更好地研究相关变量的动态变化。

实验研究法的缺点主要表现在以下几个方面。

（1）实验效度的威胁。在实验研究的过程中，研究者会人为地营造所需要的实验条件（如控制其他因素对因变量的干扰），然而在现实情境下，各种因素之间都是相互影响的，人为操控的实验条件会远离现实生活中的"自然状态"，对实验的效度造成威胁。

（2）容易受到实验人员的影响。在实验过程中，特别是在实验室环境下，参与者会产生"这是在做实验"的心理暗示，可能使他们的行为表现与平常不同，影响实验的结果，我们将在后面阐述的霍桑实验就是典型的例子。此外，在实验过程中，实验研究者的态度和行为也可能会对参与者产生某种暗示，使他们故意违背或迎合研究者的期望，进而影响研究结果的准确性。

（3）仅限于对现状的研究。实验研究法仅限于研究当前的问题，不太适用于历史研究和预测研究。

（4）高成本问题。实验可能需要消耗非常多的时间、金钱、人力和社会资源，尤其当研究变量较多时成本会非常高，这对条件有限的实验者来说，也许会难以承受。

（5）伦理和法律的约束。由于实验的研究对象是人，所以就会受到伦理与道德、法律法规以及其他社会因素的限制，如著名的米尔格拉姆的服从权威实验以及津巴多的监狱实验就因此而备受争议。

那么，研究者在什么情况下可以采用实验研究法呢？综合上述对实验法的优缺点的阐述，可以大致总结出实验研究法的适用条件：①实验研究法仅限于研究当前的问题，不太适用于历史研究和预测研究；②实验研究法适用于需要严格控制研究环境才能凸显研究变量的研究问题；③客观条件容许实验所需施加的控制或干预；④实验过程不会违反当地伦理与道德和相关法律法规等。

在管理学研究中，问卷调查法也是常用的研究方法之一，因此，本书将实验研究法与问卷调查法进行了比较，以便读者更好地理解实验研究法（见表3-1）。尽管实验研究法可以独立地取得研究成果，但是很多研究者常常将其与其他研究方法结合起来，形成互补，得到更令人信服的研究结论。

表3-1 实验研究法与问卷调查法的比较

| | 实验研究法 | 问卷调查法 |
|---|---|---|
| 变量操纵 | 可人为操纵变量 | 变量不可人为操纵 |
| 因果关系断定 | 因果关系较强 | 因果关系较弱 |
| 外源变量的影响 | 有效控制外源变量的影响 | 易受外源变量的影响 |
| 可重复性 | 可重复性强 | 可重复性弱 |
| 效度问题 | 易产生效度问题 | 较不易产生效度问题 |
| 成本 | 成本较高 | 成本较低 |

注：根据文献资料总结而来。

### 3.1.4 实验室实验与现场实验

根据实施场所的不同，实验可以分为实验室实验与现场实验两种类型。**实验室实验**（lab experiment）是指在人为控制的环境中进行的实验。在实验室实验中，研究者可以对其他因素进行人为的控制或干预，只改变想要研究的自变量，并观测因变量的相应变化。**现场实验**（field experiment）是指在自然环境下进行的实验，即在自然条件下，通过对自变量的操控来检验其对因变量的影响，探索二者之间的因果关系，而并未对可能影响实验结果的其他变量进行人为控制。McFerran等（2010）的实验就是典型的实验室实验：研究者让实验组和控制组的被试想象自己在一家饭店准备吃饭，然后分别观察两张图片。图片里为同一名女服务员，不同的是，实验组的服务员的体型较丰满，而控制组的服务员的体型较纤瘦，在这个前提下测试被试此时的进食量，进而研究饭店服务员的体型是否会影响就餐者的饮食消费。如果我们对这个实验进行调整，变成在真实饭店环境下，让被试进入餐厅享受午餐，此时走过来一名丰满或纤瘦的服务员，观察两组被试分别做出的饮食消费行为，那么被我们改变后的实验则为现场实验。

一般而言，实验的好坏会依据两个效度指标来简单判定。**内部效度**（internal validity）是衡量自变量和因变量之间因果关系明确程度的指标，即研究者能够在多大程度上确定因变量的变化是由自变量的变化所引起的。因为现场实验存在诸多不确定性干扰因素，而实验室实验通过对其他变量的控制排除了已知的干扰因素，故相较于实验室实验，现场实验的内部效度较差。**外部效度**（external validity）是指实验的普及性，即被试（participants）、处理（treatment）、结果（outcome）和情景（setting）在多大程度上能够被推广到其他的实验中使用，进而表现出实验的可重复性。由于实验室实验是在"非自然"的实验环境下进行的，条件有限，难以实施大规模的实验，故其外部效度相对于现场实验较低。因此，实验室实验与现场实验各有利弊，研究人员应根据不同的研究需求和条件选择合适的实验方法。

### 3.1.5 实验研究的研究范式

实验研究的研究范式<sup>⊖</sup>大致可分为两类：一类是情景实验研究范式，另一类是多方法结合的研究范式。其中，情景实验研究范式又分为基于经典实验的研究范式和基于情景模拟实验的研究范式。基于经典实验的研究范式是指研究者采用经典实验任务，或根据研究目标对经典实验任务进行适当改编，来进行研究的一种范式。这一研究范式的优势在于经典任务经过多次检验，更容易被学者接受。其劣势在于经典实验任务高度抽象，任务设计相对固定，且常常与所研究的问题不直接相关。研究者只有对研究问题具有非常深刻的认识，才能将经典实验任务与研究问题有机结合。基于情景模拟实验的研究范式是研究者将现实中的活动或现象进行抽象，并在实验室中模拟场景的一种研究范式。相较于经典实验任务，情景模拟实验任务能够更好地与研究问题相契合。当然，该范式也对情景模拟实验的设计提出了很高的要求。如果实验设计对变量控制不到位，会使研究的信度和效度受到挑战。为兼顾实验研究结论的内部效度和外部效度，克服真实场景与实验情景的差异，增强研究结论的可靠性，诸多学者采用情景实验与现场实验或与问卷调查法、访谈法等非实验研究方法结合的研究范式。该范式通过对比、验证多项研究的结论，提高了研究结论的有效性，有利于实验结论的检验和推广（于晓宇、渠娴娴、陶奕达和段锦云，2018）。

## 3.2 实验的效度问题

效度，又称为有效性，是指实验结果所反映出的变量间关系达到研究者所期望的真实程度，是判断实验正确程度的一个重要指标。在实验设计和实施过程中，有些因素会对实验的内部有效性和外部有效性造成威胁，进而影响实验结论的正

---

⊖ 于晓宇等所写的《创业领域中的实验研究：文献综述与未来展望》一文对创业领域中的实验范式进行了详细阐述，以供读者参考。

确性和真实性。接下来，我们将对常见的内外部效度的威胁因素及其改善措施进行阐述。

### 3.2.1 内部效度的主要威胁

影响实验内部效度的威胁因素主要表现在以下几个方面。

（1）历程因素。在实验过程中，可能会发生某些外部事件干扰实验结果。如果在前测和后测之间，外界环境发生了某种事先未曾料到的事件并干扰了实验结果，就称为历程因素。举例而言，研究者想要研究某种促销方式对产品销量的影响，首先在采取这种促销方式前的 $t_1$ 时刻，测得该产品的销量为 $O_1$，然后在采取这种促销方式后的 $t_3$ 时刻，测得该产品的销量为 $O_2$，而在 $t_1$ 与 $t_3$ 时刻之间的某一时刻 $t_2$，举办了地区旅游节，但这一事件是研究者事先未料想到的，且这一事件的发生会影响该产品的销量，使研究者无法判别销量的变化到底是由于采取了该种促销方式还是因为旅游节造成的，这就是历程因素。为了避免历程因素的干扰，实验研究人员应当在实验实施前做好相关的调查，避免发生外部干扰事件。

（2）成熟程度。随着时间的推移，实验参与者的心理和生理会发生变化，例如疲倦、经验增加等，进而影响实验的研究结果。一般来说，当实验的持续周期较长时，研究者就需要考虑这个问题。举例而言，研究者想要研究不同的薪酬制度对工作效率的影响，在前半年使用 A 种薪酬制度，在后半年使用 B 种薪酬制度，最后员工的工作效率提高了。但这并不能说明 B 种薪酬制度优于 A 种薪酬制度，因为在这一时间段内实验对象可能是由于经验增加而导致工作效率提高，这就是成熟程度因素。在实验过程中，研究人员可以设置随机化的对照组来应对这一威胁。

（3）测试经验。倘若实验对象需要接受多次测试，可能会在此过程中产生学习效果，增加其对实验的熟悉程度与敏感性，影响实验的结果。例如，实验对象多次参与智商测试，可能会由于学习效果导致其后续测试成绩的提高。对于此类威胁，实验研究者可以加入对照组以提高实验的内部效度。

（4）测试工具。实验工作人员在实验过程中的变化，例如疲倦、熟练程度以及施测人员、测量方法、测量工具的更换等都是测试工具方面的威胁因素。因此，在实验开始之前，应对实验工作人员进行相关的培训，并尽量避免工作人员、测量方法和测量工具等的更换。

（5）选择效应。在选择实验对象进入不同的实验组时，可能会由于主观意愿或客观条件等因素影响实验的结果。不同实验组的实验对象要具有可比性，即应当尽量避免不同实验组实验对象重要变量的属性存在重大差别。对实验对象进行随机分配可以有效地改善这一问题。

（6）统计回归。当出现极端组（即样本的变量平均值极高或极低）时，该组测试值的变化会比一般组的变化大得多，且极端组的变量平均值会在下一次测试中向总体的变量平均值靠拢。因此，实验研究人员应当尽量避免这种极端组的产生，必须对实验对象进行随机分配，甚至增加对照组。

（7）实验消耗。在实验过程中，假如有实验对象中途退出实验，可能会对实验结果造成影响。为了避免这种情况的产生，实验研究人员可以在正式实验之前做预实验，预先了解实验对象的特性。另外，前期被试的随机分配也会有一定的改善作用。

### 3.2.2 外部效度的主要威胁

影响实验的外部效度的威胁因素主要表现在以下几个方面。

（1）样本的代表性。实验所采取的样本应当能够有效地代表其所来自的总体。假如样本的代表性较低，那么实验结果就很难推广到总体当中去说明变量之间的因果关系。然而在实际操作过程中，要在已知总体中找到能够真正代表总体的样本绝非易事。实验的对象一般都是采取自愿参与的原则，实验的研究人员也一般根据便利原则选择实验对象，这就有可能对实验的外部效度造成威胁。当然，这一问题只能尽量改善而无法避免，研究人员不可能对整个总体进行实验。因此，研究人员在考虑实验成本的同时，应当尽量选取相对具有代表性的实验对象。

（2）实验环境效应。实验环境会使得实验参与者失去"平常心"，采取不同于往常的行为。一方面，当实验研究者在场时，实验对象可能会因为紧张等原因而表现出与寻常不同的行为，著名的霍桑实验就发现了实验环境本身对实验对象的影响。研究人员可以通过设立对照组来测试霍桑效应，也可以设法消除霍桑效应，例如不让研究人员在实验现场，而在实验对象看不到的地方观察他们。另一方面，研究对象在实验过程中可能会自然而然地去猜测实验的意图，进而影响他们在实验过程中的行为，实验研究人员的态度和行为可能也会对实验对象的行为造成影响。因此，在实验实施之前，应当缜密地进行实验设计，避免实验对象猜出实验意图，同时对实验工作人员进行相关的培训，避免他们对实验对象产生影响。

（3）测试手段。测试手段主要包括测量仪器以及量表两个方面。在实验过程中，应当尽量选择准确性和精确度较高的测量仪器，并在实验正式开始之前，对仪器进行检查、校准等，避免在实验过程中出现故障。对量表而言，如果所选取的量表结构效度不好，就可能威胁实验的外部效度，因此，研究人员应当选择结构效度较好的、经过前人验证的量表。

## 3.3 实验设计的基本概念

### 3.3.1 控制与操纵

如前面所阐述，当研究自变量和因变量之间的因果关系时，可能会存在其他变量也会对因变量产生影响，因此，研究者应对干扰变量进行有效控制。举例来说，某公司的人力资源部门经理对一组新招聘的员工进行了某种专业培训，以向总经理证明这种培训让新员工工作更加高效。但是，可能会有一些员工的工作效率高于其他员工是因为他们之前有过类似经验。在这种情况下，该经理无法证明仅仅是由于这种培训导致了员工更高的工作效率，因为员工之前的经验是一个干扰因素。如果要评估培训对工作效率的真正影响，那么员工之前的经验就必须得到有效的控制，实验人员可以通过事先剔除那些有过类似经验员工的方法来解决。

为了检验自变量的变化对因变量带来的影响，实验研究者需要对自变量施加某种操纵。**操纵**（manipulation）指的是研究人员可以创造自变量的不同水平以评估其对因变量的影响。举例来说，我们想检验员工工作的自主性是否会提高他们的工作绩效，那么我们可以赋予不同实验组的成员以不同水平的工作自主性，来观测他们工作效率的不同。

### 3.3.2 配对与随机化

在实验研究中，实验组和控制组要具有可比性，即实验组和控制组的构成要素（如实验对象的年龄、性别比例等）应当尽可能地相似，排除外部变量的干扰。举例而言，某研究人员要验证新的技术会提高员工的工作绩效，他将车间 1 的员工作为实验组采用新的技术，将车间 2 的员工作为对照组采用原有的技术，过了一段时间后发现车间 1 的员工绩效比车间 2 的员工要好，那么是否就可以得到新的技术比原有的好的结论呢？答案是否定的，因为可能是车间 1 和车间 2 的样本差异性造成了上述结果。为了解决这类问题，研究人员需要在实验开始就采用配对和随机化来进行样本处理。

**配对**（matching）是指将具有相似特征的实验对象进行配对，并将它们分别分入实验组与控制组。比如说，在上例中，可以将工作年限相同的员工分别分配到实验组和控制组中。同理，年龄、性别等可能对实验结果造成干扰的因素也可以经过配对被分配到各组中去。这样，由于干扰实验结果的因素在各个组中是匹配的，由此得到的实验结论就会更加可靠。

**随机化**（randomization）指的是随机将实验对象分配在实验组和控制组中，即每位研究对象被分配到任一组的概率是相等的。例如，研究人员可以将实验对象的名单进行编码，由计算机进行随机抽样，将实验对象随机分配到实验组和控制组中。随机化分配运用了概率的原理，使实验组和控制组能够具有可比性，而无须事先对实验对象的各种属性（如年龄、性别等）进行研究。

### 3.3.3 因子设计与交互效应

**因子设计**（factorial design）能够同时考察两个或两个以上自变量对因变量的影响。也就是说，因子设计可以同时测量两个实验刺激对因变量的作用，包括这两种实验刺激各自的单独效应以及它们的联合效应（交互作用）。

举例而言，有两种工作设计方案，即方案 A 和方案 B，员工的创新能力有高低之分，考察它们对员工创新绩效的影响。在这个实验中，有两个自变量，即工作设计方案和员工创新能力，每个自变量分别有两个水平，即方案 A 与方案 B 以及高创新能力与低创新能力的员工，这一实验设计即为 2×2 的因子设计。假设图 3-1 表示实验结果，对高创新能力的员工采用方案 A 进行工作设计后，其创新绩效为 8；采用 B 方案进行工作设计后，其创新绩效为 4。对低创新能力的员工采用方案 A 进行工作设计后，其创新绩效为 6；采用 B 方案进行工作设计后，其创新绩效为 2。无论员工的创新能力是高还是低，方案 A 都优于方案 B，工作设计方案与员工的创新能力并未产生交互效应。假设图 3-2 表示实验结果，对高创新能力的员工采用方案 A 进行工作设计后，其创新绩效为 8；采用 B 方案进行工作设计后，其创新绩效为 6。对低创新能力的员工采用方案 A 进行工作设计后，其创新绩效为 2；采用 B 方案进行工作设计后，其创新绩效为 4。所以，对高创新能力的员工而言，方案 A 要优于方案 B，而对低创新能力的员工而言，方案 B 优于方案 A，工作设计方案与员工的创新能力产生了交互效应。由此可见，因子设计可以同时考察两个自变量对因变量的影响，并且可以得到二者的交互效应。因子设计还可以扩展到两个以上的自变量，每个变量的水平也可以超过两种，但是会使实验的复杂性大大增加，最直观的就是实验组数的大大增加，使实验研究的可行性降低、成本升高。

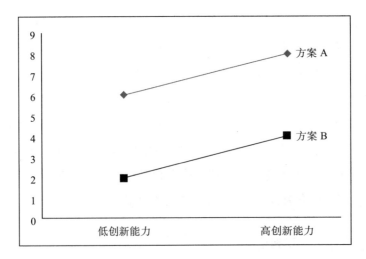

图 3-1　因子设计实验结果（无交互作用）

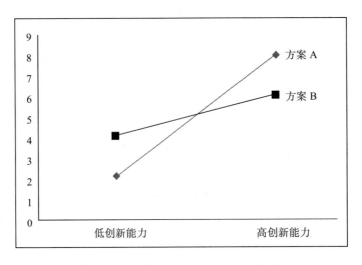

图 3-2　因子设计实验结果（有交互作用）

---

### 🗨 小诀窍

　　实验设计是充满创造力和想象力的艺术，但并非所有实验都是"无中生有"地完全由研究者设计出来的。在漫漫的学术长河中，有不少学者创造出了很多非常有意义的实验范式。在范式被发表之后，未来相关领域的研究者可以借用，并根据自己的研究目的，系统地改变一些变量，再用来研究个体的种种动机和行为，比如著名的公共资源困境实验范式（Massick et al., 1983）和群体实验范式（Stasser & Titus, 1985）。

## 3.4 实例解读

"纸上得来终觉浅",上述内容主要帮助大家了解实验研究的基本知识与理论,以下我们将根据例文来对实验研究法进行进一步的解析,帮助大家了解实验研究法的具体实操过程。具体而言,本节将以 Durso、Briñol 和 Petty(2016)发表在 *Psychological Science* 中的"From Power to Inaction: Ambivalence Gives Pause to the Powerful"[⊖]为例文来解读实验研究法的具体实操,包括实验方案的设计和数据分析过程,以期帮助大家掌握实验研究法的实际运用技能。

### 3.4.1 实验设计实例

"From Power to Inaction: Ambivalence Gives Pause to the Powerful"一文旨在研究权力感与矛盾信息对个体行动迟疑的共同作用,作者采用两个实验来研究上述两个因素对于个体在积极决策(晋升员工,实验1)和消极决策(开除员工,实验2)中行动倾向的交互作用,即为 2(矛盾信息 vs. 明确信息)×2(高权力感 vs. 低权力感)的因子实验。作者所采用的实验设计方案如下。

(1)实验程序。参与者被随机分配到 2×2 共 4 个实验小组中,并被告知实验的举办单位和实验目的。随后,参与者将收到描述某一员工的信息,该信息根据参与者所属矛盾信息组或者明确信息组的不同而不同。在阅读完员工的信息概况后,对参与者进行权力感的操纵,同理,操纵将根据参与者所属高权力感组或者低权力感组的不同而不同。之后,询问参与者在何种程度上愿意延迟对这一员工做出决策,并记录参与者做出决策所用的时间。最后,向参与者表达感谢并对实验内容进行解释。

(2)实验操纵与变量测量。对矛盾信息的操纵而言,参与者将阅读 10 条有关 Bob 的工作行为特征的信息。具体而言,明确信息组的参与者将阅读 10 条有关 Bob 的完全积极(实验1)或者消极(实验2)的信息,矛盾信息组的参与者将阅读有关 Bob 的 5 条积极信息和 5 条消极信息。通过上述操纵,明确信息组的参与者应当对 Bob 持有一种明确的态度(积极态度,实验1;消极态度,实验2),而矛盾信息组的参与者应当对 Bob 持有一种矛盾的态度。在实验操纵之后,采用量表测量参与者对 Bob 感到矛盾的程度。

实验研究者采用短文任务来对参与者的权力感进行操纵。具体而言,高权力感组的参与者被要求写一篇短文来描述他们之前对他人有高权力感的经历,而低

---

⊖ 论文作者在 https://osf.io/5ybej/ 上提供了数据下载链接。

权力感组的参与者则被要求写一篇短文来描述他们之前对他人有低权力感的经历，以此来实现对参与者权力感的操纵。在实验操纵之后，采用量表测量参与者感到权力感的程度。

作者采用两种方法来测量参与者的行动迟疑程度。其一，采用自评量表来测量参与者在何种程度上愿意延迟对于 Bob 的决策；其二，记录参与者做出决策（晋升决策，实验 1；开除决策，实验 2）所用的时间。

### 3.4.2 实例中的数据分析

对实验研究而言，在对研究假设进行验证之前，首先要进行操纵检验，以检验实验过程中对于变量的操纵是否达到了预期的效果，只有当操纵检验显著时，后续的假设检验才具有意义。

#### 1. 操纵检验

首先对矛盾信息进行操纵检验，验证相较于明确信息组的参与者而言，矛盾信息组参与者的矛盾情绪是否显著高于明确信息组。在 SPSS 中，我们可以采用以下代码进行矛盾信息的操纵检验。

```
UNIANOVA ambck BY Study Powerful AmbCV
  /METHOD=SSTYPE(3)
  /INTERCEPT=INCLUDE
  /PLOT=PROFILE(Powerful*AmbCV Powerful*AmbCV*Study)
  /EMMEANS=TABLES(OVERALL)
  /EMMEANS=TABLES(Study)
  /EMMEANS=TABLES(Powerful)
  /EMMEANS=TABLES(AmbCV)
  /EMMEANS=TABLES(Study*Powerful)
  /EMMEANS=TABLES(Study*AmbCV)
  /EMMEANS=TABLES(Powerful*AmbCV)
  /EMMEANS=TABLES(Study*Powerful*AmbCV)
  /PRINT=ETASQ DESCRIPTIVE
  /CRITERIA=ALPHA(.05)
 /DESIGN=Study Powerful AmbCV Study*Powerful Study*AmbCV Powerful*AmbCV
Study*Powerful*AmbCV.
```

运行以上代码得到 SPSS 输出的结果如图 3-3 所示。

根据 SPSS 的输出结果可以看出，只有矛盾信息的效应是显著的，即对矛盾信息的操纵检验是显著的，$F(1, 305) = 168.49$，$p < 0.001$，$\eta_p^2 = 0.356$，$M_{\text{矛盾信息组}} = 7.21$，$M_{\text{明确信息组}} = 4.25$，即矛盾信息组的参与者感受到的矛盾心理显著高于明确信息组，这说明了对于矛盾信息的实验操纵是有效的。

Tests of Between-Subjects Effects

Dependent Variable: ambchk

| Source | Type III Sum of Squares | df | Mean Square | F | Sig. | Partial Eta Squared |
|---|---|---|---|---|---|---|
| Corrected Model | 683.389① | 7 | 97.627 | 25.104 | 0.000 | 0.366 |
| Intercept | 9766.805 | 1 | 9766.805 | 2511.493 | 0.000 | 0.892 |
| Study | 4.735 | 1 | 4.735 | 1.218 | 0.271 | 0.004 |
| Powerful | 0.249 | 1 | 0.249 | 0.064 | 0.800 | 0.000 |
| AmbCV | 655.221 | 1 | 655.221 | 168.487 | 0.000 | 0.356 |
| Study * Powerful | 3.990 | 1 | 3.990 | 1.026 | 0.312 | 0.003 |
| Study * AmbCV | 0.660 | 1 | 0.660 | 0.170 | 0.681 | 0.001 |
| Powerful * AmbCV | 0.477 | 1 | 0.477 | 0.123 | 0.726 | 0.000 |
| Study * Powerful * AmbCV | 0.485 | 1 | 0.485 | 0.125 | 0.724 | 0.000 |
| Error | 1186.097 | 305 | 3.889 | | | |
| Total | 11867.444 | 313 | | | | |
| Corrected Total | 1869.486 | 312 | | | | |

① R Squared = 0.366（Adjusted R Squared = 0.351）.

AmbCV

Dependent Variable: ambchk

| AmbCV | Mean | Std. Error | 95% Confidence Interval | |
|---|---|---|---|---|
| | | | Lower Bound | Upper Bound |
| −1 | 4.245 | 0.156 | 3.937 | 4.552 |
| 1 | 7.212 | 0.167 | 6.884 | 7.540 |

图 3-3　对矛盾信息的操纵检验

同理，对权力感进行操纵检验，验证相较于低权力感组的参与者而言，高权力感组参与者的权力感是否显著高于低权力感组。在 SPSS 中，我们可以采用以下代码进行权力感的操纵检验。

```
UNIANOVA powerck BY Powerful AmbCV
  /METHOD=SSTYPE(3)
  /INTERCEPT=INCLUDE
  /PLOT=PROFILE(Powerful*AmbCV)
  /EMMEANS=TABLES(OVERALL)
  /EMMEANS=TABLES(Powerful)
  /EMMEANS=TABLES(AmbCV)
  /EMMEANS=TABLES(Powerful*AmbCV)
  /PRINT=ETASQ DESCRIPTIVE
  /CRITERIA=ALPHA(.05)
  /DESIGN=Powerful AmbCV Powerful*AmbCV.
```

运行以上代码得到 SPSS 输出的结果如图 3-4 所示。

## Tests of Between-Subjects Effects

Dependent Variable: powerchk

| Source | Type III Sum of Squares | df | Mean Square | F | Sig. | Partial Eta Squared |
|---|---|---|---|---|---|---|
| Corrected Model | 108.357① | 3 | 36.119 | 85.491 | 0.000 | 0.582 |
| Intercept | 1753.019 | 1 | 1753.019 | 4149.266 | 0.000 | 0.958 |
| Powerful | 107.958 | 1 | 107.958 | 255.529 | 0.000 | 0.581 |
| AmbCV | 0.120 | 1 | 0.120 | 0.284 | 0.595 | 0.002 |
| Powerful * AmbCV | 0.064 | 1 | 0.064 | 0.152 | 0.697 | 0.001 |
| Error | 77.738 | 184 | 0.422 | | | |
| Total | 2000.222 | 188 | | | | |
| Corrected Total | 186.095 | 187 | | | | |

① R Squared = 0.582 (Adjusted R Squared = 0.575).

### Powerful

Dependent Variable: powerchk

| Powerful | Mean | Std. Error | 95% Confidence Interval | |
|---|---|---|---|---|
| | | | Lower Bound | Upper Bound |
| -1 | 2.309 | 0.069 | 2.173 | 2.445 |
| 1 | 3.833 | 0.066 | 3.704 | 3.963 |

图 3-4 对权力感的操纵检验

根据 SPSS 的输出结果可以看出，只有权力感的效应是显著的，即对权力感的操纵检验是显著的，$F(1, 184) = 255.53$，$p < 0.001$，$\eta_p^2 = 0.581$，$M_{高权力感} = 3.83$，$M_{低权力感} = 2.31$，即高权力感组参与者的权力感显著高于低权力感组，这说明了对于权力感的实验操纵是有效的。

### 2. 假设检验

由于作者采用了两种方法来测量参与者的行动迟疑程度，包括采用自评的量表来测量参与者在何种程度上愿意延迟对于 Bob 的决策，以及记录参与者做出决策（晋升决策，实验1；开除决策，实验2）所用的时间，因此作者在验证假设时，对这两种测量方法分别进行了检验。由于对这两种测量方法的检验程序是相同的，因此，本节仅选取方法1（采用自评的量表来测量参与者在何种程度上愿意延迟决策）来进行讲解。值得一提的是，在假设验证的过程中，作者为了检验不同的决策类型（积极决策，实验1；消极决策，实验2）是否对参与者的延迟决策倾向产生影响，还将决策类型（实验1与实验2）纳入了考量。在 SPSS 中，我们可以采用以下代码来检验矛盾信息、权力感以及决策类型对于参与者的延迟决策倾向的影响。

```
UNIANOVA prefdelay BY Powerful AmbCV Study
  /METHOD=SSTYPE(3)
  /INTERCEPT=INCLUDE
  /PLOT=PROFILE(Powerful*AmbCV Powerful*AmbCV*Study)
  /EMMEANS=TABLES(OVERALL)
  /EMMEANS=TABLES(Powerful)
  /EMMEANS=TABLES(AmbCV)
  /EMMEANS=TABLES(Study)
  /EMMEANS=TABLES(Powerful*AmbCV)
  /EMMEANS=TABLES(Powerful*Study)
  /EMMEANS=TABLES(AmbCV*Study)
  /EMMEANS=TABLES(Powerful*AmbCV*Study)
  /PRINT=ETASQ DESCRIPTIVE
  /CRITERIA=ALPHA(.05)
  /DESIGN=Powerful AmbCV Study Powerful*AmbCV Powerful*Study AmbCV*Study Powerful*AmbCV*Study.
```

运行以上代码得到 SPSS 输出的结果如图 3-5 所示。

Tests of Between Subjects Effects

Dependent Variable: prefdelay

| Source | Type III Sum of Squares | df | Mean Square | F | Sig. | Partial Eta Squared |
|---|---|---|---|---|---|---|
| Corrected Model | 426.015① | 7 | 60.859 | 14.087 | 0.000 | 0.244 |
| Intercept | 6595.239 | 1 | 6595.239 | 1526.592 | 0.000 | 0.833 |
| Powerful | 3.978 | 1 | 3.978 | 0.921 | 0.338 | 0.003 |
| AmbCV | 318.580 | 1 | 318.580 | 73.741 | 0.000 | 0.195 |
| Study | 3.273 | 1 | 3.273 | 0.758 | 0.385 | 0.002 |
| Powerful * AmbCV | 46.404 | 1 | 46.404 | 10.741 | 0.001 | 0.034 |
| Powerful * Study | 5.386 | 1 | 5.386 | 1.247 | 0.265 | 0.004 |
| AmbCV * Study | 5.430 | 1 | 5.430 | 1.257 | 0.263 | 0.004 |
| Powerful * AmbCV * Study | 0.149 | 1 | 0.149 | 0.034 | 0.853 | 0.000 |
| Error | 1317.672 | 305 | 4.320 | | | |
| Total | 8610.000 | 313 | | | | |
| Corrected Total | 1743.687 | 312 | | | | |

① R Squared = 0.244（Adjusted R Squared = 0.227）.

图 3-5 矛盾信息的主效应及其与权力感的交互效应检验

根据 SPSS 的输出结果可以看出，矛盾信息对于参与者的延迟决策倾向具有显著影响，$F(1, 305) = 73.74$，$p < 0.001$，$\eta_p^2 = 0.195$。矛盾信息与权力感的交互作用对于参与者的延迟决策倾向具有显著影响，$F(1, 305) = 10.74$，$p < 0.001$，$\eta_p^2 = 0.034$。其他效应是不显著的。

接着，我们还需要对矛盾信息与权力感的交互作用进行简单效应检验，以明晰矛盾信息和权力感对于参与者的延迟决策倾向的具体作用。在 SPSS 中，我们可以采用以下代码来进行简单效应检验。

```
sort cases by AmbCV.
split file by AmbCV.

UNIANOVA prefdelay BY Powerful Study
  /METHOD=SSTYPE(3)
  /INTERCEPT=INCLUDE
  /PLOT=PROFILE(Powerful)
  /EMMEANS=TABLES(OVERALL)
  /EMMEANS=TABLES(Powerful)
  /PRINT=ETASQ DESCRIPTIVE
  /CRITERIA=ALPHA(.05)
  /DESIGN=Powerful Study Powerful*Study.

split file off.
```

运行以上代码得到 SPSS 输出的结果如图 3-6 所示。

Tests of Between-Subjects Effects

Dependent Variable: prefdelay

| AmbCV | Source | Type III Sum of Squares | df | Mean Square | F | Sig. | Partial Eta Squared |
|---|---|---|---|---|---|---|---|
| −1 | Corrected Model | 14.351① | 3 | 4.784 | 1.105 | 0.349 | 0.020 |
| | Intercept | 2142.633 | 1 | 2142.633 | 494.807 | 0.000 | 0.752 |
| | Powerful | 12.386 | 1 | 12.386 | 2.860 | 0.093 | 0.017 |
| | Study | 0.145 | 1 | 0.145 | 0.033 | 0.855 | 0.000 |
| | Powerful * Study | 3.910 | 1 | 3.910 | 0.903 | 0.343 | 0.006 |
| | Error | 705.829 | 163 | 4.330 | | | |
| | Total | 2985.000 | 167 | | | | |
| | Corrected Total | 720.180 | 166 | | | | |
| 1 | Corrected Model | 52.876② | 3 | 17.625 | 4.091 | 0.008 | 0.080 |
| | Intercept | 4615.121 | 1 | 4615.121 | 1071.103 | 0.000 | 0.883 |
| | Powerful | 36.475 | 1 | 36.475 | 8.465 | 0.004 | 0.056 |
| | Study | 8.059 | 1 | 8.059 | 1.870 | 0.174 | 0.013 |
| | Powerful * Study | 1.761 | 1 | 1.761 | 0.409 | 0.524 | 0.003 |
| | Error | 611.843 | 142 | 4.309 | | | |
| | Total | 5625.000 | 146 | | | | |
| | Corrected Total | 664.719 | 145 | | | | |

① R Squared = 0.020 (Adjusted R Squared = 0.002).

② R Squared = 0.080 (Adjusted R Squared = 0.060).

Powerful

Dependent Variable: prefdelay

| AmbCV | Powerful | Mean | Std. Error | 95% Confidence Interval | |
|---|---|---|---|---|---|
| | | | | Lower Bound | Upper Bound |
| −1 | −1 | 3.952 | 0.226 | 3.505 | 4.399 |
| | 1 | 3.393 | 0.240 | 2.919 | 3.868 |
| 1 | −1 | 5.231 | 0.254 | 4.728 | 5.734 |
| | 1 | 6.252 | 0.242 | 5.775 | 6.730 |

图 3-6 简单效应检验

根据 SPSS 的输出结果可以看出，对矛盾信息组的参与者而言，相较于低权力感，高权力感导致参与者显著的、较高的行动迟疑倾向，$F(1, 142) = 8.47$，$p = 0.004$，$\eta_p^2 = 0.056$，$M_{高权力感} = 6.25$，$M_{低权力感} = 5.23$；对明确信息组的参与者而言，相较于低权力感，高权力感将减少参与者的行动迟疑倾向，$F(1, 163) = 2.86$，$p = 0.093$，$\eta_p^2 = 0.017$，$M_{高权力感} = 3.39$，$M_{低权力感} = 3.95$。由此验证了文章的假设，即当信息明确不矛盾时，权力感可以增加个体的行动倾向，而当信息矛盾时，相较于低权力感的个体而言，感到高权力感的个体反而会更容易产生行动迟疑。

通过以上对于例文的实验设计和数据分析的解读，我们希望可以帮助读者从实际操作中深入了解实验研究法，掌握实验设计和对应的数据分析技能。我们期待越来越多的读者在阅读本章之后能够学会使用实验研究法，并利用实验研究法发表出优秀论文。

## 小诀窍

实验研究具有验证因果关系的科学性，同时又具有灵活、有趣的艺术性，因此深受广大研究者的追捧。严谨的实验设计是实验研究法的"灵魂"，研究者在进行实验设计时，尤其需要注意以下三点，这也是主流期刊主编和审稿人判断一篇实验研究论文的质量的重要依据。首先，研究者要充分做到分组的随机化，这是实验研究的重要原则。其次，实验研究的内部效度，即该实验的实验操纵是否有效，这是验证假设的基础。最后，研究者应当对实验效应进行严格的把关，谨防安慰剂效应、皮格马利翁效应等。

## 小结

本章介绍了关于实验的相关概念、效度问题、典型设计以及研究原则，并以一篇论文为例全面解读了实验研究的全过程。在相关概念中，我们基本解决了实验研究是什么、实验场景如何划分、研究原理是怎样的以及实验的优缺点有哪些；在效度问题上，我们介绍了两种常见的效度即内部效度和外部效度，并分析了其威胁因素及相应的改善措施；在典型设计中，我们进行了几个实验基本概念的对比，并介绍了实验室实验和现场实验，其中基本概念对比包括控制与操纵、配对与随机化及符号表示等；在研究原则上，我们需遵守有利和无害原则、诚信与责任原则、公正原则及尊重人权原则。读者可根据上面提到的关键词对本章内容进行回忆、梳理。

## 参考文献

[ 1 ] T D Cook, D T Campbell. Quasi-experimentation: Design and Analysis for Field Settings[M]. Chicago, IL: Rand McNally, 1979.

[ 2 ] G R Durso, P Briñol, R E Petty. From Power to Inaction: Ambivalence Gives Pause to the Powerful[J]. Psychological Science, 2016, 27(12): 1660-1666.

[ 3 ] A M Grant, T D Wall. The Neglected Science and Art of Quasi-experimentation: Why-to, When-to, and How-to Advice for Organizational Researchers[J]. Organizational Research Methods, 2009, 12(4):653-686.

[ 4 ] T Greitemeyer, S Schulz-Hardt. Preference-consistent Evaluation of Information in the Hidden Profile Paradigm: Beyond Group-level Explanations for the Dominance of Shared Information in Group Decisions.[J]. Journal of Personality and Social Psychology, 2003, 84(2):322-339.

[ 5 ] B Mcferran, D W Dahl, G J Fitzsimons, A C Morales. Might an Overweight Waitress Make You Eat More? How the Body Type of Others Is Sufficient to Alter Our Food Consumption[J]. Journal of Consumer Psychology, 2010, 20(2):146-151.

[ 6 ] D M Messick, M B Brewer, R M Kramer, P E Zemke, L Lui. Individual Adaptations and Structural Change as Solutions to Social Dilemmas[J]. Journal of Personality and Social Psychology, 1983, 44(2):294-309.

[ 7 ] U Sekaran, R Bougie. Research Methods for Business: A Skill Building Approach[M]. 7th Ed. Hoboken, NJ: John Wiley & Sons, 2016.

[ 8 ] G Stasser, W Titus. Pooling of Unshared Information in Group Decision Making: Biased Information Sampling During Discussion[J]. Journal of Personality and Social Psychology, 1985, 48(6):1467-1478.

[ 9 ] W Steinel, S Utz, L Koning. The Good, the Bad and the Ugly Thing to Do When Sharing Information: Revealing, Concealing and Lying Depend on Social Motivation, Distribution and Importance of Information[J]. Organizational Behavior and Human Decision Processes, 2010, 113(2):85-96.

[10] 陈晓萍，沈伟. 组织与管理研究的实证方法[M]. 3版. 北京：北京大学出版社，2018.

[11] 于晓宇，渠娴娴，陶奕达，段锦云. 创业领域中的实验研究：文献综述与未来展望[J]. 外国经济与管理，2018.

# 第4章

# 测量量表、问卷设计及调研实施

问卷调查法是管理学研究中较为常用的方法之一。问卷调查成本低廉,可以快速、有效地收集研究所需数据,样本数量大,因此为众多研究人员采用。在使用这种方法时,问卷质量的好坏会直接影响到调查数据的真实性、有效性,影响到问卷的回收率,进而影响到整个调查的质量。问卷在调查之前必须周密谋划,因为一旦发出,就很难更改和补救。因此,问卷设计在调查过程中占有十分重要的地位。本章将就问卷中测量的信度效度分析、量表开发、问卷设计、发放与收集等问题进行阐述。

## 4.1 构念与测量

管理学研究是用抽象的理论来解释管理现象,管理学的理论和假设在于讨论构念之间的关系。这些构念是研究学者自己构想出的概念,是对管理现象高度精确的概括,是为做研究而构造出来的,例如组织间信任、战略导向、知识转移等。这些构念本身是抽象的、潜在的、不可直接观察的,于是需要通过测量将抽象的构念量化并形成数据,通过统计技术来检验构念之间的关系,从而验证或推翻理论假设。这是我们进行管理学实证研究的基本思路,是管理学理论创新的重要过程。

测量是研究者根据一定的规则,用量化的方式描述研究对象所具备的某种特征或行为。测量的目的在于根据研究者对理论构念的理解和定义将抽象的概念具体化,找到合适的指标,从而对这些构念所代表的现象进行科学的描述、解释或预测,也就是构念操纵化的过程。由于构念本身是抽象的,所以我们对管理现象的测量并不是直接的,而是通过与之相连的指标体系加以推论,这些测量指标都是可观察的行为或特征,是可测量的。例如,制造商对分销商的组织间信任(interorganizational trust)是一个构念,学者在研究中可将其界定为"制造企业相信其分销商具备可信性和仁爱心,相信对方愿意诚实地合作,真诚地关心双方利益,不会采取投机行为损害自身利益",于是我们可以在问卷调研中询问制造商领导者或者组织间边界人员(如销售经理)对下列陈述与实际情况的符合程度。

|  | 完全不符合 |  |  |  | 完全符合 |
|---|---|---|---|---|---|
| 我们相信该分销商不会做出损害我们利益的事情 | 1 | 2 | 3 | 4 | 5 |

如果选择"5",表明该制造商对分销商的信任程度较高;若选择"1",则表明信任度较低。利用该问题来测量目标构念,对答案的选择就是"组织间信任"这个构念的一个可测量的指标。

如果制造商问卷填写人的回答是4,而事实上,制造商对分销商的信任真实值是5,那么观测值与真实值之间存在差异。这种观测值与真实值之间的差异是由测量随机误差引起的。为降低随机误差项的干扰,我们通常会采用多个指标去测量同一个构念,使测量结果更接近于客观事实。例如,我们可以用下列6个题项(指标)来测量制造商对分销商的组织间信任。

|  | 完全不符合 |  |  |  | 完全符合 |
|---|---|---|---|---|---|
| 1. 我们相信该分销商在做决策时会考虑我们的利益 | 1 | 2 | 3 | 4 | 5 |
| 2. 我们相信该分销商不会向我们提出过分的要求 | 1 | 2 | 3 | 4 | 5 |
| 3. 我们相信该分销商不会做出损害我们利益的事情 | 1 | 2 | 3 | 4 | 5 |
| 4. 我们相信即使环境发生变化,该分销商也愿意给予我们帮助和支持 | 1 | 2 | 3 | 4 | 5 |
| 5. 我们相信该分销商不会欺骗我们 | 1 | 2 | 3 | 4 | 5 |
| 6. 我们相信该分销商在我们遇到困难时愿提供帮助 | 1 | 2 | 3 | 4 | 5 |

由于上述6个题项都是测量制造商对分销商的组织间信任的,因此通过计算它们的平均值,就有可能减小测量的随机项误差了。于是,上述6个题项组成了测量制造商对分销商组织间信任的量表。量表是一种由多个可观测指标构成的测量工具,这些指标可以通过观测揭示抽象构念的变量水平,并形成一个综合评价。在采用问卷调研方法的研究中,我们对构念的测量主要是应用各种形式的量表。

## 4.2 信度及效度分析

测量是进行管理学实证研究必不可少的环节,能否准确测量相关构念在很大程度上决定研究结论的可靠性。为了确保测量的质量,我们需要衡量测量的一致性和有效性,即信度与效度。

### 4.2.1 信度

信度是指测量工具免受误差影响的程度,即测量结果是否具有一致性和稳定性。

根据真分数理论,任何观测值都由真分数和随机误差这两部分组成。但是在现实中,误差不仅仅是随机误差,也包括系统误差。我们所说的信度,特指随机误差的部分。信度可以表示为真分数的方差与观测值方差的比值。

$$r_{xx} = S_T^2/S_X^2 \qquad (4-1)$$

其中,$r_{xx}$ 表示测量的信度指数,$S_T$ 表示真实值的标准差,$S_X$ 表示观测值的标准差。

在实际操作中,研究者并不知道真实值是多少,所以无法直接计算信度。于是他们采用一些替代的方法来衡量信度,分别是复本信度、重测信度和内部一致性信度。

**1. 复本信度**

**复本信度**(alternate-form reliability)是同时开发两份等效但不完全相同的平行量表,受试者需要同时回答这两份量表,求其相关系数,相关系数越高,该量表信度系数也就越高。平行量表应由内容和形式一一对应的题项构成,不同的仅仅是表述形式和措辞。复本测验有两种方式:一种是在同一时间里连续进行测验,可以判断两次测验内容之间是否等值,用这种方法得到的信度系数被称为等值系数;另一种是间隔一段时间后再进行测试,这种方式不仅可以判断两次测验之间内容的等值状况,而且可以反映出时间因素的影响程度,用这种方法得到的信度系数被称为等值稳定系数。

复本信度需要两个不同的测量复本,需要研究者开发两套量表,且复本有非常严格的要求,这在研究上不容易做到。同时,这需要被试花更多的时间去完成测量,实施起来较困难。

**2. 重测信度**

在不同的时间点,使用同一个量表对同一组被试进行测试,两次所得测量结果之间的相关系数称为"**重测信度**"(test-retest reliability)。重测信度考察一个量表在不同时间内的稳定性。若构念的真实值在两个时间点之间这段时间内没有发生改变，则两次测量结果的不同就全部来源于随机误差。在实际操作中，很多构念可能在两个时间点发生了变化，例如前述组织间信任，由于在两个时间点间分销商进行了投机行为，导致制造商的信任降低。若研究者将这种变化归因为随机误差，便会认为测量量表的信度低。因此，重测信度更适合在开发具备稳定特质构念的量表时使用。

### 3. 内部一致性信度

**内部一致性信度**（internal consistency）主要用来评估量表内部指标之间的同质性，这种信度在管理学研究中更为常用。由于所有的指标题项测量的是相同的构念，因此指标之间越一致，整个量表的随机误差部分也就越小。常用的评价指标是针对李克特（Likert）量表开发的 Cronbach's $\alpha$ 系数。

$$\alpha = \frac{k}{k-1}\left(1 - \frac{\Sigma \sigma_i^2}{\Sigma \sigma_i^2 + 2\Sigma \sigma_{ij}}\right) \tag{4-2}$$

其中，$k$ 是题项数量，$\sigma_i$ 是第 $i$ 题的标准差，$\sigma_{ij}$ 是题目 $i$ 与 $j$ 之间的协方差。

Cronbach's $\alpha$ 可以利用 SPSS 软件计算得出（见图 4-1）。下面是一个范例，量表为李克特 7 点量表，包含 KT1～KT4 四个题项，由 271 名被试填写了问卷获得数据。具体操作步骤是：第一，在 SPSS 软件中打开数据文件"第 4 章 sample data"，依次点选"分析"（Analyze）—"度量"（Scale）—"可靠性分析"（Reliability）；第二，将 F1～F4 放入"项目（Items）"框中；第三，在"Statistic"选项中，勾选"度量"（Scale）和"如果项已删除则进行度量"（Scale if item deleted）两个选项，点击"继续"和"确定"。

分析结果如表 4-1 所示。该量表的 Cronbach's $\alpha$ 系数为 0.890，按照 Nunnally（1994）的标准，Cronbach's $\alpha$ 应达到 0.7 以上，说明有较好的信度。另外，还需观察"校正后项目与总分相关性"，应大于 0.4，否则指标应被删除。不过，内部一致性也并非越高越好，需要平衡内容一致性和内容完整性之间的关系。

### 4. 组合信度

Cronbach's $\alpha$ 系数有不足之处，其假设潜变量到所有题项的负荷值相等，这与现实不符，因此可采用**组合信度**（composite reliability，CR）来评价量表信度。

$$CR = \frac{\left(\Sigma_{i=1}^{k}\lambda_i\right)^2}{\left(\Sigma_{i=1}^{k}\lambda_i\right)^2 + \Sigma_{i=1}^{k}\left(1-\lambda_i\right)^2} \tag{4-3}$$

其中，$\lambda_i$ 为题项 $i$ 的因子载荷，$k$ 为题项数目。$CR \geq 0.7$ 说明具有良好信度。

图 4-1 Cronbach's α 在 SPSS 软件中的操作步骤

表 4-1 Cronbach's α 的 SPSS 计算结果输出

| 可靠性统计 | |
|---|---|
| 克隆巴赫系数 | 项数 |
| 0.890 | 4 |

| 项目总计统计 | | | | |
|---|---|---|---|---|
| | 删除项目后的<br>标度平均值 | 删除项目后的<br>标度方差 | 校正后项目与<br>总分相关性 | 项目删除后的<br>克隆巴赫系数 |
| KT1 | 17.00 | 8.345 | 0.742 | 0.866 |
| KT2 | 16.90 | 8.404 | 0.799 | 0.844 |
| KT3 | 16.80 | 8.636 | 0.794 | 0.847 |
| KT4 | 17.05 | 8.413 | 0.710 | 0.879 |

### 4.2.2 效度

效度是测量结果的有效程度，量表是为测量某个构念而开发出来的，因此需要确认这些测量题项是否真的可以度量该构念。接下来我们介绍可以作为效度证据的几个重要方面。

#### 1. 内容效度

是否具有良好的内容效度，可以从以下方面来衡量：第一，所测量的题项内容应充分并准确地覆盖想要测量的目标构念。例如，Gundlach 等（1995）研究中提到的关系社会规范（relational social norms）包括团结、交互、灵活、角色整合和冲突协调 5 个方面，测量就应涵盖这 5 个方面，缺一不可。第二，测验题项应具有代表性，数量分配应反映所研究的构念中各个成分的重要性比例。比如要测量顾客满意度，认为顾客满意度与产品质量、服务、价格等都有关系。假设你准备了 10 道题，而其中的 8 道题都是关于服务的，这显然不具有很好的代表性。第三，问卷的形式和措辞应符合答题者文化背景和用语习惯，应让答题者准确地理解问题所要问的内容。

在检验内容效度时，一种常用的方法为专家判断法，即由研究者团队或一组没有参与发展量表的专家就每一个测量指标是否符合被测构念的定义与内涵逐一地进行主观判断，然后对有争议的地方进行讨论，直到达成一致。

此外，我们还可以用定量的方法提供证据，即请一组答题者，给他们一组构念的定义和所有的测量指标，请他们根据自己的理解把每一个指标放入与其对应的构念中，最后计算每个指标有多少分类是和研究者一致的。我们还可以直接请答题者对每一个指标反映某一构念的程度用李克特量表进行打分，最后通过统计分析来比较每个指标在每个构念上的得分是否与预期目标一致，得分超过 60% 则表示具有良好的内容效度。

#### 2. 结构效度

结构效度就是指用测量工具所得到的数据结构是否与我们对构念的预期结构相一致。所谓数据结构，就是构念是单维还是多维的、包含哪些维度、哪些指标是在测量哪些维度，等等。

因子分析是判别内部结构效度的一个重要工具。因子分析有两种：探索性因子分析和验证性因子分析。研究者在不清楚构念的内部结构时，则可以采用探索性因子分析（参考第 5 章的主成分分析法），主要考察因子载荷（loading），需删除未在任何一个维度上具有较高因子载荷，或同时在两个以上维度上具有较高因子载荷的题项。

研究者在对量表结构有清晰的预期，即清楚知道测量题项与构念之间的对应关系时，应采用验证性因子分析，不允许交叉载荷的存在，该方法仅检验构念与题项之间的理论关系。除少数探索性研究外，大多数的研究均属于此种类型。主要关注指标与假设的契合程度（model fit），常用的统计参数有：卡方拟合指数（$\chi^2$）、比较拟合指数（CFI）、拟合优度指数（GFI）和估计误差均方根（RMSEA）。根据 Bentler（1990）的建议标准，$\chi^2/Df \leqslant 3.0$，$CFI \geqslant 0.90$，$GFI \geqslant 0.90$，$RMSEA \leqslant 0.05$。

验证性因子分析可以用 AMOS 软件计算统计参数，数据见"第 4 章 sample data"，包含两个构念 DJ（3 个题项）和 KT（4 个题项），具体操作步骤如下：第一，在软件中画出测量模型（见图 4-2），包括所有构念与题项；第二，导入数据（第 4 章 sample data）；第三，运行计算后输出结果，点击"model fit"（见表 4-2）。

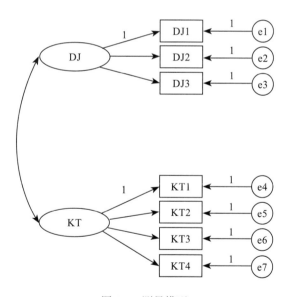

图 4-2　测量模型

如表 4-2 所示，$\chi^2/Df = 1.406$，$CFI = 0.996$，$GFI = 0.981$，$AGFI = 0.981$，$RMSEA = 0.039$，均符合标准，说明具有较好的结构效度。

在结果中选择"Estimates"，可以得到每个题项的因子载荷，如表 4-3 所示，可用以计算组合效度（CR）与平均方差提取值（AVE）。

表 4-2 测量模型拟合度指数输出结果

Model Fit Summary

CMIN

| Model | NPAR | CMIN | DF | P | CMIN/DF |
|---|---|---|---|---|---|
| Default model | 15 | 18.275 | 13 | 0.147 | 1.406 |
| Saturated model | 28 | 0.000 | 0 | | |
| Independence model | 7 | 1 270.792 | 21 | 0.000 | 60.514 |

RMR, GFI

| Model | RMR | GFI | AGFI | PGFI |
|---|---|---|---|---|
| Default model | 0.030 | 0.981 | 0.960 | 0.456 |
| Saturated model | 0.000 | 1.000 | | |
| Independence model | 0.577 | 0.351 | 0.135 | 0.263 |

Baseline Comparisons

| Model | NFI Delta1 | RFI rho1 | IFI Delta2 | TLI rho2 | CFI |
|---|---|---|---|---|---|
| Default model | 0.986 | 0.977 | 0.996 | 0.993 | 0.996 |
| Saturated model | 1.000 | | 1.000 | | 1.000 |
| Independence model | 0.000 | 0.000 | 0.000 | 0.000 | 0.000 |

RMSEA

| Model | RMSEA | LO 90 | HI 90 | PCLOSE |
|---|---|---|---|---|
| Default model | 0.039 | 0.000 | 0.077 | 0.640 |
| Independence model | 0.469 | 0.448 | 0.492 | 0.000 |

### 3. 聚合效度与区分效度

聚合效度是指在使用不同方式测量同一构念时，所得到的测量值应该高度相关，因为这些测量值反映的是同一构念。区分效度则是指应用不同的方法去测量两个不同的构念时，所观测到的数值之间应该能够加以区分。

表 4-3 因子载荷输出结果

| | | | Estimate |
|---|---|---|---|
| DJ1 | ← | DJ | 0.819 |
| DJ2 | ← | DJ | 0.878 |
| DJ3 | ← | DJ | 0.928 |
| KT1 | ← | KT | 0.800 |
| KT2 | ← | KT | 0.862 |
| KT3 | ← | KT | 0.864 |
| KT4 | ← | KT | 0.763 |

检验聚合效度与区分效度，常用的方法为"**多质多法**"（multi-traits multi-methods，MTMM）。在多质多法检验中，需要用不同的方法（如自评或他评、问卷或观察）对两个或两个以上的特质进行测量，这样我们就可以得到一个用多种方法测量多个特质的 MTMM 相关矩阵。根据理论，用不同方法测量同一个特质的相关系数应该比较高，称为"聚合效度"；用不同的方法测量不同特质的相关系数应该比较低，称为"区分效度"。

MTMM 对研究设计要求较高，研究者一般需要多个样本、多种测量方法才能获得矩阵,因此,在一般研究中,学者常用 Fornell 和 Larcker(1981)提出的平均方差提取值(AVE)来检验聚合效度和区分效度。

$$AVE = \frac{\Sigma \lambda_i^2}{\Sigma \lambda_i^2 + \Sigma \text{Var}(\varepsilon_i)} \quad (4\text{-}4)$$

可简化为:

$$AVE = \frac{\sum_{i=1}^{k} \lambda_i^2}{k} \quad (4\text{-}5)$$

其中,$\lambda_i$ 为题项 $i$ 的因子载荷,$k$ 为题项数目。

当 $AVE$ 值大于 0.5 时,表明该潜变量的聚合效度良好;当 $AVE$ 值大于该潜变量与其他潜变量的相关系数平方时,表明区分效度良好。

**4. 效标关联效度**

效标关联效度是借助构念间的因果关系推断测量指标的效度。它的概念逻辑如下:若已有理论指出 A 和 B 有很大的相关性,或者 A 能够在很大程度上预测 B,那么如果构念 A 的测量是有效的,则实证结果应可以支持 A 和 B 的关系。反之,如果我们检验不出 A 和 B 的关系,就需要怀疑 A 的测量可能是不准确的。例如,张磊楠等(2014)在开发营销渠道成员间竞合行为测量模型时,选择竞合行为的前因变量目标一致性和结果变量关系协调成本,构建并验证其因果作用,作为效标关联效度的佐证。

## 4.3 量表设计

管理学几乎每一个实证研究都涉及测量的问题,被用作测量的量表不计其数,但并非所有的量表都是严谨开发出来的,质量也是参差不齐。一个不严谨的量表会直接导致错误的结论。在管理学研究中,我们在选择量表时都会面临一个问题:是根据研究需要自行开发合适的量表,还是沿用现有研究中的量表。两种选择各有利弊,需根据研究面临的具体情境及相关构念量表的发展情况做出合理的选择。

### 4.3.1 沿用现有量表

许多学者在进行问卷调查之前,首先考虑的是如何利用现有的可靠量表。在过去的研究中,众多领域的科研学者经过反复论证,创建了大量的研究量表,为我们的管理学问卷调研提供了宝贵的资源。如果能够沿用前人留下的量表,对于我们的学术生涯是有很大帮助的。

### 1. 沿用现有量表的益处

(1) 沿用现有量表可使我们的研究更便利。开发新的量表往往需要较长的开发时间和较高的成本，而且对新量表的测试具有地域、行业等局限性，短时间内无法得到更好的完善和权威认可，增加了研究风险。沿用现有量表节约了大量的时间和精力，可以帮助我们站在前人的肩膀上，做更多创新的、有意义的管理学研究。

(2) 在文献中诸多学者经常使用的量表一般具有较高的信度和效度。量表的价值取决于它的信度和效度，对于那些在现有文献中占有一定地位的量表已经被研究人员在不同的研究环境下反复使用过，证实了这些变量指标的稳定性和准确性，因而使用成熟量表的风险也较小。

(3) 这些文献中被反复使用的量表的被认可度更高。在高水平期刊上发表的实证论文常常采用高质量的量表，这些论文的发表反过来可以强化这些量表的权威性，使更多学者使用这些量表。这些量表的反复使用有助于提升其质量，提升其在学术界的认可程度，因此，沿用这些量表使我们的研究易于被同行接受。

### 2. 沿用现有量表的局限性

目前我国学者沿用的成熟量表大多来自国外期刊上国外学者的研究，沿用西方的量表需要准确的翻译，这是研究者面临的一个巨大考验。词汇的外延不同，因文化而异，与该词汇的概念界定和使用的情境相关。同一词汇可能有多种词意选择，使其内涵不同，学者需要从可能的词意中进行选择，必然会带入主观意愿，为准确地使用现有量表带来障碍。此外，中国传统文化和西方文化的差异会带来测量量表在文化上的局限性，民族文化的内涵以及对人的心态和行为的影响是不可忽视的。若将在西方文化情境下总结和发展起来的量表应用在跨文化情境中，需要仔细辨识其跨文化的实用性和可行性。

### 3. 沿用现有量表的原则

我们在沿用现有西方量表时应该确认量表的适用性、完整性和准确性。下列三项原则是需要在实际操作中遵守的。

第一，适用性原则。在选用现有量表时首先要判断该量表所测量的构念定义与你研究的构念定义是否相同，该量表是否能准确测量你的构念。有些构念有多个量表都被广泛使用，例如，关于市场导向（market orientation），Narver 和 Slater（1990）认为其是一种企业文化，可以有效地引发为创造较高的顾客价值所必需的行为，他们从顾客导向、竞争者导向和内部协作三方面设计量表测量市场导向。

而 Kohli 和 Jaworski（1990）则从行为角度界定和衡量市场导向，从市场信息搜集、传播以及企业对市场信息的反应来测量。我们应根据研究情境和概念界定选择最合适的量表。此外，我们也需要考虑文化的适应性，即现有量表是否在中国文化背景下具有适用性。

第二，完整性原则。一旦选定了量表，就应该尽量沿用量表中的所有题项，不要随意删改，因为删减题项可能会影响量表的内容效度和信度。删减必须经过仔细的理论论证，并测试删减后量表的信度和效度。

第三，准确性原则。由于缺乏在中国情境下严谨开发出来的经过多次验证和使用的成熟量表，大多学者在确定量表概念和文化的适用性准则后会选择沿用国外成熟量表，在这种情况下必须确保翻译的准确性，这是量表质量的保证。

现在，我们普遍采用的翻译方式是回译（back translation）。参考 Parameswaran 和 Yaprak（1987）推荐的方法，成立翻译小组，成员应掌握英语和中文，并具备专业知识。由其中一人先将英文量表翻译成中文，再由另一人将中文量表翻译回英文。在这一过程中，小组的其他成员将展开讨论，逐一核对英文翻译和中文回译的准确性，确认翻译无误后，仔细核对回译的量表与英文原始量表是否有语意变化，以确保翻译获得的中文量表可以真实、准确地反映原始英文量表的含义。随后，对中文量表进行预测试，根据被调查者的反馈，在不改变语义的情况下，适当调整语序，使中文表达尽可能清晰易懂。

> **小诀窍**
>
> 对新进入研究领域的研究生来说，建议尽量使用现有量表，可以选择发表于国内外顶级期刊论文中使用的量表或引用率高的量表，这种量表的信度和效度高，且具有较高的被接受度，在投稿时受到质疑的可能性较小。
>
> 在使用英文量表时，可先查询是否有中国学者使用过，是否已按照中国的情境和语言习惯建立了成熟的中文量表，如中国管理研究国际学会（IACMR）网站上提供了一些组织管理研究中的中文量表，注册会员可以获得并使用。
>
> 使用现有量表也需要注意版权问题，发表论文中的量表大多可以直接使用，但有些量表需要授权后才可以使用，如 MLQ 多因素领导力（Multifactors Leadership Questionaire）问卷，需要从 Mind Garden 公司处按问卷发放数量付费购买版权。未购买版权而使用该问卷获取数据进行研究将涉及侵权，文章即使投稿也不会被期刊接受。

### 4.3.2 新量表开发

在研究过程中，若现有量表无法满足需要，如开发新的构念，或对目标构念的定义和维度划分与现有量表所测构念不一致，又或者考虑文化差异，国外量表不适用于我国的文化背景，这时，学者需自行设计开发新量表。下面详细介绍量表开发的一般步骤以及相关的注意事项。

#### 1. 明确构念的定义和内涵

量表是测量构念的工具，开发量表的首要任务是准确定义所要测量的目标构念，清楚地阐述其理论边界。如果目标构念缺乏精确的定义，我们开发出来的量表便会出现误差。

清楚地定义一个构念，需要明确构念的性质，是行为、感知、情感还是其他；区别该构念与其他相近构念的区别，明确构念的理论边界；确定构念的测量层次，是个体还是群体；从理论上确认构念的结构，是单维构念还是多维构念；在明确构念定义的基础上，说明其前因变量与后果变量。

#### 2. 获取测量题项

在清晰界定目标构念后，第二阶段的任务则是创建一组用于衡量所研究构念的测量题项。这一阶段分为两步。

第一步，发展备选测量题项，主要有两种基本策略：演绎法和归纳法。

演绎法是研究者根据构念的定义和结构尽可能多地列出指标供筛选。应用这种方法要求研究者对所研究的现象有深入的理解，并要对文献进行全面的回顾，在此基础上对构念进行明确定义，并围绕定义发展量表题项，是一种自上而下的量表开发模式。利用这种方法，能确保最终指标的内容效度，因为指标题项是围绕定义发展起来的。但是这种方式非常费时，需要研究者对所研究的现象和文献有详尽了解，若是探索性研究，针对不熟悉的领域，该种方法不适用。

归纳法是研究者通过定性研究，利用关键事件访谈、个人访谈、小组访谈等方式，搜集关于构念内容的描述，在此基础上进行筛选、分类，从而发展初步量表，是一种自下而上的量表开发模式。这种方式适用于探索性研究，研究者并不充分了解目标构念的具体内容、内部结构时，该方法有效。但是，缺少对构念的明确定义，仅利用被访者提供的描述来获取测量题项，这些题项可能不具备内部一致性。这需要研究者进行严谨的内容分析，并利用后期的因子分析技术来最终确定测量构念的结构特征和具体指标。

事实上，研究者在发展量表题项时大多结合两种方法，一方面通过以往文献发展测量题项，保证量表的内容效度；另一方面通过访谈等方法搜集研究对象的相关事件，可使测量量表更加贴近研究情境。例如，Geyskens 和 Steenkamp（2000）在开发"渠道成员满意"测量量表时，根据定义将满意划分为经济满意和社会满意，利用演绎法，从营销学领域、管理学领域和社会心理学与社会学领域的文献中出现的关于满意的量表中获取初始测量题项，同时利用归纳法，对渠道成员进行访谈，归纳出部分测量题项，共获取 50 个备选题项。

无论采用哪种方法，这一步以获取充分反映构念的题项为首要原则。我们需要发展出内涵相匹配且足够多的测量指标，在没有充分把握的情况下，研究者甚至可以超出目标构念的涵盖范围，增加一些不确定是否有关联的指标。无关的指标在后期可以通过定性或定量的方法删除，但若最初的指标不充分，则后面的定性及定量分析将毫无意义。

第二步，选择备选测量题项。这一步主要从内容效度上进行评估，即衡量备选测量题项所测量的内容充分并准确地覆盖想要测量的目标构念。这一步主要评判测量题项是否具有代表性，是否与构念定义对应。一般来说，可以成立专家小组，告知其目标构念的定义，由其评判将题项与定义进行匹配，若 75% 的专家意见一致，则该指标可被保留进入下一阶段。

### 3. 设定量表尺度形成问卷

在选择完备选指标后，要把它们变为可回答的问题。根据 Stevens（1951）对量表尺度进行的分类，包括如下四类。

（1）定类尺度。即对问题的答案进行平行分类，各类别可指定数字代码表示。例如测量被试者性别时，被归于两类：男或女，分别被编码为 0 和 1（或 1 和 2），以便于进一步统计分析。使用该尺度时，必须穷尽所有类别，且这些类别之间具有排他性，被试者只能归属于其中一种类别。

（2）定序尺度。该尺度对事物分类的同时给出了各类别的顺序，可以帮助研究人员了解被试对问题重要性的排序。例如在研究不同工作性质特征的重要性时，可给出 5 种工作特征，让员工将最重要的排为 1，第二重要的排为 2，以此为序，排出 1～5。但是这种方式并未给出不同类别之间的准确差值，即 1 和 2 的差距与 2 和 3 的差距并不相同。

（3）定距尺度。与前两种量表尺度不同，定距尺度的数据表现为数值。例如，李克特量表是一种典型的定距尺度量表，多数研究选择 5 点或 7 点尺度，如李克特 5 点量表中，有"非常不同意""不同意""中立""同意""非常同意" 5 种回答，分别记为 1、2、3、4、5，我们处理数据时把其当作定距数据来处理，每个数据点之间的间隔一致，每个被调查者的态度总分就是他对各道题的回答所得分数的加总。若研究者想避免被试选择中立项的机会，可以设置偶数个选项。定距尺度的起始点是任意的，并无从零开始的起点。

> **小诀窍**
>
> 在采用李克特量表时，我们发现学者会选择不同的尺度如 5 点、6 点、7 点甚至 10 点、11 点，到底选择哪种尺度并没有非常严格的可供遵循的法则，应考虑自身研究的需求。若研究需要被试者表明自己的态度而非中立，则应选择偶数尺度如 6 点量表。若无此需求，则可选择奇数尺度，如 5 点或 7 点。同时还需要考虑填答问卷者是否能区别每个点数之间的差异，如填写人很容易从 5 点量表中选择一个更符合自己态度或行为的答案，但在 11 点量表中做选择，便相对困难。因此，研究者可以在以往学者研究的基础上，根据自身的研究情境和需求，做出相应的调整。

（4）定比尺度。该尺度拥有与定距尺度同样的优点，且有绝对的零起点，常被用来测量收入、销量、利润等变量。

**4. 量表指标净化**

将第二步选择出来的题项编制成问卷进行预测试，利用采集的样本数据进行分析，综合考虑信度、效度等，删减指标，以形成简明、有效的量表，最终保留的测量题项数量应综合考虑理论和定量检验结果。

首先，需进行探索性因子分析（exploratory factor analysis，EFA），以探索量表的结构特征。EFA 的具体分析方法见第 5 章的详细介绍。当研究者对量表的内部结构缺乏清晰认识，或者虽对量表内部结构有预期，但这些测量题项是自行开发的，无法确定有效性时，都将运用探索性因子分析。主要用因子载荷值来判断，由于测量指标应具备单一维度性，因此每个指标在其中一个维度上的因子载荷越大，其他维度上的因子载荷越小，该测量量表才具有较高的结构效度。一般来说在目标维度上因子载荷较小（小于 0.4）或具有交叉载荷（同时在两个维度上大于 0.4）的指标应该被删除。

其次，还需判断其他信度效度相关值，包括指标的内部一致性，如针对李克特量表开发的 Cronbach's $\alpha$，其值应达到或大于 0.7；量表的聚合效度，如因子抽取变异量（variance extracted）应大于50%；量表的区分效度，可以比较潜变量的抽取变异量和该潜变量与其他潜变量间相关系数的平方，若抽取变异量大，则说明具有较好的区分效度。

要注意的是，任何指标的删除和保留都需要进一步从理论上论证，以确保合理性。

#### 5. 确定性因子分析

经过指标净化得到的量表，还需进一步检验其稳定性及外部效度，因此将选取与第三步不同的样本进行问卷数据采集，进行确定性因子分析（confirmatory factor analysis，CFA）来检验之前建立的量表。CFA主要通过观察测量指标与假设模型的契合程度进行，如果估计的模型与抽样数据得到很好的契合，则说明该构念具有较好的效度。当然，此步骤也需要再次评判量表的其他信度、效度指标。

#### 6. 逻辑关系检验

在验证量表的效标关联效度时，研究者可以利用目标构念与其他构念的逻辑关系来进一步验证。他们可以根据文献回顾和理论推导，构建一个包含目标构念的概念模型，通过调研获取样本数据的统计分析，可以对概念模型中假设的关系进行检验，若能得到与理论预期一致的显著性关系，则新量表具备较好的效度。

如之前提到的例子，Hollebeek等（2014）在开发CEB量表时，根据理论构建了包含顾客品牌融入的概念模型，认为消费者涉入程度是前因变量，个体品牌联系以及品牌购买意愿是结果变量，进而验证了提出的假设，利用构念间的逻辑关系来证明新量表的效度。

## 4.4 问卷设计

### 4.4.1 问题设计

#### 1. 开放式问题与封闭式问题

开放式问题不为被调查者提供具体答案，只提出问题，要求被调查者用自己的语言回答。优点是灵活性较大、适应性强，有利于被调查者充分发表自己的意见，因而所得资料丰富生动。在进行探索性研究时，研究者并不清楚可能的答案范围，尤其适合采用开放式问题。该类问题也存在不足之处，由于被调查者受限于文字表达能力、学识水平、阅历等，容易出现答非所问、不准确、无价值的信息，从而降低问卷的有效率。此外，开放式问题在编码和统计时难度较大，对访谈人员和研究者的要求较高，执行成本高。

封闭式问题则是在提出问题的同时，给出一系列答案，要求被调查者根据实际情况自主选择。封闭式问题的优点是标准化程度高，填答方便，省时省力，资料易于进行统计分析。其缺点是灵活性较差，不利于被调查者充分表达自己的意见，若不能全面列举所有可能的答案，会导致调研结果出现偏误。

### 2. 正向问题与反向问题

研究者可以在问卷中加上反意的问题，以测试被调查者是否认真回答了每一项问题，例如在测量信任时，询问"该经销商经常欺骗我们"，就是属于反向问题。以李克特 7 点量表为例，若填写人的正向问题是 7，则该问题的答案应该为 1 或 2，若答案都是 7，说明该填写人并未理解该问题，或者没有仔细阅读该问题。研究者可将此作为筛选有效问卷的标准之一。在处理反向问题数据时，研究者需将其答案进行反转的数据化处理，即将答案 1 转化为 7、2 转化为 6，依此类推，将转换后的数据与其他数据一起进行后续的统计分析。

---

**💬 小诀窍**

在阅读文献时，我们会发现许多研究者在设计问卷时将量表中的某个题项做成反向问题，以判断填写人是否认真回答问题。但在实际操作中，我们通常发现将反向问题进行反转的数据化处理后纳入量表数据，会降低整体量表的信度与效度。原因可能在于部分问卷填写人不习惯表达极端负面的看法，对负面答案的衡量标准与正面答案标准不一致，导致反向问题的 1 并不一定与正向问题的 7 等同。因此建议在问卷中可采用增加若干反向问题，仅用于删除不合格问卷，而不是将某个题项直接采用反向问题的方式提出。

---

### 4.4.2 问卷的编排

#### 1. 问卷组成部分

（1）标题。每一份问卷都有一个研究主题。研究者应该开宗明义定个标题简明扼要地概括说明调研主题，使被调查者对所要回答的问题有一个大致的了解。

（2）引言（调查说明）。引言部分应该包括调查的目的、意义、主要内容、调查单位、调查结果的使用者、保密措施等。其目的在于引起受访者对填答问卷的重视和兴趣，使得对调查给予积极支持和合作。

（3）指导语（填写说明）。指导语是用来指导被调查者填写问卷的解释和说明，也称"填表说明"，其作用是对填表的方法、要求、注意事项等做一个总的说明。

（4）调查内容（问题与答案选项）。问题和答案是问卷的核心内容。应根据调研需要设置不同的问题。

若对被调查者有要求，需设置过滤性问题，将被调查者限于有符合要求的经历或回答一样问题的回答者。例如，如果问卷要调研企业的渠道关系，因此需要了解双边关系的边界人员作为被调查者，则需要设置问题"请问您是否了解贵公司和该经销商之间的关系"，答案为"1：一点都不了解，2：了解很少，3：了解一些，4：了解，5：很了解"，若答案为1、2或3，调查员就应该选择停止调查，要求更换被调查者。

若研究者想调查消费者在天猫商城的购物体验，可设置启发式问题，如"您最近一次在天猫商城购物买了××类产品"，以此唤起受访者的回忆，以提高回答速度和有效性。一般按照事实性问题、行为性问题、动机性问题和态度性问题的顺序来编排。

（5）结束语。结束语置于问卷的最后，一般是简短地再次对被调查者的合作表示真诚的感谢。

---

**渠道关系管理调研问卷**

尊敬的先生/女士：

您好！非常感谢您在百忙之中抽出宝贵的时间，参与××课题组开展的企业调研活动。

您所填写的信息不会透露给任何其他组织或个人，仅用于对中国渠道关系有关因素的宏观统计分析，不涉及对个别企业渠道关系的案例研究。我们将郑重承诺为您和您所在的企业保密。同时，我们愿意将本次调研的研究结果与您共享，如有需要请注明（是/否）。

真诚地感谢您对中国工商管理科学发展的支持与帮助，谢谢！

××课题组

---

### 2. 需注意的问题

- 问题应该简洁明了，避免使用冗长复杂的语句，造成理解困难。特别是一些专业词汇，要考虑到问卷填写人的背景，以他们熟悉的语言表述。
- 避免使用诱导性问题。诱导性问题会暗示被调查者选择某个答案，研究人员应保持客观和中立，勿将自身的价值倾向带入问题中。例如，由于对环境的担忧，许多人降低洗衣服的频率，对环境的关注如何影响您的洗涤行为？该问题便具有诱导性。
- 避免使用含糊不清的词句。例如"您经常进行体育运动吗"，每个人对"经常"的认识是不一样的，有些被调查者认为每周运动 2 小时是经常运动，而有些被调查者认为每天运动 2 小时才算经常运动。
- 避免双重含义的问题。例如"360 度反馈是一个好的管理方法，可以提升员工的激励"，研究者无法判断填写人的观点是关于 360 度反馈是好的管理方法，还是在说 360 度反馈可以提升员工的激励，应分成两个问题分别测量。

### 4.4.3 问卷预调研

在问卷设计完成进入正式调研之前，往往需要进行预测试，通常会选择一些代表性的、小范围的目标受访者进行访谈，来进一步审核问卷可能存在的问题。

一般我们可以选择 10 名左右的符合样本条件的受访者，让其填写问卷，然后就问卷说明、问题的措辞等听取他们的意见，考察问卷流程或题项中是否存在让人误解的表述，是否存在难以理解的内容，进而有针对性地进行进一步的修正，以形成最终问卷。

## 4.5 调研实施

### 4.5.1 抽样调查方式

抽样调查是指从被调查对象总体中，按照一定的方法抽取一部分对象作为样本进行调查分析，以此推论全体被调查对象状况的一种调查方式。

按照抽样调查的理论依据和特点，抽样调查基本方法可以分为两类：随机抽样和非随机抽样。

#### 1. 随机抽样

随机抽样又叫概率抽样，是按照概率论来抽取样本，以随机原则从总体中抽取部分单位作为样本的抽样方法。它包括简单随机抽样、等距抽样、分层抽样、整群抽样和多级抽样。

（1）简单随机抽样。简单随机抽样方法就是从调查总体中任意抽取预定的单位个数作为样本,这种抽样方法严格遵守每个单位都有同等被抽中机会的随机原则,可采用抽签法和随机数表法。这种方法简单易行,但要求在总体单位数目不大、总体单位之间差异程度较小的情况下才能使用,否则所抽取的样本可能缺乏代表性,抽取误差较大。

(2)分层抽样。分层抽样又称为分类抽样,它是把调查总体按照一定的属性特征或标准分为若干类型,然后从每一类中按照相同或不同的比例随机抽取样本。例如在大学里进行调研时,可按照学院或年级先进行分层,再按比例进行随机抽样,这样有利于捕捉不同学院或不同年级学生的特征。该分类的基本原则:一是使每一类型内部的差异尽量缩小,而各类型之间的差异尽量增大;二是要有清楚的界限,在划分时不致发生混淆或遗漏。

(3)等距抽样。基本做法是在随机排列的总表中,任意选取一个样本,其他样本按一定间隔加以抽取即可。例如要在 $N$(总体数)个学生中抽出 $n$(样本数)个学生进行调研,可将学生按学号排序,设置抽样距离 $k$($=N/n$),随机确定第一个学号,其他学生则按间隔 $k$ 顺序抽取。使用该方法时,调查总体的单位数不宜过多。

(4)整群抽样。利用现成的集体,随机一群一群地抽取集体单位,由此推断总体的情况。例如,企业想调研全国经销商状况,可在每个省随机抽样出一个城市,调研该城市所有经销商状况。由于调查的对象相对集中在一个群体中,所以调查起来方便,节省人力和物力。整群抽样的缺点在于若样本分布集中,会降低代表性。

(5)多级抽样。多级抽样又称多阶段抽样。这是在调查对象数目庞大、分布很广的大规模阶段调查中经常采用的方法,就是把抽样单位的过程分为两个或两个以上的阶段进行。

### 2. 非随机抽样

非随机抽样又叫非概率抽样,它是根据研究者个人的方便以主观经验、设想有选择地抽取样本进行抽样的方法。非随机抽样的方式主要有判断抽样、便利抽样、滚雪球抽样和定额抽样。

(1)判断抽样。判断抽样又称目的抽样,是由调查者根据主观判断来选取样本,凡总体中具有代表性的单位都可以作为样本,个别单位被抽取的概率无法确定,因此其抽样结果的精准度也无法判断。这种方法适用于典型调查,样本代表性取决于研究者的经验和判断能力,在总体数量不多且研究者对抽样单位比较了解的情况下较为适用。

（2）便利抽样。当研究者认为被调查总体的每个单位都是相同的，将谁作为样本进行调查，结果都类似时，他们便可采用便利抽样。街头拦人法便是偶遇抽样的常见方法，例如要调研商场或超市的顾客，调查人员可以采用拦截访问商场偶遇的购物者，使用快速甄别的问题来判断受访者是否合适，随后进行后续的问卷调查。使用该方法节约时间，但在实践中并不是每个个体都相同，因此可信程度较低，没有足够的代表性。

（3）滚雪球抽样。这种方法是找出少数个体，通过这些个体了解更多的个体。就像滚雪球一样，了解的个体越来越多，越来越接近总体，便可以在不清楚总体的情况下了解总体。使用这种方法的前提是个体之间应具有一定的联系。当研究者仅有数量有限的抽样框，且受访者能提供其他符合调查要求的受访者名单时，可采用这种方式。例如，在研究离职问题时，调研样本是近一年有离职行为的人员，研究者可先在 MBA 学员中找到符合条件的受访者，这些受访者依赖自己的社会关系，可以推荐其他符合条件的受访者参与调查。

（4）定额抽样。定额抽样又称配额抽样，是由调查者事先按照一定的标准，从符合标准的调查单位中随意抽取样本单位进行调查。由于这种方法在抽样前将总体各单位做了分类，故其样本的代表性比简单的判断抽样要大些。

### 4.5.2　问卷数据收集方法

#### 1. 传统的问卷数据收集

传统的问卷数据收集方式，包括通过调研人员面访、电话调查和邮寄调查等方法发放调研问卷，以获取数据。

调研人员面访是最早期的一种调查方式，是调查人员根据问卷向被调查者提出问题，并根据被调查者回答记录数据的一种数据收集方式，也可以由被调查者直接填写问卷。这种数据收集的方法灵活性较高，可以有效判断被调查者是否符合样本条件，能有效解答被调查者对问卷问题在理解上存在的问题以提升数据有效性，能通过有效沟通增加被调查者的配合以获得较高的问卷回收率。但这种方法的成本较高，需要动用较多的人力，调查人员的态度等可能会影响被调查者的回答，引发一些偏见，因此需对调查人员进行专门的培训以保障调研的顺利实施。

电话调查是调查人员通过电话向被调查者提出问题，并记录答案的数据收集方法。这种调查方式较为经济，可以节省调查人员的差旅费，适宜调查那些不愿与"陌生人"面谈的被调查者以及比较繁忙的被调查者。电话调查由于缺乏面对面的沟通，因此被调查者会对调查者的身份存疑，不易获得配合，不宜时间过长，导致问题难以深入，适用于内容简单的问卷数据收集。

邮寄调查是调查人员将设计好的问卷连同回邮信封邮寄给被调查者，待被调查者填写问卷后寄回以收集数据的一种方式。这种调查方法可以覆盖较广的区域，相较调查人员面访费用低，对被调查者而言无时间压力，可以有充裕的时间填写问卷，并且避免了调查人员的误导或影响。但这种方法难以获取被访者的配合，问卷回收率较低。

#### 2. 网络问卷数据收集

目前有许多调研机构提供在线问卷调研系统，例如"问卷星""调研派"等，这些调研系统可以方便快捷地帮助用户实现个性化的在线问卷调研，是目前问卷数据收集的流行趋势。利用在线问卷调研系统有如下优势。

- 系统支持多样化题型，也可上传图片或多媒体，表现形式丰富，可以轻松创建个性化调研问卷。
- 研究者可以设置调研规则，如设置单IP限制，防止同一个人填写多份问卷；设置样本筛选问题，当遇到不符合条件的样本时，可自动结束调研；也可以设置跳答、自动跳转网页等逻辑，可检查漏答题目，以提升问卷有效回收率。
- 发放和回收便捷，可以通过E-mail邮件、微博、微信等各大社交平台快速投放。调研平台可以直接将数据录入成Excel格式，不需要调研者人工录入数据。
- 直接产生数据的描述性统计报告，可以通过在线问卷调研系统直接查看问卷调研结果，在线系统会自动进行数据筛选和交叉分析，产生图文结合的结果报表和数据分析。

### 4.5.3 问卷调研中的注意事项

问卷调研除了在量表设计时要考虑信度、效度，在发放时也必须关注问卷的填答质量。

#### 1. 避免因社会期望带来的问题

一些受访者往往会选择看起来更加"正确"的答案而非"准确"的答案，因为受访者想要满足社会期望值，倾向于将自己打扮得"漂亮"。或者受访者认为真实的答案可能会对自身造成威胁。因此，调查者应确保回答的私密性，对隐私保护进行有效沟通，尽可能强调准确、真实的重要性，并且尽可能营造匿名的环境，减少访员的影响。例如，Liu等（2009）在数据收集部分提到采取全匿名的方式进行调研，采用非直接问题，强调调研仅用于学术，问题选项并没有正确与错误之分，以此降低社会期望带来的偏差。

### 2. 敏感性问题的调研

在问卷调查中，我们经常会遇到敏感性问题，即出于安全或名誉等方面的原因，不便于在公开场合表态或陈述的问题，如学生作弊行为、企业偷税、销售人员灰色营销等问题，很难得到被调查者的配合，导致数据失真、调查结果无效。此时适宜采用网络调研方法代替面访，因为面访虽然能控制调查的进行和记录，但面对敏感问题的尴尬有可能影响回答的真实性。因此，具有一定敏感性特征的问题最好采用网上调研等形式。用自填式问卷代替询问式问卷，合理安排问题的顺序，将具有相对敏感性特征的问题放在最后进行访问，这样可以避免一开始就询问敏感性问题而产生的唐突和尴尬，容易赢得被访者的合作。

我们可以改变提问的形式，利用假设的方法，"假如你是一位烟民，你认为在公共场合抽烟是否应该被严格禁止"。用人称代换法，例如，询问被访者是否有过犯罪冲动时进行提问："多数人承认他们有过犯罪的冲动，你有过吗？"

### 3. 避免共同方法变异

**共同方法变异**（common method variance，CMV）是由测量方法单一性所造成的偏差，而非构件测量本身的问题，属于系统误差。

当研究者在同一时点通过同一个被调查者收集所有自变量和因变量的数据信息时，就可能带来这种误差。例如，当研究人员让某个被调查者在一份问卷中评估子公司的决策自主权和子公司的绩效时，若被调查者主观认为两者存在关系，会倾向于给出一致的答案，这可能会造成原本不存在关系的两个变量形成较高的相关关系，这种误差对使用调查法进行的实证研究结论存在不可忽视的威胁。

《国际商业研究杂志》（*Journal of International Business Studies*）的主编在2010年专门发文谈及CMV的问题处理。他们指出可以在事前对调研过程进行控制，尽可能规避误差的产生，也可以在事后建立较为复杂的关系模型规避CMV导致的误差，或者在调研实施完成后对数据检验，以确定是否存在CMV的问题。具体包括如下四种方法。

（1）从不同数据源测量构念。从不同的被调查者处分别测量自变量和因变量。例如，可以让子公司的负责人衡量子公司的自主决策权，由企业母公司的管理者来评价子公司的绩效，或者用自我报告和非自我报告的数据测量同一个构念，使主客观数据共同测试，避免单一数据源衍生出的问题。若难以实现不同数据源的数据收集，也可以考虑在不同时点收集数据，进而在一定程度上规避共同方法变异带来的误差。

（2）从问卷设计和调研实施过程中进行控制。在问项设计时，尽可能采用基于事实的问题，可以减少 CMV 的影响。在答案设计时，可以采用不同的尺度和度量标准，这样可以降低误差出现的可能性，也可以通过调整问题顺序来尽量规避 CMV 的问题，例如，可以通过问卷调研软件将自变量、因变量、调节变量、控制变量等所有的问题进行随机排列，这样被调查者就难以建立各变量间相关关系的认知。

（3）构建复杂的概念模型。如果事前未采取任何措施防止 CMV 问题，可以通过构建复杂的概念模型来补救，因为 CMV 更容易出现在过于简单的模型中。如果可以提出构念间的非线性关系，通常这种关系超出被调研者的认知能力，就可以有效降低 CMV。但这种方法也存在问题，要解释这些复杂的构念间关系会较为困难，因此只有在具备良好的理论基础上，提出中介变量、调节变量或非线性关系以增加复杂性才有意义。

（4）调研后的统计检验。未在事前对 CMV 进行控制，也可以通过事后的统计检验来判断是否存在 CMV 问题。较为常用的方法是 Harman 的单一因素检验，这种方法是将所有构念中的题项放入探索性因子分析中，查看是否会出现一个因子，或者说是否存在一个因子解释了大部分的协方差，若没有，则说明 CMV 问题并不存在。但也有很多学者如 Podsakoff 等（2003）认为这种方法并不十分有效，因为出现单一因素的可能性并不大，因此一些学者提出了偏相关法、潜在误差变量控制法等方法来排除 CMV 的误差问题。

> **小诀窍**
>
> 目前有一些期刊非常关注 CMV 的问题，例如《心理学报》在投稿前的自查报告中明确提出要求："管理领域仅有自我报告（问卷法）的研究，需要检查数据是否存在共同方法偏差（common method bias）。为控制或证明这种偏差不会影响研究结论的效度，你使用了什么方法？采取了哪些措施？"
>
> 但是，我们并不能就此认为非自我报告的数据就一定优于自我报告的数

> 据，根据《心理学报》的要求，研究者更重视的是应提供证据，向评审专家证明共同方法偏差在我们的研究中并不会影响研究结论效度。根据 Conway 和 Lance（2010）的建议，研究者应向评审专家和主编说明：①自我报告数据是特定情境下合适的选择，例如 Shalley 等（2009）在测量员工的创新性时解释了"员工自己是最清楚其工作中哪些细节能让其成为更具创造力的人"，进而说明自我报告数据的合理性；②构念效度检验证据，包括内部一致性、因子结构等；③不同构念间在测量题项上是不重复的；④研究者做了哪些事前努力来规避共同方法变异所带来的弊端。

## 小结

本章关于量表和问卷的设计、样本选取以及最后调研的实施，是采用问卷调查法进行实证研究的重要组成部分，后续实证研究结论是否准确、有效，在很大程度上取决于调研回收数据的质量。因此，在这部分中，研究者应该重点关注如下问题：在量表设计或选取时，重点考虑"量表题项是否可以准确、全面地测量构念"；在问卷设计和编排时，重点关注"如何合理地设计、编排问卷可以让被调查者愿意并能够顺畅地填写问卷"；在调研实施时，重点确保"样本具有代表性，被调查者按照真实想法填写了问卷"。初学者可以参考本章的指引与建议，从量表测量题项的选择到问卷的设计与发放收集，每一个过程都进行科学、严谨的设计与实施，以确保回收的数据真实、有效，为后续实证检验奠定基础。

## 参考文献

[1] S J Chang, A Van Witteloostuijn, L Eden. From the Editors: Common Method Variance in International Business Research[J]. Journal of International Business Studies, 2010, 41(2):178-184.

[2] C W Craighead, D J Ketchen, K S Dunn, G T M Hult. Addressing Common Method Variance: Guidelines for Survey Research on Information Technology, Operations, and Supply Chain Management[J]. IEEE Transactions on Engineering Management, 2011, 58(3):578-588.

[3] I Geyskens, J B E M Steenkamp. Economic and Social Satisfaction: Measurement and Relevance to Marketing Channel Relationships[J]. Journal of Retailing, 2000, 76(1):11-32.

[4] T R Hinkin. A Brief Tutorial on the Development of Measures for Use in Survey

Questionnaires[J]. Organizational Research Methods, 1998, 1(1):104-121.

[5] L D Hollebeek, M S Glynn, R J Brodie. Consumer Brand Engagement in Social Media: Conceptualization, Scale Development and Validation[J]. Journal of Interactive Marketing, 2014, 28(2):149-165.

[6] Y Liu, Y Luo, T Liu. Governing Buyer—Supplier Relationships Through Transactional and Relational Mechanisms: Evidence from China[J]. Journal of Operations Management, 2009, 27(4):294-309.

[7] J C Narver, S F Slater. The Effect of a Market Orientation on Business Profitability[J]. Journal of Marketing, 1990, 54(4):20-35.

[8] J C Nunnally, I H Bemstein. Psychometric Theory[M]. 3rd Ed. New York: McGraw-Hill, 1994.

[9] R Parameswaran, A Yaprak. A Cross-national Comparison of Consumer Research Measures[J]. Journal of International Business Studies, 1987, 18(1):35-49.

[10] P M Podsakoff, S B Mackenzie, J Y Lee, N P Podsakoff. Common Method Biases in Behavioral Research: A Critical Review of the Literature and Recommended Remedies[J]. Journal of Applied Psychology, 2003, 88(5):879-903.

[11] 巴里·巴宾, 威廉·齐克芒德. 营销调研精要[M]. 应斌, 王虹, 译. 6版. 北京: 清华大学出版社, 2015.

[12] 陈晓萍, 沈伟. 组织与管理研究的实证方法[M]. 3版. 北京: 北京大学出版社, 2018.

[13] 刘婷, 王震. 关系投入、治理机制、公平与知识转移: 依赖的调节效应[J]. 管理科学, 2016, 29（4）: 115-124.

[14] 罗胜强, 姜嬿. 管理学问卷调查研究方法[M]. 重庆: 重庆大学出版社, 2014.

[15] 张磊楠, 张欣, 王永贵. 营销渠道成员间竞合行为测量模型研究: 量表开发与效度检验[J]. 南京社会科学, 2014（4）: 30-37.

# 第5章

# 数据初步处理及探索

## 5.1 数据预处理及数据描述

### 5.1.1 数据预处理

**数据预处理**（data preprocessing）是指在对数据进行实际建模分析之前对数据进行的一些处理。由于研究中的数据大多是通过各种渠道收集得来的，而原始数据中可能存在大量不完整、不一致、有异常的数据，这些都将严重影响后续数据分析的结果，甚至会导致研究者得出错误的结论，因此数据预处理在整个研究过程中具有非常重要的作用。根据所收集数据类型的不同，数据预处理的方法存在差异，一般包括数据审核、数据筛选、数据排序、数据清洗、缺失值处理、数据变换等处理过程。

### 5.1.2 数据描述

对数据的描述一般可以从三个方面展开，即数据的集中趋势、离散程度和分布的形状。具体可参考相关统计学教材，本书仅总结在研究中常用到的描述性统计指标。

（1）集中趋势。对数据集中趋势进行描述的主要指标包括均值、中位数、众数及百分位数等。一般软件均能提供该类指标的计算结果。

（2）离散程度。数据的离散程度可以反映个体间的差异大小，从而可以衡量研究指标风险的大小。用来测度观测变量值之间差异程度的指标很多，在实证研究中主要使用极差、平均差、标准差和方差。

（3）分布形状。在有些数据分析中，有对原始变量服从正态分布的假定，因此在数据描述中可以通过软件计算变量的偏度和峰度，以反映其与正态分布的相近程度。

## 5.2 相关分析和回归分析

现象间的依存关系多种多样，图 5-1 将本书中所涉及的研究方法及其基本特征关系进行了总结。本节主要围绕相关分析和回归分析展开讨论。

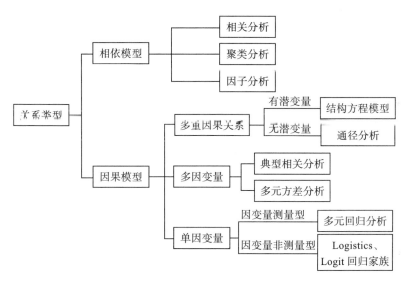

图 5-1 研究方法的关系框架图

资料来源：郭志刚.社会统计分析方法：SPSS 软件应用 [M].2 版.北京：中国人民大学出版社，2015.

### 5.2.1 相关分析和回归分析概述

相关分析和回归分析都是研究中经常被采用的研究方法，二者经常被一起使用，以提高研究结论的可靠性。

#### 1. 相关分析

相关指变量之间表现出的相随变化的关系，相关分析即是对这种相随变化关系的具体讨论和研究。我们平时熟悉的现象或变量之间的相关主要有两种，即函数关系和相关关系。

函数关系指现象之间确实存在数量上的相互依存关系，两现象间的数量按照一定的规律——对应,即两个现象或变量之间会同时沿相同或相反方向发生变化。

相关关系指现象之间数量上不确定、不严格的依存关系。相关关系的全称为统计相关关系,它属于变量之间的一种不完全确定的关系。两现象间的数量存在协变关系,但不是一一对应的,例如产品价格与销量之间的关系。

研究当中所说的相关分析一般是指对相关关系的分析,因此下面的相关分析即指对相关关系的分析。

### 2. 回归分析

回归分析用来研究自变量与因变量之间的关系,分析因变量如何随着自变量的变化而变化的方法,其目的在于根据已知自变量来估计和预测因变量的总平均值。

回归方程根据回归变量的多少,分为一元回归方程和多元回归方程;根据回归是否线性,分为线性回归方程和非线性回归方程;根据回归是否有滞后关系,分为自身回归方程和无自身回归现象的方程。

### 3. 相关分析和回归分析的区别与联系

相关分析研究随机变量之间相互依存关系的方向和密切程度;回归分析研究某一因变量与一个或多个自变量之间数据关系的变动趋势,用回归方程表示。相关分析研究的都是随机变量,不用区分因变量和自变量;回归分析研究要确定因变量和自变量,其中自变量是确定的普通变量,因变量是随机变量。

在具体的研究中,相关分析和回归分析经常在一起使用,互相补充对现象间关系的解释。相关分析需要依靠回归分析来表明现象数量相关的具体形式,而回归分析需要依靠相关分析来表明现象数量变化的相关程度。

总体来说,相关分析和回归分析都是认识现象之间相关形式、方向、相关程度的工具,都可以对经济现象进行推算和预测。在很多研究中,不少研究人员使用这两种方法对缺少的数据资料进行补充,并将补充完全的数据资料用于其他模型的建模分析。

## 5.2.2 相关分析方法

### 1. 直线相关分析的特点及判断方法

在直线相关分析中,要研究的两个变量是对等关系,只能算出一个相关系数。

计算出的相关系数有正负号,表示正相关或负相关。在计算相关系数时要求两个变量必须都是随机的,这也反映了对等关系。

在判定两个变量是否存在相关关系时,可以使用定性判断法或利用相关表与相关图检查。定性判断法需要研究者根据对现象的了解和对有关理论知识的掌握,判断现象之间是否存在相关关系。在有了一定的判断后,则可将相关变量的具体数值绘制在相关表格(见表 5-1)或相关图(见图 5-2)上,以更直观、更形象地表现变量之间的相互关系。

表 5-1 相关表

| 编号 | 工龄长度 x | 销售量 y | 编号 | 工龄长度 x | 销售量 y |
| --- | --- | --- | --- | --- | --- |
| 1 | 21 | 1 150 | 11 | 30 | 1 650 |
| 2 | 22 | 1 250 | 12 | 30 | 1 850 |
| 3 | 24 | 1 200 | 13 | 30 | 1 950 |
| 4 | 25 | 1 450 | 14 | 32 | 1 650 |
| 5 | 26 | 1 650 | 15 | 32 | 1 900 |
| 6 | 27 | 1 350 | 16 | 32 | 2 000 |
| 7 | 27 | 1 400 | 17 | 33 | 1 200 |
| 8 | 29 | 1 750 | 18 | 33 | 2 000 |
| 9 | 29 | 1 750 | 19 | 34 | 1 950 |
| 10 | 29 | 1 950 | 20 | 34 | 2 100 |

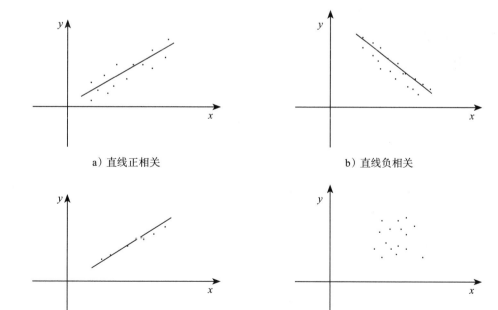

a) 直线正相关　　　　b) 直线负相关

c) 完全直线相关　　　　d) 不相关

图 5-2 相关图

### 2. 定量测定——相关系数

相关系数是用来描述在直线相关条件下，两个现象之间相关关系密切程度的统计分析指标。在计算相关系数之前，首先判定两个现象之间是否存在直线相关，否则计算出的相关系数就没有实际意义。

对两个变量之间线性相关程度的度量称为简单相关系数，用 $r$ 表示，也称皮尔逊相关系数。

$$r = \frac{\sigma_{xy}^2}{\sigma_x \sigma_y} \qquad (5\text{-}1)$$

式中　　$\sigma_{xy}^2$——协方差，$\sigma_{xy}^2 = [\Sigma(x-\bar{x})(y-\bar{y})] \div n$；

$\sigma_x$——变量 $x$ 的标准差，$\sigma_x = \sqrt{\dfrac{\Sigma(x-\bar{x})^2}{n}}$；

$\sigma_y$——变量 $y$ 的标准差，$\sigma_y = \sqrt{\dfrac{\Sigma(y-\bar{y})^2}{n}}$。

$r$ 的取值范围是 [-1, 1]。当 $|r|=1$ 时为完全相关，其中当 $r=1$ 时为完全正相关，当 $r=-1$ 时为完全负相关；当 $r=0$ 时不存在线性相关关系；当 $-1 \leqslant r < 0$ 时为负相关；当 $0 < r \leqslant 1$ 时为正相关。$|r|$ 越趋于 1 表示关系越密切，$|r|$ 越趋于 0 表示关系越不密切。

但需要注意的是，$r$ 只表示 $x$ 与 $y$ 的直线相关密切程度。当 $r$ 很小甚至等于 0 时，并不一定表示 $x$ 与 $y$ 之间就不存在其他类型的关系。变量之间的非线性相关程度较大可能导致 $r=0$，因此，当 $r=0$ 或 $r$ 很小时，不能得出变量无关的结论。

> **💬 小诀窍**
>
> 在做相关分析之前，必须有足够的理论或实践证据支持，因为现实世界中的大量数据之间均有类似的发展趋势。例如，你会发现我国所有 12 岁男孩子的脚的长度与国内 GDP 之间高度相关，但这种纯数据上的相关并不存在任何意义。因此，研究过程理论的构建和假设的提出尤为重要，它将为整个研究提供理论基础及研究框架。

### 5.2.3　回归分析及 SPSS 案例操作

#### 1. 简单直线回归分析

简单直线分析是对两个线性相关的变量 $x$ 和 $y$，根据研究目的，确定出自变量和因变量，建立两个变量间的线性回归方程，然后用回归方程来测定因变量的发展趋势。简单直线回归分析的特点包括：

- 两个变量的地位不对等，分为自变量和因变量。
- 因变量是随机变量，自变量是非随机变量，可以预先控制和给定。
- 回归方程可以利用自变量的给定值推算因变量的相应值。
- 回归系数可正可负，正号说明正相关，负号说明负相关。

线性回归的基本假定包括以下几种。

**假设 1** 解释变量 $X$ 是确定性变量，不是随机变量。

**假设 2** 随机误差项 $u$ 具有零均值、同方差和序列不相关性：

$$E(u_i) = 0, \ i = 1, 2, \cdots, n$$

$$\begin{cases} \text{Var}(u_i) = E(u_i^2) = \sigma_u^2 \ (i = 1, 2, \cdots, n) \\ \text{Cov}(u_i, u_j) = 0 \ (i \neq j; \ i = 1, 2, \cdots, n) \end{cases}$$

**假设 3** 随机误差项 $u$ 与解释变量 $X$ 之间不相关：

$$\text{Cov}(x_j, u_i) = 0 \ (i = 1, 2, \cdots, n; \ j = 1, 2, \cdots, k)$$

**假设 4** 随机误差项 $u$ 服从零均值、同方差、零协方差的正态分布：

$$u \sim N(0, \ \sigma_u^2 J_n)$$

值得注意的是，如果假设 1 和假设 2 满足，则假设 3 也满足；如果假设 4 满足，则假设 2 也满足。以上假设也称为线性回归模型的经典假设或高斯（Gauss）假设，满足以上假设的线性回归模型，也称为经典线性回归模型（classical linear regression model，CLRM）。

通常，假设方程的形式为：$y = a + bx + \mu$。根据最小二乘法则，残差平方和最小，则 $\Sigma(y - \hat{y})^2 = \min$。分别对 $a$ 和 $b$ 求导，并使其等于 0，整理可得：

$$\begin{cases} b = \dfrac{n\Sigma xy - \Sigma x \Sigma y}{n\Sigma x^2 - (\Sigma x)^2} = \dfrac{L_{xy}}{L_{xx}} \\ a = \dfrac{\Sigma y}{n} - b\dfrac{\Sigma x}{n} = \bar{y} - b\bar{x} \end{cases} \quad (5\text{-}2)$$

**2. 一元线性回归方程的显著性检验**

（1）**回归系数 $b$ 的显著性检验**。回归系数 $b$ 的显著性检验就是验证变量 $x$ 与 $y$ 的线性关系是否真正存在。因此，我们对线性模型提出如下统计假设：$H_0$：$b = 0$；$H_1$：$b \neq 0$。

如果不拒绝原假设 $H_0$，说明 $x$ 对 $y$ 没有影响，回归方程不具有实用价值。如

果原假设 $H_0$ 不成立，则可以认为 $x$ 对 $y$ 有显著影响，我们求出线性回归方程是有意义的。

我们把 $y$ 的 $n$ 个观测值之间的差异，用观测值 $y_i$ 与其平均值的偏差平方和来表示，称为总离差平方和，记为 $SST$。

将其分解：$SST = \sum_{i=1}^{n}(y_i - \bar{y})^2$

不难证明交叉项等于零，若记：

$$SST = \sum_{i=1}^{n}\left[(\hat{y}_i - \bar{y}) + (y_i - \hat{y}_i)\right]^2 = \sum_{i=1}^{n}(\hat{y}_i - \bar{y})^2 + \sum_{i=1}^{n}(y_i - \hat{y}_i)^2 + 2\sum_{i=1}^{n}(\hat{y}_i - \bar{y})(y_i - \hat{y}_i)$$

记 $SSR = \sum_{i=1}^{n}(y_i - \bar{y})^2$，$SSE = \sum_{i=1}^{n}(y_i - \hat{y}_i)^2$，则有 $SST = SSR + SSE$。其中，$SSR$ 叫作回归平方和，它反映了回归方程的理论值对平均值的离散程度；$SSE$ 叫作残差平方和，它是实际观测值与回归值的离差平方和，反映了随机因素对 $y$ 取值的影响。

当 $H_0$ 成立时：

$$t = \frac{b}{s(b)} = \frac{b\sqrt{L_{xx}}}{\sqrt{SSE/(n-2)}} \sim t(n-2) \tag{5-3}$$

其中：

$$s(b) = \frac{\sqrt{SSE/(n-2)}}{\sqrt{\Sigma(x-\bar{x})^2}} \tag{5-4}$$

因此，我们可以做出决策，对于给定的显著性水平 $a$，若 $|t| > t_{a/2}(n-2)$，则拒绝 $H_0$，表明 $x$ 与 $y$ 之间存在线性关系，$x$ 对 $y$ 的影响是显著的。否则，变量 $x$ 与 $y$ 之间不存在线性关系，$x$ 对 $y$ 的影响不显著。

估计的标准误差也称剩余标准差，是残差平方和的平均数的方根，反映观测值与估计值之间的平均离差程度：

$$SE = \sqrt{\frac{\Sigma(y-\hat{y})^2}{n-2}} = \sqrt{\frac{\Sigma y^2 - a\Sigma y - b\Sigma xy}{n-2}} \quad (\text{大样本时成立}) \tag{5-5}$$

各观测值与估计值的平均离差越小，说明两变量之间的线性关系越密切；反之，越不密切。估计的标准误差与相关系数 $r$ 之间存在一定的关系，相关关系越强，估计的标准误差越小。

（2）**回归方程的显著性检验**。回归方程显著性检验是对回归模型总体的显著性检验，即对回归模型中所有因变量与自变量之间的线性关系在总体上是否显著成立做出推断，实际上是对回归方程拟合优度的检验，采用 $F$ 统计量，所以又称为 $F$ 检验，其公式为：

$$F = \frac{SSR}{SSE(n-2)} \sim F_a(1, n-2)$$

因此，我们可以根据 $F$ 值与临界值对比的结果做出决策，对于给定的显著性水平 $\alpha$，若 $F > F_a(1, n-2)$，则拒绝 $H_0$，表明总体回归方程线性关系成立，总体回归方程是显著的。否则，不拒绝 $H_0$，总体回归方程不显著。

需要说明的是，在一元线性回归中，只有一个自变量，$t$ 检验和 $F$ 检验是一致的。但是在多元回归分析中，$t$ 检验和 $F$ 检验是不同的，$t$ 检验是检验回归方程中回归系数的显著性，$F$ 检验则是检验整个方程回归关系的显著性。

回归方程估计完成后，可以根据自变量的值对因变量 $y$ 进行预测。点估计比较简单，直接将自变量值代入方程计算，即 $\hat{y}_0 = a + bx_0$。由于存在随机因素，因变量的预测值会存在差异，统计上一般根据其标准误差计算其置信区间。在小样本情况下，近似的置信区间常用公式是：

$$\hat{y}_0 \mp t_{a/2}(n-2)SE \tag{5-6}$$

其中，$SE = \sqrt{SSE/(n-2)} = \sqrt{\dfrac{\Sigma(y_i - \hat{y}_i)^2}{n-2}}$。

在大样本情况下的置信区间为：$\hat{y}_0 \mp t_{a/2}(n-2)SE\sqrt{1 + \dfrac{1}{n} + \dfrac{(x_0 - \bar{x})}{\Sigma(x_i - \bar{x})^2}}$ （5-7）

其中，$y_i$ 为因变量 $y$ 的实际观测值，$\hat{y}_i$ 为因变量 $y$ 的预测值，$x_0$ 和 $y_0$ 分别为自变量 $x$ 和因变量 $y$ 的点估计。

### 3. SPSS 案例操作

**【例 5-1】** 简单直线回归分析

下面展示 SPSS 回归分析的步骤，表 5-2 为某公司产品在不同城市进行宣传的年度投入成本及其相应的年度销量，欲通过回归分析研究宣传投入对销量是否存在影响及其影响大小。

表 5-2  产品宣传投入对销量影响的回归分析数据

| 产品编号 | 宣传投入 $x$（千元） | 销量 $y$（万） |
| --- | --- | --- |
| 1 | 10 | 160 |
| 2 | 12 | 170 |
| 3 | 15 | 168 |
| 4 | 20 | 170 |
| 5 | 25 | 180 |
| 6 | 27 | 184 |
| 7 | 30 | 186 |

(续)

| 产品编号 | 宣传投入 $x$（千元） | 销量 $y$（万） |
| --- | --- | --- |
| 8 | 32 | 200 |
| 9 | 34 | 197 |
| 10 | 36 | 210 |
| 11 | 40 | 205 |
| 12 | 42 | 215 |

在实际研究中，我们可以通过以下步骤展开分析。

（1）**绘制散点图**。图 5-3 的散点图显示，该产品的宣传投入与其销量之间存在正向线性关系，至于该关系是否存在，以及二者的影响程度有多大，则需要做进一步的分析。

（2）**SPSS 操作步骤**。在 SPSS 软件中选择回归分析，并将销量 $y$ 选为因变量，宣传投入 $x$ 选为自变量，如图 5-4 所示。点击 Statistics，勾选 Estimates、Confidence intervals、Model fit 和 Durbin-Watson（见图 5-5）。

SPSS 输出结果如表 5-3 和表 5-4 所示。表 5-3 为该回归模型回归拟合度的整体总结，$R$ Square 即我们平时说的 $R^2$，在该案例中为 0.928，即在因变量 $y$ 的总变化中有 92.8% 能够被该模型解释，表明该回归模型具有很高的解释能力。Adjusted $R$ Square 为调整后的决定系数，它是考虑了自变量个数后对 $R^2$ 的调整，在多元回归（即含有多个自变量）的模型中常用来比较模型的优劣。

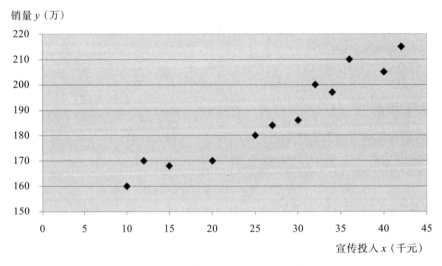

图 5-3  产品宣传投入对销量影响的散点图

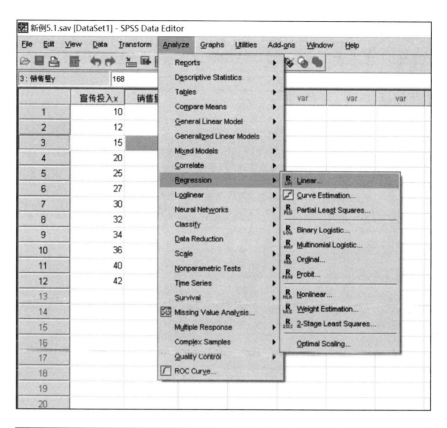

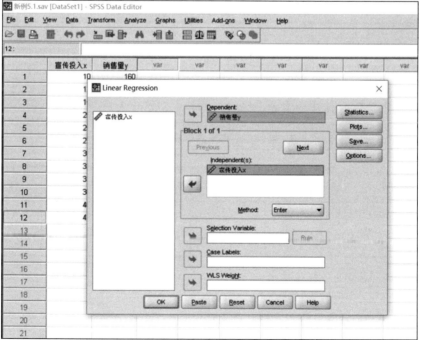

图 5-4　例 5-1 在 SPSS 中的实现

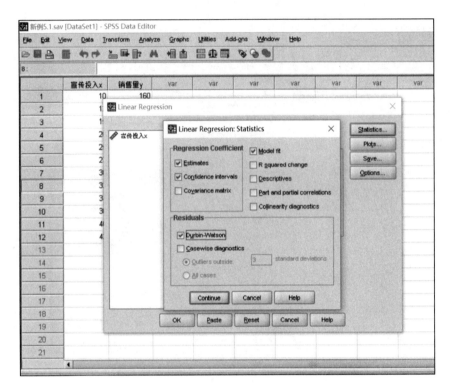

图 5-5　例 5-1 在 SPSS 中的输入选项

表 5-3　回归模型拟合度

| | | Model Summary | | |
|---|---|---|---|---|
| Model | R | R Square | Adjusted R Square | Std. Error of the Estimate |
| 1 | 0.963[①] | 0.928 | 0.921 | 5.122 |

① Predictors：(Constant)，宣传投入 $x$。

表 5-4　回归模型整体显著性检验

| | | | ANOVA[①] | | | |
|---|---|---|---|---|---|---|
| Model | | Sum of Squares | df | Mean Square | F | Sig. |
| 1 | Regression | 3370.567 | 1 | 3370.567 | 128.476 | 0.000[②] |
| | Residual | 262.350 | 10 | 26.235 | | |
| | Total | 3632.917 | 11 | | | |

① Dependent Variable: 销量 $y$。
② Predictors：(Constant)，宣传投入 $x$。

表 5-4 为回归的方差分析表格，第 2 列从上往下分别为回归总变差、残存变差和总变差（即因变量总变差）。第 3 列为各变差的自由度。第 4 列为总变差与其自由度之比，即平均变差。第 5 列为回归的平均变差与残存平均变差之比，即 $F$ 统计量。第 6

列为该 $F$ 统计量的限制性水平。在该例中,限制性水平显著低于 0.05,即该回归模型在 5% 显著性水平下统计显著。

以上输出结果,均为对该模型整体拟合度的检验,表 5-5 为自变量系数的估计结果。从结果来看,可得出以下回归方程:

$$\hat{y} = 143.214 + 1.630x$$

其中 $a = 143.214$ 的含义为销量的起点值。$b = 1.630$ 表示产品宣传投入每增加 1 000 元,销量平均增加 1.630 万元。表 5-5 第 6 列的 $t$ 值为第 2 列与第 3 列之比,即上面回归参数的显著性检验,第 7 列为其相对应的显著性水平。很显然该例中回归的截距项和自变量系数均高度显著。另外第 8 列和第 9 列为各系数 95% 的置信区间,由于这两个置信区间内均不包含 0,因此可以推断在 95% 的置信水平下,两个系数均显著不等于 0,该置信区间具有与 $t$ 统计量和限制性水平相同的结论。

表 5-5 回归模型整体显著性检验

Coefficients[①]

| Model | | Unstandardized Coefficients | | Standardized Coefficients | t | Sig. | 95% Confidence Interval for B | |
|---|---|---|---|---|---|---|---|---|
| | | B | Std. Error | Beta | | | Lower Bound | Upper Bound |
| 1 | (Constant) | 143.214 | 4.143 | | 34.567 | 0.000 | 133.983 | 152.446 |
| | 宣传投入 $x$ | 1.630 | 0.144 | 0.963 | 11.335 | 0.000 | 1.309 | 1.950 |

① Dependent Variable:销量 $y$。

### 4. 曲线相关与曲线回归

曲线相关指相关的两个变量对应值的散点图呈某种曲线形状的关系式。曲线回归是根据曲线相关的变量拟合的回归方程。本节仅介绍几种常见的曲线一元回归方程(更详细的分析见第 7 章):

(1)双曲线回归方程:$\hat{y} = a + b\dfrac{1}{x}$。

(2)对数曲线回归方程:$\hat{y} = a + b\ln x$。

(3)二次曲线回归方程:$\hat{y} = a + bx + cx^2$。

(4)指数曲线回归方程:$\hat{y} = ab^x$。

其中,(1)(2)(3)通过简单的变量换元可以直接转化为线性回归方程,采用最小平方法估计其待定参数;(4)常常通过对数变形,间接采用最小平方法估计参数(见表 5-6)。

表 5-6　曲线方程线性化变换

| 原方程 | 方程代换 | 代换后方程 |
| --- | --- | --- |
| $\hat{y} = a + b\dfrac{1}{x}$ | $x' = \dfrac{1}{x}$ | $\hat{y} = a + bx'$ |
| $\hat{y} = a + b\ln x$ | $x' = \ln x$ | $\hat{y} = a + bx'$ |
| $\hat{y} = a + bx + cx^2$ | $x' = x^2$ | $\hat{y} = a + bx + cx'$ |
| $\hat{y} = ab^x$ | $\hat{y} = \ln\hat{y}$，$a' = \ln a$，$b' = \ln b$ | $\hat{y}' = a + b'x$ |

### 5.2.4　多元线性回归分析及 SPSS 案例操作

#### 1. 多元线性回归分析

多元线性回归是根据一个因变量和多个自变量之间的关系建立的回归方程。若因变量 $y$ 与解释变量 $x_1$, $x_2$, $\cdots$, $x_k$ 具有线性关系，则它们之间的线性回归模型可表示为（其中 $b_0$, $b_1$, $\cdots$, $b_k$ 为回归系数，$u$ 为随机扰动项）：

$$y = b_0 + b_1 x_1 + b_2 x_2 + \cdots b_k x_k + u \tag{5-8}$$

将 $n$ 个观察数据代入上述模型，则问题转化为：

$$\begin{cases} y_1 = b_0 + b_1 x_{11} + b_2 x_{21} + \cdots + b_k x_{k1} + u_1 \\ y_2 = b_0 + b_1 x_{12} + b_2 x_{22} + \cdots + b_k x_{k2} + u_2 \\ \quad\quad\quad\quad\quad\quad\quad \vdots \\ y_n = b_0 + b_1 x_{1n} + b_2 x_{2n} + \cdots + b_k x_{kn} + u_n \end{cases}$$

参数的最小二乘估计：

$$\begin{cases} n\hat{b}_0 + \hat{b}_1 \Sigma x_{1i} + \hat{b}_2 \Sigma x_{2i} + \cdots + \hat{b}_k \Sigma x_{ki} = \Sigma y_i \\ \hat{b}_0 \Sigma x_{1i} + \hat{b}_1 \Sigma x_{1i}^2 + \hat{b}_2 \Sigma x_{2i} x_{1i} + \cdots + \hat{b}_k \Sigma x_{ki} x_{1i} = \Sigma y_i x_{1i} \\ \quad\quad\quad\quad\quad\quad\quad \vdots \\ \hat{b}_0 \Sigma x_{ki} + \hat{b}_1 \Sigma x_{1i} x_{ki} + \hat{b}_2 \Sigma x_{2i} x_{ki} + \cdots + \hat{b}_k \Sigma x_{ki}^2 = \Sigma y_i x_{ki} \end{cases}$$

求解该联立方程组即可得到各自变量参数的估计值。

#### 2. 回归方程的显著性检验

（1）**总离差平方和分解**。类似于一元线性回归，可得：

$$\Sigma \left( Y_i - \bar{Y} \right)^2 = \Sigma \left( \hat{Y}_i - \bar{Y} \right)^2 + \Sigma \left( Y_i - \hat{Y}_i \right)^2 \tag{5-9}$$

即 $SST=SSR+SSE$，总体离差平方和 = 回归平方和 + 残差平方和。

样本决定系数 $R^2$，又称复决定系数或多重决定系数，其定义为：$R^2 = \dfrac{SSR}{SST} = 1 - \dfrac{SSE}{SST}$。由于随着观测值及自变量的增加，$R^2$ 也会增长，因此对其进行修正后，可得到调整的 Adjusted-$R^2$：

$$\text{Adjusted-}R^2 = 1 - (1-R^2)\frac{n-1}{n-k-1} \tag{5-10}$$

$R^2$ 与 Adjusted-$R^2$ 均反映在给定样本下，回归方程与样本观测值的拟合优度，但不能据此进行模型整体的推断。

（2）**回归方程拟合优度检验**。回归方程拟合优度检验是检验 $y$ 与解释变量 $x_1$, $x_2$, $\cdots$, $x_k$ 之间的线性关系是否显著。这里的统计假设为：

$$\begin{cases} H_0: b_1 = b_2 = \cdots = b_k = 0 \\ H_1: b_i \text{ 不全为 } 0\,(i=1, 2, \cdots, k) \end{cases}$$

$F$ 统计量可根据表 5-7 计算：

$$F = \frac{SSR/k}{SSE/(n-k-1)} \sim F(k, n-k-1) \tag{5-11}$$

或：

$$F = \frac{R^2/k}{(1-R^2)/(n-k-1)} \tag{5-12}$$

表 5-7 回归分析中的方差分析表

| 离差名称 | 平方和 | 自由度 | 均方差 |
| --- | --- | --- | --- |
| 回归 | SSR | $k$ | SSR/k |
| 残差 | SSE | $n-k-1$ | SSE/(n-k-1) |
| 总离差 | SST | $n-1$ | |

在给定显著性水平 $a$ 下，可得其临界值：$F_a = F_a(k, n-k-1)$。当所得统计量大于临界值时，拒绝原假设，认为该回归方程显著。反之，不显著。

这里值得注意的是，回归方程显著，并不意味着每个解释变量对因变量 $y$ 的影响都重要，因此需要进行回归系数的检验。回归系数的统计假设为：

$$\begin{cases} H_0: b_i = 0\,(i=1, 2, \cdots, k) \\ H_1: b_i \neq 0\,(i=1, 2, \cdots, k) \end{cases}$$

类似于一元线性回归，可得各个回归系数的 $t$ 检验统计量：

$$t_i = \frac{\hat{b}_i}{s(\hat{b}_i)}\,(i=1, 2, \cdots, k) \tag{5-13}$$

将该统计量计算结果与给定显著性水平下的临界值 $t_{a/2} = t_{a/2}(k, n-k-1)$ 对比，如 $|t_i| > t_{a/2}$，则拒绝该系数等于 0 的统计原假设，即 $x_i$ 对 $y$ 的影响统计显著。

> ### 💬 小诀窍
>
> 在使用 SPSS 进行回归时，软件提供了各种是否将某些变量纳入回归方程的检验方法的选项。研究者需要首先选择变量进入和剔除的标准，可以选择变量的 $F$ 值或其对应的 $P$ 值进行进出限定。在 SPSS 默认选项中，进入标准是 $P$ 值低于 0.05，剔除标准是 $P$ 值高于 0.1。
>
> Enter：SPSS 会将研究者输入的所有自变量对因变量进行回归，并在结果中显示各自变量的回归系数和显著性检验。
>
> Stepwise：自变量逐个进入回归模型，每次选择 $P$ 值最低的变量放入回归模型，但每次有新变量进入后，SPSS 会重新估计回归模型，去掉符合剔除标准的对应 $P$ 值最大的变量。整个过程一直重复，直至没有变量再进入和剔除。
>
> Forward：自变量会一个一个进入回归模型，每次选择 $P$ 值最低的变量进入，直到未进入的变量均不符合进入标准后停止。
>
> Backward：与 Forward 相反，所有自变量先全部进入回归模型，然后一个一个剔除，每次提出对应 $P$ 值最大的符合剔除标准的变量，直至保留的自变量均显著为止。
>
> Remove：不同于以上各变量逐步进入或剔除的步骤，在本方法中，除需要输入所有自变量外，研究者还需要输入需剔除的变量列表。SPSS 首先对所有自变量回归，然后一次性剔除所有指定的剔除变量。
>
> 在实际研究中，研究者可根据需要，选择不同的方法进行回归分析。但在对理论及假设的检验过程中，通常 Enter 方法更值得推荐。因为变量是否剔除或保留，由研究者根据研究目的来决定会更有意义。另外，某些变量不显著，即对应假设未得到数据支持，也能促使研究者对该假设和理论进行更加合理的分析讨论。

### 3. SPSS 案例操作

**【例 5-2】 多元线性回归分析**

本节以于晓宇等于 2018 年 3 月发表在《管理学季刊》上的文章《如何精准扶贫？制度空隙、家庭嵌入与非正规创业绩效》为例进行分析展示。

在 SPSS 软件中选择 Analyze→Regression→Linear，在因变量窗口中选择非正规创业绩效，在自变量中选择文章所列的各控制变量，此即为文章中的模型 1。单击窗口中的"下一页"，输入模型 2 中新增的解释变量——制度空隙。依此类推，逐步添加模型 3～模型 6 中的新增变量。变量选完后，单击窗口右上角的 Statistics，并勾选 R squared change 和 Collinearity diagnostics（多重共线性诊断），具体操作步骤如图 5-6 所示。

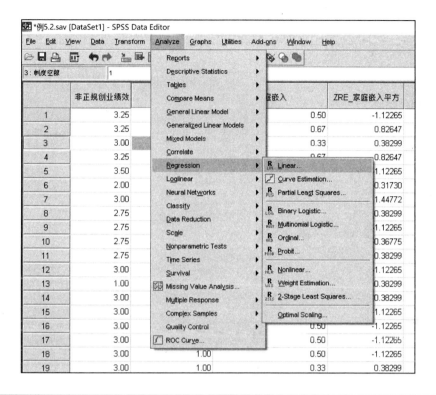

图 5-6 例 5-2 在 SPSS 中的回归分析

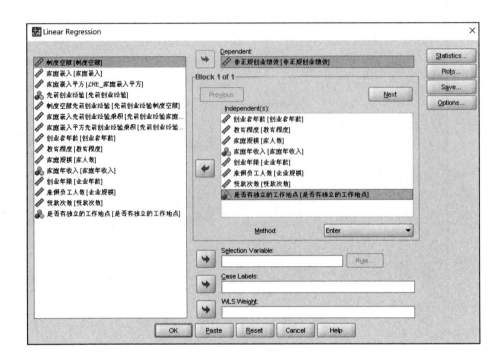

图 5-6 （续）

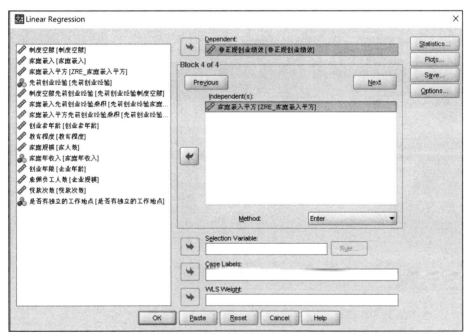

图 5-6（续）

图 5-6（续）

在 SPSS 运行完回归分析后，结果窗口会出现以下结果，表 5-8 即为各回归模型的整体拟合度。在该表中可以找到《如何精准扶贫？制度空隙、家庭嵌入与非正规创业绩效》文献中回归结果表格所列示的 $R^2$、Adjusted $R^2$ 和 $\Delta F$。这里 $\Delta F$ 用来衡量各模型在增加变量后，模型显著性水平 $F$ 值的变化，而最后一列显示 $F$ 值的变化是否显著。

表 5-8 各回归模型拟合度

Model Summary

| Model | R | R Square | Adjusted R Square | Std. Error of the Estimate | Change Statistics ||||| 
|---|---|---|---|---|---|---|---|---|---|
| | | | | | R Square Change | F Change | df1 | df2 | Sig. F Change |
| 1 | 0.269① | 0.072 | 0.053 | 0.66137 | 0.072 | 3.709 | 8 | 381 | 0.000 |
| 2 | 0.282② | 0.079 | 0.058 | 0.65970 | 0.007 | 2.927 | 1 | 380 | 0.088 |
| 3 | 0.282③ | 0.079 | 0.055 | 0.66055 | 0.000 | 0.027 | 1 | 379 | 0.870 |
| 4 | 0.340④ | 0.116 | 0.090 | 0.64831 | 0.036 | 15.445 | 1 | 378 | 0.000 |
| 5 | 0.407⑤ | 0.166 | 0.139 | 0.63047 | 0.050 | 22.700 | 1 | 377 | 0.000 |
| 6 | 0.449⑥ | 0.202 | 0.170 | 0.61923 | 0.036 | 5.603 | 3 | 374 | 0.001 |

① Predictors：(Constant)，是否有独立的工作地点，家庭规模，教育程度，创业年限，雇用员工人数，创业者年龄，家庭年收入，贷款次数。
② Predictors：(Constant)，是否有独立的工作地点，家庭规模，教育程度，创业年限，雇用员工人数，创业者年龄，家庭年收入，贷款次数，制度空隙。
③ Predictors：(Constant)，是否有独立的工作地点，家庭规模，教育程度，创业年限，雇用员工人数，创业者年龄，家庭年收入，贷款次数，制度空隙，家庭嵌入。
④ Predictors：(Constant)，是否有独立的工作地点，家庭规模，教育程度，创业年限，雇用员工人数，创业者年龄，家庭年收入，贷款次数，制度空隙，家庭嵌入，家庭嵌入平方。
⑤ Predictors：(Constant)，是否有独立的工作地点，家庭规模，教育程度，创业年限，雇用员工人数，创业者年龄，家庭年收入，贷款次数，制度空隙，家庭嵌入，家庭嵌入平方，先前创业经验。
⑥ Predictors：(Constant)，是否有独立的工作地点，家庭规模，教育程度，创业年限，雇用员工人数，创业者年龄，家庭年收入，贷款次数，制度空隙，家庭嵌入，家庭嵌入平方，先前创业经验，家庭嵌入平方先前创业经验乘积，制度空隙先前创业经验，家庭嵌入先前创业经验乘积。

表 5-9 的输出结果为各模型整体的显著性检验，我们可以从该表读取《如何精准扶贫？制度空隙、家庭嵌入与非正规创业绩效》文献中回归结果表格中的 $F$ 值。

表 5-9 各回归模型整体显著性

ANOVA①

| Model | | Sum of Squares | df | Mean Square | F | Sig. |
|---|---|---|---|---|---|---|
| 1 | Regression | 12.978 | 8 | 1.622 | 3.709 | 0.000② |
| | Residual | 166.653 | 381 | 0.437 | | |
| | Total | 179.631 | 389 | | | |
| 2 | Regression | 14.252 | 9 | 1.584 | 3.639 | 0.000③ |
| | Residual | 165.379 | 380 | 0.435 | | |
| | Total | 179.631 | 389 | | | |
| 3 | Regression | 14.263 | 10 | 1.426 | 3.269 | 0.000④ |
| | Residual | 165.367 | 379 | 0.436 | | |
| | Total | 179.631 | 389 | | | |

(续)

| | Model | | Sum of Squares | df | Mean Square | F | Sig. |
|---|---|---|---|---|---|---|---|
| 4 | Regression | | 20.755 | 11 | 1.887 | 4.489 | 0.000⑤ |
| | Residual | | 158.875 | 378 | 0.420 | | |
| | Total | | 179.631 | 389 | | | |
| 5 | Regression | | 29.778 | 12 | 2.482 | 6.243 | 0.000⑥ |
| | Residual | | 149.853 | 377 | 0.397 | | |
| | Total | | 179.631 | 389 | | | |
| 6 | Regression | | 36.224 | 15 | 2.415 | 6.298 | 0.000⑦ |
| | Residual | | 143.407 | 374 | 0.383 | | |
| | Total | | 179.631 | 389 | | | |

ANOVA①

① Dependent Variable: 非正规创业绩效。
② Predictors: (Constant), 是否有独立的工作地点, 家庭规模, 教育程度, 创业年限, 雇用员工人数, 创业者年龄, 家庭年收入, 贷款次数。
③ Predictors: (Constant), 是否有独立的工作地点, 家庭规模, 教育程度, 创业年限, 雇用员工人数, 创业者年龄, 家庭年收入, 贷款次数, 制度空隙。
④ Predictors: (Constant), 是否有独立的工作地点, 家庭规模, 教育程度, 创业年限, 雇用员工人数, 创业者年龄, 家庭年收入, 贷款次数, 制度空隙, 家庭嵌入。
⑤ Predictors: (Constant), 是否有独立的工作地点, 家庭规模, 教育程度, 创业年限, 雇用员工人数, 创业者年龄, 家庭年收入, 贷款次数, 制度空隙, 家庭嵌入, 家庭嵌入平方。
⑥ Predictors: (Constant), 是否有独立的工作地点, 家庭规模, 教育程度, 创业年限, 雇用员工人数, 创业者年龄, 家庭年收入, 贷款次数, 制度空隙, 家庭嵌入, 家庭嵌入平方, 先前创业经验。
⑦ Predictors: (Constant), 是否有独立的工作地点, 家庭规模, 教育程度, 创业年限, 雇用员工人数, 创业者年龄, 家庭年收入, 贷款次数, 制度空隙, 家庭嵌入, 家庭嵌入平方, 先前创业经验, 家庭嵌入平方先前创业经验乘积, 制度空隙先前创业经验, 家庭嵌入先前创业经验乘积。

表 5-10 的输出结果为各回归模型中自变量的系数估计及其所对应的标准误差、$t$ 检验值和显著性水平。另外，该表最后一列的 VIF 值用来检验模型中自变量间是否存在多重共线性。经验判断方法表明：当 $0 < VIF < 10$ 时，不存在多重共线性；当 $10 \leqslant VIF < 100$ 时，存在较强的多重共线性；当 $VIF \geqslant 100$ 时，存在严重的多重共线性。

表 5-10 各回归模型的参数估计

Coefficients①

| Model | | Unstandardized Coefficients | | Standardized Coefficients | t | Sig. | Collinearity Statistics | |
|---|---|---|---|---|---|---|---|---|
| | | B | Std. Error | Beta | | | Tolerance | VIF |
| 1 | (Constant) | 3.036 | 0.243 | | 12.507 | 0.000 | | |
| | 创业者年龄 | −0.008 | 0.046 | −0.009 | −0.166 | 0.868 | 0.912 | 1.097 |
| | 教育程度 | 0.085 | 0.087 | 0.049 | 0.976 | 0.330 | 0.970 | 1.031 |
| | 家庭规模 | −0.023 | 0.061 | −0.019 | −0.381 | 0.703 | 0.964 | 1.037 |

（续）

| Model | | Unstandardized Coefficients | | Standardized Coefficients | t | Sig. | Collinearity Statistics | |
|---|---|---|---|---|---|---|---|---|
| | | B | Std. Error | Beta | | | Tolerance | VIF |
| 1 | 家庭年收入 | 0.124 | 0.035 | 0.192 | 3.542 | 0.000 | 0.829 | 1.206 |
| | 创业年限 | -0.099 | 0.040 | -0.129 | -2.464 | 0.014 | 0.891 | 1.122 |
| | 雇用员工人数 | -0.033 | 0.043 | -0.040 | -0.752 | 0.453 | 0.847 | 1.180 |
| | 贷款次数 | 0.022 | 0.008 | 0.145 | 2.674 | 0.008 | 0.823 | 1.215 |
| | 是否有独立的工作地点 | 0.064 | 0.075 | 0.045 | 0.856 | 0.392 | 0.901 | 1.110 |
| 2 | (Constant) | 2.856 | 0.264 | | 10.819 | 0.000 | | |
| | 创业者年龄 | -0.003 | 0.046 | -0.003 | -0.061 | 0.951 | 0.909 | 1.101 |
| | 教育程度 | 0.100 | 0.088 | 0.057 | 1.143 | 0.254 | 0.960 | 1.041 |
| | 家庭规模 | -0.020 | 0.061 | -0.016 | -0.322 | 0.747 | 0.963 | 1.038 |
| | 家庭年收入 | 0.123 | 0.035 | 0.190 | 3.508 | 0.001 | 0.829 | 1.207 |
| | 创业年限 | -0.108 | 0.041 | -0.140 | 2.666 | 0.008 | 0.877 | 1.140 |
| | 雇用员工人数 | -0.028 | 0.043 | -0.035 | -0.649 | 0.517 | 0.844 | 1.184 |
| | 贷款次数 | 0.022 | 0.008 | 0.142 | 2.620 | 0.009 | 0.822 | 1.217 |
| | 是否有独立的工作地点 | 0.049 | 0.075 | 0.034 | 0.647 | 0.518 | 0.888 | 1.126 |
| | 制度空隙 | 0.069 | 0.040 | 0.086 | 1.711 | 0.088 | 0.951 | 1.052 |
| 3 | (Constant) | 2.837 | 0.288 | | 9.848 | 0.000 | | |
| | 创业者年龄 | -0.004 | 0.046 | -0.004 | -0.075 | 0.940 | 0.902 | 1.109 |
| | 教育程度 | 0.100 | 0.088 | 0.057 | 1.137 | 0.256 | 0.960 | 1.042 |
| | 家庭规模 | -0.022 | 0.062 | -0.018 | -0.345 | 0.730 | 0.934 | 1.070 |
| | 家庭年收入 | 0.123 | 0.035 | 0.191 | 3.501 | 0.001 | 0.819 | 1.221 |
| | 创业年限 | -0.108 | 0.041 | -0.140 | -2.664 | 0.008 | 0.877 | 1.141 |
| | 雇用员工人数 | -0.028 | 0.044 | -0.034 | -0.641 | 0.522 | 0.843 | 1.186 |
| | 贷款次数 | 0.022 | 0.008 | 0.144 | 2.605 | 0.010 | 0.797 | 1.255 |
| | 是否有独立的工作地点 | 0.049 | 0.075 | 0.034 | 0.655 | 0.513 | 0.884 | 1.131 |
| | 制度空隙 | 0.069 | 0.040 | 0.086 | 1.711 | 0.088 | 0.951 | 1.052 |
| | 家庭嵌入 | 0.048 | 0.291 | 0.009 | 0.163 | 0.870 | 0.888 | 1.127 |
| 4 | (Constant) | 2.764 | 0.283 | | 9.753 | 0.000 | | |
| | 创业者年龄 | -0.015 | 0.046 | -0.017 | -0.325 | 0.745 | 0.898 | 1.114 |
| | 教育程度 | 0.094 | 0.086 | 0.054 | 1.090 | 0.277 | 0.959 | 1.042 |
| | 家庭规模 | -0.014 | 0.061 | -0.011 | -0.229 | 0.819 | 0.933 | 1.072 |
| | 家庭年收入 | 0.126 | 0.035 | 0.195 | 3.645 | 0.000 | 0.819 | 1.221 |
| | 创业年限 | -0.072 | 0.041 | -0.093 | -1.752 | 0.081 | 0.832 | 1.202 |
| | 雇用员工人数 | -0.044 | 0.043 | -0.054 | -1.018 | 0.310 | 0.836 | 1.197 |
| | 贷款次数 | 0.022 | 0.008 | 0.146 | 2.698 | 0.007 | 0.797 | 1.255 |
| | 是否有独立的工作地点 | 0.060 | 0.074 | 0.042 | 0.809 | 0.419 | 0.883 | 1.132 |
| | 制度空隙 | 0.075 | 0.040 | 0.093 | 1.879 | 0.061 | 0.950 | 1.053 |
| | 家庭嵌入 | 0.053 | 0.286 | 0.010 | 0.186 | 0.853 | 0.888 | 1.127 |

（续）

| Model | | Unstandardized Coefficients | | Standardized Coefficients | t | Sig. | Collinearity Statistics | |
|---|---|---|---|---|---|---|---|---|
| | | B | Std. Error | Beta | | | Tolerance | VIF |
| 4 | 家庭嵌入平方 | −0.134 | 0.034 | −0.197 | −3.930 | 0.000 | 0.933 | 1.072 |
| 5 | (Constant) | 2.729 | 0.276 | | 9.900 | 0.000 | | |
| | 创业者年龄 | −0.026 | 0.045 | −0.029 | −0.593 | 0.553 | 0.895 | 1.117 |
| | 教育程度 | 0.103 | 0.084 | 0.059 | 1.228 | 0.220 | 0.959 | 1.043 |
| | 家庭规模 | −0.046 | 0.060 | −0.038 | −0.771 | 0.441 | 0.921 | 1.085 |
| | 家庭年收入 | 0.109 | 0.034 | 0.169 | 3.224 | 0.001 | 0.810 | 1.235 |
| | 创业年限 | −0.044 | 0.040 | −0.057 | −1.088 | 0.277 | 0.814 | 1.228 |
| | 雇用员工人数 | −0.046 | 0.042 | −0.057 | −1.105 | 0.270 | 0.835 | 1.197 |
| | 贷款次数 | 0.021 | 0.008 | 0.135 | 2.563 | 0.011 | 0.795 | 1.258 |
| | 是否有独立的工作地点 | 0.080 | 0.072 | 0.056 | 1.114 | 0.266 | 0.880 | 1.136 |
| | 制度空隙 | 0.092 | 0.039 | 0.115 | 2.378 | 0.018 | 0.941 | 1.063 |
| | 家庭嵌入 | −0.111 | 0.280 | −0.020 | −0.397 | 0.692 | 0.874 | 1.144 |
| | 家庭嵌入平方 | −0.127 | 0.033 | −0.187 | −3.836 | 0.000 | 0.931 | 1.074 |
| | 先前创业经验 | 0.333 | 0.070 | 0.235 | 4.764 | 0.000 | 0.910 | 1.099 |
| 6 | (Constant) | 2.670 | 0.272 | | 9.802 | 0.000 | | |
| | 创业者年龄 | −0.021 | 0.044 | −0.023 | −0.473 | 0.636 | 0.894 | 1.119 |
| | 教育程度 | 0.103 | 0.083 | 0.059 | 1.244 | 0.214 | 0.951 | 1.052 |
| | 家庭规模 | −0.054 | 0.059 | −0.045 | −0.923 | 0.356 | 0.919 | 1.088 |
| | 家庭年收入 | 0.113 | 0.034 | 0.174 | 3.337 | 0.001 | 0.787 | 1.270 |
| | 创业年限 | −0.037 | 0.040 | −0.048 | −0.933 | 0.352 | 0.812 | 1.232 |
| | 雇用员工人数 | −0.050 | 0.041 | −0.062 | −1.216 | 0.225 | 0.815 | 1.227 |
| | 贷款次数 | 0.021 | 0.008 | 0.136 | 2.615 | 0.009 | 0.791 | 1.264 |
| | 是否有独立的工作地点 | 0.076 | 0.071 | 0.053 | 1.080 | 0.281 | 0.880 | 1.136 |
| | 制度空隙 | 0.109 | 0.039 | 0.137 | 2.831 | 0.005 | 0.917 | 1.090 |
| | 家庭嵌入 | −0.075 | 0.278 | −0.014 | −0.272 | 0.786 | 0.859 | 1.164 |
| | 家庭嵌入平方 | −0.106 | 0.033 | −0.156 | −3.202 | 0.001 | 0.903 | 1.108 |
| | 先前创业经验 | 0.365 | 0.069 | 0.257 | 5.261 | 0.000 | 0.894 | 1.119 |
| | 制度空隙先前创业经验 | 0.092 | 0.033 | 0.132 | 2.778 | 0.006 | 0.945 | 1.058 |
| | 家庭嵌入先前创业经验乘积 | 0.022 | 0.033 | 0.032 | 0.659 | 0.510 | 0.923 | 1.083 |
| | 家庭嵌入平方先前创业经验乘积 | 0.100 | 0.034 | 0.143 | 3.000 | 0.003 | 0.942 | 1.062 |

① Dependent Variable：非正规创业绩效 $y$。

## 5.3 方差分析

### 5.3.1 方差分析的基本问题

#### 1. 方差分析的概念

**方差分析**（analysis of variation，ANOVA）又称变异系数分析或 $F$ 检验，是对两个及两个以上样本均值差异的显著性检验，目的是检验两个或多个样本均值的差异是否具有统计学意义，例如不同类型客户对品牌的使用偏好等可以使用方差分析进行检验。

在方差分析中，存在以下基本概念。

**因素**（factor）：又称为因子，相当于一般回归分析中的自变量，其不同的取值将会导致因变量的不同。

**水平**（level）：因素的具体表现称为水平或处理（treatment）。因素的水平实际上就是因素的取值或者因素的分组。

**随机误差和系统误差**：样本数据之间的差异如果是由于抽样的随机性造成的，则称为随机误差；如果是由于因素水平本身不同引起的差异，则称为系统误差。

在进行方差分析前，需明确以下基本前提：

- 各组的观察数据要能够被看作是从服从正态分布的总体中随机抽得的样本。
- 各组的观察数据是从具有相同方差的总体中抽取得到的，即方差齐性。
- 观察值是相互独立的。

方差分析的统计假设为：

- $H_0$：$\theta_1 = \theta_2 = \cdots = \theta_k$，即因素的不同水平对实验结果没有显著差异或影响。
- $H_1$：不是所有的 $\theta_i$ 都相等，即因素的不同水平对实验结果有显著差异或影响。

#### 2. 方差的分解

样本数据波动有两个来源：一是随机波动，二是因子影响。样本数据的波动可以通过离差平方和来反映，这个离差平方和可以分解为组间方差与组内方差两部分。组间方差（SSA，或称因素离差平方和）反映出不同的因子对样本波动的影响，组内方差（SSE）则不考虑组间方差的纯随机影响。

离差平方和的分解是我们进行方差分析的"切入点"，这种方差的构成形式为我们分析现象变化提供了重要的信息。如果组间方差明显高于组内方差，则说明样本数据波动的主要来源是组间方差，因子是引起波动的主要原因，可以认为因子对实验的结果存在显著影响；反之，如果波动的主要部分来自组内方差，则因子的影响就不明显，没有充足理由认为因子对实验或抽样结果有显著影响。

因素或因素间"交互作用"对观测结果的影响是否显著，关键要看组间方差与组内方差的比较结果。当然，产生方差的独立变量的个数对方差大小也有影响，独立变量个数越多，方差就有可能越大；独立变量个数越少，方差就有可能越小。为了消除独立变量个数对方差大小的影响，可以用方差除以独立变量个数，得到均方差（mean square），作为不同来源方差比较的基础。

总离差平方和 SST 是由于所有的波动引起的方差，但是，这里所有的 $nk$ 个观测并不独立，它们满足一个约束条件，真正独立的变量只有 $nk-1$ 个，自由度是 $nk-1$。组间方差 SSA 是因子在不同水平上的均值变化而产生的方差。但是，$k$ 个均值并不是独立的，它们满足一个约束条件，因此也丢失一个自由度，它的自由度是 $k-1$。残差平方和 SSE 是所有观测值围绕各自所在组的因素水平均值波动所产生的，它们满足的约束条件一共有 $k$ 个，失去了 $k$ 个自由度，所以 SSE 的自由度是 $nk-k$。SST、SSA 和 SSE 的自由度满足如下关系：$N-1=nk-1=(k-1)+(nk-k)$。因此即组间均方差 $MSA=$ 组间方差 $SSA/(k-1)$，组内均方差 $MSE=$ 组内方差 $SSA/(nk-k)$。

检验因子影响是否显著的统计量是 $F$ 统计量，$F=MSA/MSE$。$F$ 统计量越大，越说明组间方差是主要方差来源，因子影响越显著；$F$ 统计量越小，越说明随机方差是主要方差来源，因子影响越不显著。

### 5.3.2 单因素方差分析

单因素方差分析是用来研究一个变量的不同水平是否对观测变量产生了显著影响，因此称为单因素方差分析。例如，分析不同促销策略对销量的影响，考察不同类型用户对品牌的偏好是否有差异，研究学历对工资收入的影响，等等。这些问题都可以通过单因素方差分析得到答案。单因素方差分析数据结构如表 5-11 所示。

表 5-11 单因素方差分析数据结构

| 样本<br>因素水平 | 1 | 2 | … | n | 合计 | 均值 |
|---|---|---|---|---|---|---|
| $A_1$ | $X_{11}$ | $X_{12}$ | … | $X_{1n}$ | $X_1.$ | $\bar{X}_1$ |
| $A_2$ | $X_{21}$ | $X_{22}$ | … | $X_{2n}$ | $X_2.$ | $\bar{X}_2$ |

(续)

| 因素水平\样本 | 1 | 2 | ⋯ | n | 合计 | 均值 |
|---|---|---|---|---|---|---|
| ⋮ | ⋮ | ⋮ | ⋮ | ⋮ | ⋮ | ⋮ |
| $A_k$ | $X_{k1}$ | $X_{k2}$ | ⋯ | $X_{kn}$ | $X_{k\cdot}$ | $\bar{X}_k$ |
| 合计 | $X_{\cdot 1}$ | $X_{\cdot 2}$ | ⋯ | $X_{\cdot n}$ | $X_{\cdot\cdot}$ | $\bar{X}$ |

根据各因素水平均值的不同，我们可将数据的总体离差平方和分解为：总离差平方和 = 因素离差平方和 + 残差平方和，即 $SST = SSA + SSE$。

$$SST = \sum\sum \left(X_{ij} - \bar{X}\right)^2 \tag{5-14}$$

$$SSA = \sum\sum \left(\bar{X}_{i\cdot} - \bar{X}\right)^2 = \sum n\left(\bar{X}_{i\cdot} - \bar{X}\right)^2 \tag{5-15}$$

$$SSE = \sum\sum \left(X_{ij} - \bar{X}_{i\cdot}\right)^2 \tag{5-16}$$

均方差为离差平方和除以其自由度：

$$MSA = \frac{SSA}{k-1} \tag{5-17}$$

$$MSE = \frac{SSE}{N-k} \tag{5-18}$$

检验因素 A 影响是否显著的统计量是：$F_A = \frac{MSA}{MSE} \sim F[k-1, n-k]$。$F$ 值越大，越有利于拒绝原假设，有充分证据说明待检验的因素对总体波动有显著影响；反之，$F$ 值越小，越说明随机方差是主要方差来源，越不利于拒绝原假设。表 5-12 对单因素方差分析的离差平方和、自由度、均方差及 $F$ 统计量进行了总结。

表 5-12 单因素方差分析表

| 方差来源 | 离差平方和 | 自由度 | 均方差 | F 统计量 |
|---|---|---|---|---|
| 组间 | SSA | $k-1$ | MSA | $F = \frac{MSA}{MSE}$ |
| 组内 | SSE | $N-k$ | MSE | |
| 总和 | SST | $N-1$ | | |

### 5.3.3 无交互作用的双因素方差分析

双因素方差分析研究两个因素的不同水平对试验结果的影响是否显著，分别对两个因素进行检验，考察各自的作用，同时分析两个因素（因素 A 和因素 B）对试验结果的影响。如果因素 A 和因素 B 对试验结果的影响是相互独立的，则可以分别考察各自的影响，这种双因素方差分析称为无交互作用的双因素方差分析，也叫无重复双因素方差分析，相当于对每个因素分别进行单因素方差分析。

如果因素 A 和因素 B 除了各自对试验结果产生影响外，还产生额外的新影响，那么这种额外的影响称为交互作用，这时的双因素方差分析则称为有交互作用的双因素方差分析，也叫有重复双因素方差分析。表 5-13 是单因素方差分析表。

表 5-13　单因素方差分析表

| | | 因素 B | | | | 均值 |
|---|---|---|---|---|---|---|
| | | $B_1$ | $B_2$ | $\cdots$ | $B_n$ | |
| 因素 A | $A_1$ | $X_{11}$ | $X_{12}$ | $\cdots$ | $X_{1n}$ | $\bar{X}_{1\cdot}$ |
| | $A_1$ | $X_{21}$ | $X_{22}$ | $\cdots$ | $X_{2n}$ | $\bar{X}_{2\cdot}$ |
| | $\vdots$ | $\vdots$ | $\vdots$ | $\cdots$ | $\vdots$ | $\vdots$ |
| | $A_r$ | $X_{r1}$ | $X_{r2}$ | $\cdots$ | $X_{rn}$ | $\bar{X}_{r\cdot}$ |
| 均值 | | $\bar{X}_{\cdot 1}$ | $\bar{X}_{\cdot 2}$ | $\cdots$ | $\bar{X}_{\cdot n}$ | $\bar{X}$ |

类似于单因素方差分析的分解过程，总体离差平方和按因素可以分解为：总体离差平方和 = 因素 A 离差平方和 + 因素 B 离差平方和 + 残差平方和，即

$$SST = SSA + SSB + SSE$$

$$SST = \sum\sum \left(X_{ij} - \bar{X}\right)^2$$

$$SSA = \sum\sum \left(\bar{X}_{i\cdot} - \bar{X}\right)^2 = \sum n\left(\bar{X}_{i\cdot} - \bar{X}\right)^2$$

$$SSB = \sum\sum \left(\bar{X}_{\cdot j} - \bar{X}\right)^2 = \sum r\left(\bar{X}_{\cdot j} - \bar{X}\right)^2$$

$$SSE = \sum\sum \left(\bar{X}_{ij} - \bar{X}_{i\cdot} - \bar{X}_{\cdot j} + \bar{X}\right)^2$$

同样，将离差平方和除以各自自由度，可以得到各因素的均方差：

$$MSA = \frac{SSA}{r-1}$$

$$MSB = \frac{SSB}{n-1}$$

$$MSE = \frac{SSE}{(r-1)(n-1)}$$

$SSA$ 是因素 A 的组间方差总和，$SSB$ 是因素 B 的组间方差总和，都是由各因素在不同水平下各自的均值差异引起的；$SSE$ 仍是组内方差部分，由随机误差产生。$SST$ 的自由度为 $nr-1$，$SSA$ 的自由度为 $r-1$，$SSB$ 的自由度为 $n-1$，$SSE$ 的自由度为 $nr-r-n+1=(r-1)(n-1)$。

计算各因素检验的 $F$ 值，可以得到检验因素 A 与 B 影响是否显著的统计量分别是：

$$F_A = \frac{MSA}{MSE} \sim F[r-1,\ (r-1)(n-1)] \tag{5-19}$$

$$F_B = \frac{MSB}{MSE} \sim F[n-1, (r-1)(n-1)] \tag{5-20}$$

因此，无交互作用的双因素方差分析可总结为表 5-14。

表 5-14 无交互作用的双因素方差分析表

| 方差来源 | 离差平方和 | 自由度 | 均方差 | F 统计量 |
| --- | --- | --- | --- | --- |
| 因素 A | SSA | $r-1$ | $MSA = \dfrac{SSA}{r-1}$ | $F_A = \dfrac{MSA}{MSE}$ |
| 因素 B | SSB | $n-1$ | $MSB = \dfrac{SSB}{n-1}$ | $F_B = \dfrac{MSB}{MSE}$ |
| 误差 E | SSE | $(r-1)(n-1)$ | $MSE = \dfrac{SSE}{(r-1)(n-1)}$ | |
| 总方差 | SST | $N-1$ | | |

当显著性水平为 $a$ 时：对因素 A 而言，若 $F_A > F_a\{(r-1), (r-1)(n-1)\}$，则拒绝关于因素 A 的原假设，说明因素 A 对结果有显著影响。否则，不拒绝原假设，说明因素 A 对结果没有显著影响。对因素 B 而言，若 $F_B > F_a\{(r-1), (r-1)(n-1)\}$，则拒绝关于因素 B 的原假设，说明因素 B 对结果有显著影响。否则，就不拒绝原假设，说明因素 B 对结果没有显著影响。

为便于理解公式，假设某商品有 5 种不同的包装方式（因素 A），在 5 个不同的地区销售（因素 B），现在我们从每个地区随机抽取一个规模相同的超级市场，得到该商品不同包装的销售资料，如表 5-15 所示。现在检验包装方式和销售地区对该商品销售是否有显著影响。这里要求检验的显著性水平 $a = 0.05$。

表 5-15 包装及销售地区方差分析数据

| | | 包装方式（A） | | | | |
| --- | --- | --- | --- | --- | --- | --- |
| | | $A_1$ | $A_2$ | $A_3$ | $A_4$ | $A_5$ |
| 销售地区（B） | $B_1$ | 20 | 12 | 20 | 10 | 14 |
| | $B_2$ | 22 | 10 | 20 | 12 | 6 |
| | $B_3$ | 24 | 14 | 18 | 18 | 10 |
| | $B_4$ | 16 | 4 | 8 | 6 | 18 |
| | $B_5$ | 26 | 22 | 16 | 20 | 10 |

若 5 种包装方式销售均值相等，则表明不同的包装方式在销售上没有差别。因此，针对因素 A，建立统计假设：

- $H_0$：$u_1 = u_2 = u_3 = u_4 = u_5$，包装方式之间无差别；
- $H_1$：$u_1$、$u_2$、$u_3$、$u_4$、$u_5$ 不全相等，包装方式之间有差别。

针对因素 B，建立统计假设：

- $H_0$：$a_1 = a_2 = a_3 = a_4 = a_5$，地区之间无差别；

- $H_1$：$a_1$、$a_2$、$a_3$、$a_4$、$a_5$ 不全相等，地区之间有差别。

根据公式，计算：

- 因素 A 的列均值分别为：$\bar{x}_{.1}=21.6$，$\bar{x}_{.2}=12.4$，$\bar{x}_{.3}=16.4$，$\bar{x}_{.4}=13.2$，$\bar{x}_{.5}=11.6$
- 因素 B 的行均值分别为：$\bar{x}_{1.}=15.2$，$\bar{x}_{2.}=14$，$\bar{x}_{3.}=16.8$，$\bar{x}_{4.}=10.4$，$\bar{x}_{5.}=18.8$
- 总均值 $=15.04$

因此，各因素的离差平方和为：

$$SST = (20-15.04)^2 + \cdots + (10-15.04)^2 = 880.96$$
$$SSA = 5 \times (21.6-15.04)^2 + \cdots + 5 \times (11.6-15.04)^2 = 335.36$$
$$SSB = 5 \times (15.2-15.04)^2 + \cdots + 5 \times (18.8-15.04)^2 = 199.36$$
$$SSE = 880.96 - 335.36 - 199.36 = 346.24$$

进一步，可计算各因素均方差：

$$MSA = \frac{335.36}{5-1} = 83.84$$
$$MSB = \frac{199.36}{5-1} = 49.84$$
$$MSE = \frac{346.24}{(5-1)\times(5-1)} = 21.64$$

最后，可得到两因素各自检验的 $F$ 统计量：

$$F_A = \frac{MSA}{MSE} = \frac{83.84}{21.64} = 3.87$$
$$F_B = \frac{MSB}{MSE} = \frac{49.84}{21.64} = 2.30$$

由于因素 A 和 B 的自由度相同，因此在 5% 显著性水平下检验的临界值均为 $F_{crit}=3.01$。对于因素 A，因为 $F_A=3.87>F_{crit}=3.01$，故拒绝 $H_0$，说明不同的包装方式对该商品的销售会产生影响。对于因素 B，因为 $F_B=2.30<F_{crit}=3.01$，故不拒绝 $H_0$，说明不同地区该商品的销售没有显著差异。

### 5.3.4 有交互作用的双因素方差分析

不同于无交互作用的双因素方差分析数据结构，有交互作用情况下的数据结构如表 5-16 所示。

表 5-16　有交互作用的双因素方差分析数据结构

| | | 因素 B | | | |
|---|---|---|---|---|---|
| | | $B_1$ | $B_2$ | ... | $B_n$ |
| 因素 A | $A_1$ | $X_{111}$<br>$X_{112}$<br>$\vdots$<br>$X_{11m}$ | $X_{121}$<br>$X_{122}$<br>$\vdots$<br>$X_{12m}$ | ...<br>...<br><br>... | $X_{1n1}$<br>$X_{1n2}$<br>$\vdots$<br>$X_{1nm}$ |
| | $A_2$ | $X_{211}$<br>$X_{212}$<br>$\vdots$<br>$X_{21m}$ | $X_{221}$<br>$X_{222}$<br>$\vdots$<br>$X_{22m}$ | ...<br>...<br><br>... | $X_{2n1}$<br>$X_{2n2}$<br>$\vdots$<br>$X_{2nm}$ |
| | $\vdots$ | $\vdots$ | $\vdots$ | | $\vdots$ |
| | $A_r$ | $X_{r11}$<br>$X_{r12}$<br>$\vdots$<br>$X_{r1m}$ | $X_{r21}$<br>$X_{r22}$<br>$\vdots$<br>$X_{r2m}$ | ...<br>...<br><br>... | $X_{rn1}$<br>$X_{rn2}$<br>$\vdots$<br>$X_{rnm}$ |

与前面两节类似，根据表 5-15 可计算 $\bar{X}_{i\cdot\cdot} = \dfrac{1}{nm}\sum_{j=1}^{n}\sum_{l=1}^{m}X_{ijl}$，$\bar{X}_{\cdot j\cdot} = \dfrac{1}{rm}\sum_{i=1}^{r}\sum_{l=1}^{m}X_{ijl}$，$\bar{X}_{ij\cdot} = \dfrac{1}{m}\sum_{l=1}^{m}X_{ijl}$，$\bar{X} = \dfrac{1}{rnm}\sum\sum\sum X_{ijl}$，进而可针对因素 A、B 和其交互项计算离差平方和，且 $SST = SSA + SSB + SSAB + SSE$。

$$SST = \sum\sum\sum\left(X_{ijl} - \bar{X}\right)^2$$
$$SSA = nm\sum\left(\bar{X}_{i\cdot} - \bar{X}\right)^2$$
$$SSB = rm\sum\left(\bar{X}_{\cdot j\cdot} - \bar{X}\right)^2$$
$$SSAB = m\sum\sum\left(\bar{X}_{ij\cdot} - \bar{X}_{i\cdot\cdot} - \bar{X}_{\cdot j\cdot} + \bar{X}\right)^2$$
$$SSE = \sum\sum\sum\left(\bar{X}_{ijl} - \bar{X}_{ij\cdot}\right)^2$$

根据各组因素水平，可以得到离差平方和 $SST$、$SSA$、$SSB$、$SSAB$ 和 $SSE$ 的自由度分别是 $rnm-1$、$r-1$、$n-1$、$(r-1)(n-1)$ 和 $rn(m-1)$。据此计算各因素及交互项的均方差：

$$MSA = \dfrac{SSA}{r-1}$$
$$MSB = \dfrac{SSB}{n-1}$$
$$MSAB = \dfrac{SSAB}{(r-1)(n-1)}$$
$$MSE = \dfrac{SSE}{rn(m-1)}$$

各因素均方差与残差的均方差比值即为检验的 $F$ 统计量：

$$F_A = \frac{MSA}{MSE} \sim F(r-1, \ rnm-rn)$$

$$F_B = \frac{MSB}{MSE} \sim F(n-1, \ rnm-rn)$$

$$F_{AB} = \frac{MSAB}{MSE} \sim F[(r-1)(n-1), \ rnm-rn]$$

表 5-17 为有交互作用的双因素方差分析表。

表 5-17　有交互作用的双因素方差分析表

| 方差来源 | 离差平方和 | 自由度 | 均方差 | F 统计量 |
|---|---|---|---|---|
| 因素 A | SSA | $r-1$ | $MSA = \dfrac{SSA}{r-1}$ | $F_A = \dfrac{MSA}{MSE}$ |
| 因素 B | SSB | $n-1$ | $MSB = \dfrac{SSB}{n-1}$ | $F_B = \dfrac{MSB}{MSE}$ |
| 因素 AB | SSAB | $(r-1)(n-1)$ | $MSAB = \dfrac{SSAB}{(r-1)(n-1)}$ | $F_{AB} = \dfrac{MSAB}{MSE}$ |
| 误差 E | SSE | $rn(m-1)$ | $MSE = \dfrac{SSE}{rn(m-1)}$ | |
| 总方差 | SST | $rnm-1$ | | |

当显著性水平为 $a$ 时，对因素 A 和 B 的检验同前。对 A 和 B 的交叉影响而言，若 $F_{AB} > F_a\{(r-1)(n-1), \ (rnm-1)\}$，我们就拒绝关于 A 和 B 交叉影响的原假设，说明 A 和 B 的交叉影响对结果有显著的影响。否则，不拒绝原假设，说明 A 和 B 的交叉影响对结果没有显著的影响。

> **💭 小诀窍**
>
> SPSS 中还提供了更加复杂的多元方差分析、可重复（SPSS 软件中的可重复方差分析不同于本节无交互作用的方差分析概念，是指重复测量的数据，详见例 5-7）的方差分析等方法。无论方法或操作多么复杂，其根本思想与单因素方差分析一样，研究者甚至可以将复杂的方差分析分解为简单的多个单因素方差分析。这也是在实际研究中，单因素方差分析最常见的原因。

### 5.3.5　多个样本均值间的多重比较

当方差分析的结果拒绝 $H_0$ 时，只说明多个总体均数不全相等，若想进一步了解哪些总体均数之间不相等，需进行多个样本均数间的两两比较或称**多重比较**（multiple comparison），也叫事后比较检验（post hoc 检验）。

多重比较的方法很多,这里仅介绍在SPSS软件中常见的几种方法。

(1) SNK-$q$ (student-Newman-Keuls-$q$) 检验(多个均数间全面比较):

$$q = \frac{\bar{X}_i - \bar{X}_j}{S_{\bar{X}_i - \bar{X}_j}}, \quad S_{\bar{X}_i - \bar{X}_j} = \sqrt{\frac{MS_{误差}}{2}\left(\frac{1}{n_i} + \frac{1}{n_j}\right)}$$

(2) Dunnett检验(多个实验组与对照组比较):

$$t_D = \frac{\bar{X}_i - \bar{X}_0}{S_{\bar{X}_i - \bar{X}_0}}, \quad v = v_{误差}, \quad S_{\bar{X}_i - \bar{X}_0} = \sqrt{MS_{误差}\left(\frac{1}{n_i} + \frac{1}{n_0}\right)}$$

其中$\bar{X}_i$、$n_i$为第$i$个实验组的样本均数和样本例数,$\bar{X}_0$、$n_0$为对照组的样本均数和样本例数。

(3) LSD-$t$ (least significant difference-$t$) 检验:

$$\frac{\bar{X}_i - \bar{X}_j}{S_{\bar{X}_i - \bar{X}_j}} v, \quad S_{\bar{X}_i - \bar{X}_j} = \sqrt{MS_{误差}\left(\frac{1}{n_i} + \frac{1}{n_j}\right)}$$

其中$\bar{X}$、$n_i$和$\bar{X}_j$、$n_j$为两个对比组第$i$组与第$j$组的样本均值和样本数,$MS_{误差}$为方差分析表中的均方差。

此外,在SPSS软件中还有Tukey、Duncan、Scheffe、Waller、Bon等比较方法。

需要注意的是,在用SPSS进行多重比较时,需要首先对各组的方差是否相等进行检验,统计上叫作方差齐性检验。SPSS将多重比较的方法按照方差是否齐性进行了分类,因此当通过齐性检验得出各组方差是否相同后,可进一步在不同类别的多重比较中选择合适的方法进行对比。

### 5.3.6 方差分析案例及 SPSS 操作说明

本节介绍用SPSS软件进行方差分析的过程,并列举几个分析实例供大家参考。

【例5-3】细分用户满意度单因素分析

One-Way过程:单因素简单方差分析过程。在Compare Means菜单项中,可以进行单因素方差分析、均值多重比较和相对比较。

假设某产品将其使用客户细分为四类,并针对每类用户采集其连续半年的满意度水平,如表5-18所示。

表5-18 细分用户满意度方差分析数据

| 细分用户类别 $i$ | 满意度($Y_{ij}$) | | | | | |
|---|---|---|---|---|---|---|
| 1 | 23 | 12 | 18 | 16 | 28 | 14 |
| 2 | 28 | 31 | 23 | 24 | 28 | 34 |

(续)

| 细分用户类别 $i$ | 满意度（$Y_{ij}$） | | | | | |
|---|---|---|---|---|---|---|
| 3 | 14 | 24 | 17 | 19 | 16 | 22 |
| 4 | 8 | 12 | 21 | 19 | 14 | 15 |
| 合计 | 73 | 79 | 79 | 78 | 86 | 85 |

在 SPSS 软件中打开例 5-3 的数据资料，根据图 5-7 选择 One-Way ANOVA，可以得到表 5-19 中的分析结果。

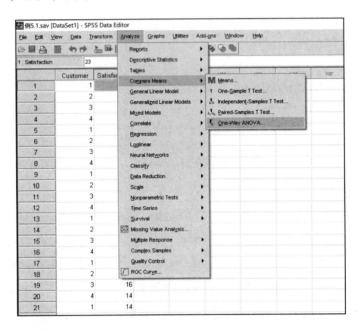

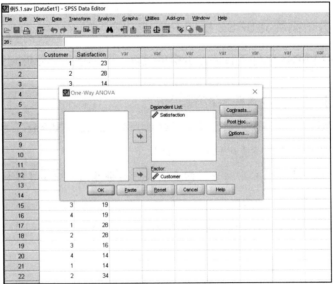

图 5-7　例 5-3 单因素方差分析在 SPSS 中的实现

表 5-19　方差分析结果

|  | Sum of Squares | df | Mean Square | F | Sig. |
|---|---|---|---|---|---|
| Between Groups | 568.333 | 3 | 189.444 | 8.464 | 0.001 |
| Within Groups | 447.667 | 20 | 22.383 |  |  |
| Total | 1016.000 | 23 |  |  |  |

该结果的 $P$ 值小于 0.01，因此在 1% 的显著性水平下，可以得出四类细分用户对该产品的满意度存在差异，也即不同类型用户的满意度水平有差异。

【例 5-4】 品牌使用偏好单因素方差分析及多重比较

如表 5-20 所示，本例以使用偏好（Preference）为分析变量，品牌（Brand）为因素，分析不同品牌使用偏好是否有差异。本例在 SPSS 中的实现同例 5-3，只是因变量换为偏好，自变量为品牌。

表 5-20　消费者对 5 个品牌产品的使用偏好

| 品　牌 | | | | |
|---|---|---|---|---|
| 1 | 2 | 3 | 4 | 5 |
| 41 | 33 | 38 | 37 | 31 |
| 39 | 37 | 35 | 39 | 34 |
| 40 | 35 | 35 | 38 | 34 |

在 Options 子选框下，勾选 Desciptive 对各组数据进行描述，另外勾选 Homogeneity of variance test 检查各组方差是否齐性。在 Post Hoc Multiple Comparisons 子选框下勾选方差齐性下的比较方法 LSD 和 Duncan，以非齐性下的 Dunnett's C 进行多重比较（见图 5-8）。

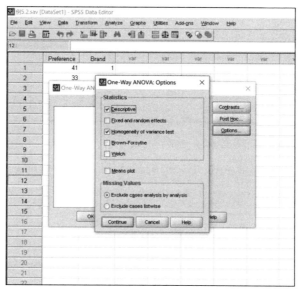

图 5-8　例 5-4 在 SPSS 中的选项

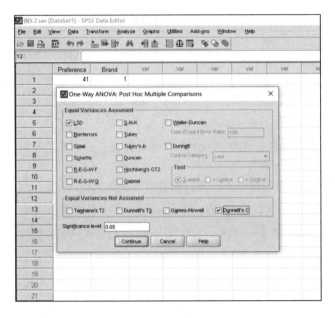

图 5-8 （续）

根据运行前的选项，SPSS 会输出各品牌的整体描述，如表 5-21 所示。

表 5-21  例 5-4 各品牌统计描述

Descriptives

Preference

| | N | Mean | Std. Deviation | Std. Error | 95% Confidence Interval for Mean | | Minimum | Maximum |
|---|---|---|---|---|---|---|---|---|
| | | | | | Lower Bound | Upper Bound | | |
| 1 | 3 | 40.00 | 1.000 | 0.577 | 37.52 | 42.48 | 39 | 41 |
| 2 | 3 | 35.00 | 2.000 | 1.155 | 30.03 | 39.97 | 33 | 37 |
| 3 | 3 | 36.00 | 1.732 | 1.000 | 31.70 | 40.30 | 35 | 38 |
| 4 | 3 | 38.00 | 1.000 | 0.577 | 35.52 | 40.48 | 37 | 39 |
| 5 | 3 | 33.00 | 1.732 | 1.000 | 28.70 | 37.30 | 31 | 34 |
| Total | 15 | 36.40 | 2.823 | 0.729 | 34.84 | 37.96 | 31 | 41 |

描述统计量给出了按品牌分组的样本量 $N$、平均数（Mean）、标准差（Std. Deviation）、标准误差（Std. Error）、95% 的置信区间、最小值和最大值。表 5-22 是方差齐性检验。

表 5-22  方差齐性检验

Test of Homogeneity of Variances

Preference

| Levene Statistic | df1 | df2 | Sig. |
|---|---|---|---|
| 0.750 | 4 | 10 | 0.580 |

从显著性概率看，$p>0.05$，不拒绝各组方差相同的统计原假设，即方差具有齐性。这个结论在选择多重比较方法时作为一个条件。表 5-23 是方差分析结果。

表 5-23　方差分析结果

ANOVA

Preference

| | Sum of Squares | df | Mean Square | F | Sig. |
| --- | --- | --- | --- | --- | --- |
| Between Groups | 87.600 | 4 | 21.900 | 9.125 | 0.002 |
| Within Groups | 24.000 | 10 | 2.400 | | |
| Total | 111.600 | 14 | | | |

方差分析结果显示，$F$ 值为 9.125，对应的概率值为 0.002。因此否定原假设 $H_0$，品牌对使用偏好有显著意义，结论是使用偏好在不同品牌间有明显的不同。

从方差齐性检验结论已知该例子的方差具有齐性，因此 LSD 和 Duncan 方法适用。表 5-24 的第 1 行第 2 列 "(I) Brand" 为比较基准品牌，第 3 列 "(J) Brand" 是比较品牌。第 4 列是比较基准品牌平均数减去比较品牌平均数的差值（Mean Difference），均值之间具有 0.05 水平上的显著性差异，在平均数差值上用上角标 "①" 表示在 0.05 的显著性水平下二者间差异显著。第 5 列是差值的标准误差（Std. Error）。第 6 列是差值检验的显著性水平（Sig.）。第 7 列是差值的 95% 置信范围的下限和上限。

表 5-24　LSD 多重比较

Multiple Comparisons

Dependent Variable:Preference

| | (I) Brand | (J) Brand | Mean Difference (I–J) | Std. Error | Sig. | 95% Confidence Interval | |
| --- | --- | --- | --- | --- | --- | --- | --- |
| | | | | | | Lower Bound | Upper Bound |
| LSD | 1 | 2 | 5.000① | 1.265 | 0.003 | 2.18 | 7.82 |
| | | 3 | 4.000① | 1.265 | 0.010 | 1.18 | 6.82 |
| | | 4 | 2.000 | 1.265 | 0.145 | −0.82 | 4.82 |
| | | 5 | 7.000① | 1.265 | 0.000 | 4.18 | 9.82 |
| | 2 | 1 | −5.000① | 1.265 | 0.003 | −7.82 | −2.18 |
| | | 3 | −1.000 | 1.265 | 0.448 | −3.82 | 1.82 |
| | | 4 | −3.000① | 1.265 | 0.039 | −5.82 | −0.18 |
| | | 5 | 2.000 | 1.265 | 0.145 | −0.82 | 4.82 |
| | 3 | 1 | −4.000① | 1.265 | 0.010 | −6.82 | −1.18 |
| | | 2 | 1.000 | 1.265 | 0.448 | −1.82 | 3.82 |
| | | 4 | −2.000 | 1.265 | 0.145 | −4.82 | 0.82 |
| | | 5 | 3.000① | 1.265 | 0.039 | 0.18 | 5.82 |

(续)

|  | (I) Brand | (J) Brand | Mean Difference (I−J) | Std. Error | Sig. | 95% Confidence Interval | |
|---|---|---|---|---|---|---|---|
|  |  |  |  |  |  | Lower Bound | Upper Bound |
| LSD | 4 | 1 | −2.000 | 1.265 | 0.145 | −4.82 | 0.82 |
|  |  | 2 | 3.000[①] | 1.265 | 0.039 | 0.18 | 5.82 |
|  |  | 3 | 2.000 | 1.265 | 0.145 | −0.82 | 4.82 |
|  |  | 5 | 5.000[①] | 1.265 | 0.003 | 2.18 | 7.82 |
|  | 5 | 1 | −7.000[①] | 1.265 | 0.000 | −9.82 | −4.18 |
|  |  | 2 | −2.000 | 1.265 | 0.145 | −4.82 | 0.82 |
|  |  | 3 | −3.000[①] | 1.265 | 0.039 | −5.82 | −0.18 |
|  |  | 4 | −5.000[①] | 1.265 | 0.003 | −7.82 | −2.18 |

① The mean difference is significant at the 0.05 level.

表 5-25 为多重比较的 Duncan 法进行比较的结果。

第 1 栏为品牌，按均数由小到大排列。第 2 栏为各组的样本数。第 3 栏列出了在显著水平 0.05 上的比较结果，表的最后一行是均数方差齐性检验概率水平，$p>0.05$ 说明各组方差具有齐性。

由于该表列示方式特殊，这里对其进行详细解释。在同一列的平均数表示没有显著性差异，反之则具有显著性的差异。例如，品牌 3 与品牌 2 差异不显著，品牌 3 与品牌 4 差异不显著。品牌 3 与品牌 5 和品牌 1 显著差异。

表 5-25 Duncan 多重比较

Preference

|  | Brand | N | Subset for alpha = 0.05 | | | |
|---|---|---|---|---|---|---|
|  |  |  | 1 | 2 | 3 | 4 |
| Duncan[①] | 5 | 3 | 33.00 |  |  |  |
|  | 2 | 3 | 35.00 | 35.00 |  |  |
|  | 3 | 3 |  | 36.00 | 36.00 |  |
|  | 4 | 3 |  |  | 38.00 | 38.00 |
|  | 1 | 3 |  |  |  | 40.00 |
|  | Sig. |  | 0.145 | 0.448 | 0.145 | 0.145 |

Means for groups in homogeneous subsets are displayed.
① Uses Harmonic Mean Sample Size = 3.000.

由此可见，LSD 法与 Duncan 法的比较结果一致。

**【例 5-5】包装方式和销售地区对购买意愿的影响**

多因素方差分析需要在 SPSS 中 Analyze 菜单下调用 General Linear Model（GLM）过程。这些过程可以完成简单的多因素方差分析和协方差分析，不但可以分析各因素的主效应，还可以分析各因素间的交互效应。

某商品有 5 种不同的包装方式（因素 A），在三种不同的促销方式下销售（因素 B），取得如表 5-26 所示的销售（万元）资料。检验包装和促销方式对该商品销售是否有显著影响。这里要求检验的显著性水平 $a=0.05$。

表 5-26  包装和促销方式方差分析原始数据

| 促销方式 | 包装方式 | 重复 | | | |
|---|---|---|---|---|---|
| | | 1 | 2 | 3 | 4 |
| 1 | 1 | 91.2 | 95.0 | 93.8 | 93.0 |
| | 2 | 87.6 | 84.7 | 81.2 | 82.4 |
| | 3 | 79.2 | 67.0 | 75.7 | 70.6 |
| | 4 | 65.2 | 63.3 | 63.6 | 63.3 |
| 2 | 1 | 93.2 | 89.3 | 95.1 | 95.5 |
| | 2 | 85.8 | 81.6 | 81.0 | 84.4 |
| | 3 | 79.0 | 70.8 | 67.7 | 78.8 |
| | 4 | 70.7 | 86.5 | 66.9 | 64.9 |
| 3 | 1 | 100.2 | 103.3 | 98.3 | 103.8 |
| | 2 | 90.6 | 91.7 | 94.5 | 92.2 |
| | 3 | 77.2 | 85.8 | 81.7 | 79.7 |
| | 4 | 73.6 | 73.2 | 76.4 | 72.5 |

在 SPSS 中，设置因变量为 Sales，因素变量为 Package、Promotion。

在 SPSS 中还有其他几个窗口，随机因素变量用于选择随机因素。如果需要去除某个变量对因素变量的影响，可以将这个变量移到协变量"Covariate（s）"框中。如果需要分析权重变量的影响，可以将权重变量移到权重变量"WLS Weight"框中。在 Model 选项中建立包装和促销方式的交互作用。本例选择了"Duncan"和"Tamhane's T2"两种多重比较方法。具体操作如图 5-9 所示。

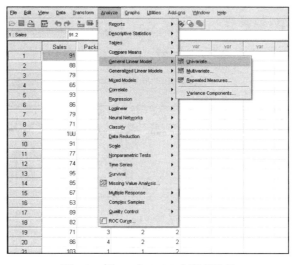

图 5-9  例 5-5 在 SPSS 中实现选项

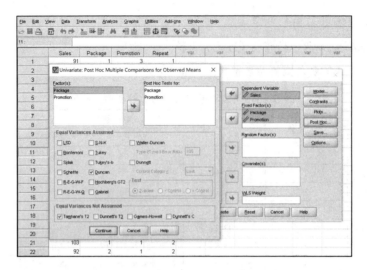

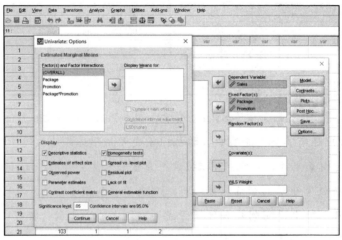

图 5-9 (续)

SPSS 输出所选各项的相应结果，表 5-27 为不同包装和促销方式的统计描述。

表 5-27 描述统计

Descriptive Statistics

Dependent Variable:Sales

| Package | Promotion | Mean | Std. Deviation | N |
| --- | --- | --- | --- | --- |
| 1 | 1 | 101.40 | 2.609 | 4 |
| | 2 | 93.28 | 2.834 | 4 |
| | 3 | 93.25 | 1.595 | 4 |
| | Total | 95.98 | 4.560 | 12 |
| 2 | 1 | 92.25 | 1.642 | 4 |
| | 2 | 83.20 | 2.280 | 4 |
| | 3 | 83.98 | 2.819 | 4 |
| | Total | 86.47 | 4.756 | 12 |

(续)

| Package | Promotion | Mean | Std. Deviation | N |
|---|---|---|---|---|
| 3 | 1 | 81.10 | 3.634 | 4 |
|   | 2 | 74.08 | 5.714 | 4 |
|   | 3 | 73.12 | 5.398 | 4 |
|   | Total | 76.10 | 5.853 | 12 |
| 4 | 1 | 73.93 | 1.711 | 4 |
|   | 2 | 72.25 | 9.800 | 4 |
|   | 3 | 63.85 | 0.911 | 4 |
|   | Total | 70.01 | 6.958 | 12 |
| Total | 1 | 87.17 | 11.073 | 16 |
|   | 2 | 80.70 | 10.147 | 16 |
|   | 3 | 78.55 | 11.791 | 16 |
|   | Total | 82.14 | 11.405 | 48 |

如表 5-28 所示，方差齐性检验表明，方差不齐性显著，$p<0.05$。因此多重比较只列示 Tamhane's T2 方法的结果进行解释。

表 5-28　方差齐性检验

Levene's Test of Equality of Error Variances[①]
Dependent Variable:Sales

| F | df1 | df2 | Sig. |
|---|---|---|---|
| 3.731 | 11 | 36 | 0.001 |

Tests the null hypothesis that the error variance of the dependent variable is equal across groups.
① Design: Intercept + Package + Promotion + Package * Promotion

表 5-29 为方差分析表，不同包装（A）对销量的偏差均方是 1 575.434，$F$ 值为 90.882，显著性水平是 0.000，即 $p<0.05$ 存在显著性差异。不同促销方式（B）对销量的偏差均方是 322.000，$F$ 值为 18.575，显著性水平是 0.000，即 $p<0.05$ 存在显著性差异。不同包装和不同促销方式（A*B）共同对销量的偏差均方是 19.809，$F$ 值为 1.143，显著性水平是 0.358，即 $p>0.05$ 不存在显著性差异。

表 5-29　例 5-5 方差分析结果

Tests of Between-Subjects Effects

Dependent Variable:Sales

| Source | Type III Sum of Squares | df | Mean Square | F | Sig. |
|---|---|---|---|---|---|
| Corrected Model | 5 489.157[①] | 11 | 499.014 | 28.787 | 0.000 |
| Intercept | 323 851.735 | 1 | 323 851.735 | 1.868E4 | 0.000 |
| Package | 4726.301 | 3 | 1 575.434 | 90.882 | 0.000 |
| Promotion | 644.000 | 2 | 322.000 | 18.575 | 0.000 |
| Package * Promotion | 118.856 | 6 | 19.809 | 1.143 | 0.358 |
| Error | 624.058 | 36 | 17.335 | | |

（续）

| Source | Type III Sum of Squares | df | Mean Square | F | Sig. |
|---|---|---|---|---|---|
| Total | 329 964.950 | 48 | | | |
| Corrected Total | 6 113.215 | 47 | | | |

① R Squared = 0.898 (Adjusted R Squared = 0.867).

由于方差不齐性，因此我们应选择方差不具有齐性时的"Tamhane's T2"检验进行配对比较。表 5-30 是"包装方式"各水平"Tamhane's T2"方法比较的结果。

表 5-30　例 5-5 不同包装方式的多重比较

Multiple Comparisons
Dependent Variable:Sales

| | (I) Package | (J) Package | Mean Difference (I-J) | Std. Error | Sig. | 95% Confidence Interval | |
|---|---|---|---|---|---|---|---|
| | | | | | | Lower Bound | Upper Bound |
| Tamhane | 1 | 2 | 9.50① | 1.902 | 0.000 | 4.00 | 15.00 |
| | | 3 | 19.88① | 2.142 | 0.000 | 13.65 | 26.10 |
| | | 4 | 25.97① | 2.402 | 0.000 | 18.92 | 33.01 |
| | 2 | 1 | -9.50① | 1.902 | 0.000 | -15.00 | -4.00 |
| | | 3 | 10.37① | 2.177 | 0.001 | 4.06 | 16.69 |
| | | 4 | 16.47① | 2.433 | 0.000 | 9.35 | 23.59 |
| | 3 | 1 | -19.88① | 2.142 | 0.000 | -26.10 | -13.65 |
| | | 2 | -10.37① | 2.177 | 0.001 | -16.69 | -4.06 |
| | | 4 | 6.09 | 2.625 | 0.168 | -1.51 | 13.70 |
| | 4 | 1 | -25.97① | 2.402 | 0.000 | -33.01 | -18.92 |
| | | 2 | -16.47① | 2.433 | 0.000 | -23.59 | -9.35 |
| | | 3 | -6.09 | 2.625 | 0.168 | -13.70 | 1.51 |

Based on observed means.
The error term is Mean Square (Error) = 17.335.
① The mean difference is significant at the 0.05 level.

## 【例 5-6】 多元方差分析

所谓的多元（multivarite）方差分析，是指存在不止一个因变量，而是两个以上的因变量共同反映了自变量的影响程度。这里直接利用 SPSS 自带的数据集 plastic.sav，假设 tear_res、gloss 和 opacity 都是反映橡胶质量的指标，现在要研究 extrusn 和 additive 对橡胶的质量影响如何，则应采用多元方差分析。

选择 Analyze→General Linear Model→Multivariate，则弹出 Multivariate 对话框，请注意，除了没有 random effect 外，它的所有元素都和 univariate 对话框相同，里面的内容也相同，因此这里不再重复。按照本例分析要求，对话框操作步骤如下：

Analyze→General Lineal model→Multivariate

Dependent Variable 框：选入 tear_res、gloss 和 opacity

Fixed Factors 框：选入 extrusn 和 additive

从结果中我们可以发现 SPSS 会用输入的因素变量分别对各自变量进行方差分析，该方法仅是将计算结果合并后汇报。可见，在 SPSS 中 Compare Means 下的 One-way ANOVA 和 General Linear Model 菜单项下的 Univariate 菜单项能基本满足一般的研究需要。

【例 5-7】 重复测量的方差分析

重复测量（repeated measures）的方差分析指的是一个因变量被重复测量几次，从而同一个个体的几次观察结果间存在相关关系，这样就不满足普通分析的要求，需要用重复测量的方差分析模型来解决。

例如 SPSS 自带数据 anxity2.sav：anxiety 和 tension 对实验结果（即 trial 1 ～ trial 4）有无影响；4 次试验间有无差异；试验次数和两个变量有无交互作用。

anxity2.sav 和 anxity.sav 实际上是同一个数据，但根据不同的分析目的采用了不同的数据排列方式。如果采用 anxity.sav 进行分析，可以分析 4 次试验间有无差异的问题，但对另两个问题就无能为力了，因为用普通的方差分析模型，anxity 和 tension 的影响被合并到了 subject 中，根本就无法分解出来进行分析，这时，就只能求助于重复测量的方差分析模型。

## 5.4 因子分析

### 5.4.1 概述

**因子分析**（factor analysis）是一种数据简化的技术。它通过研究众多变量之间的内部依赖关系，探求观测数据中的基本结构，并用少数几个假想变量来表示其基本的数据结构。这几个假想变量能够反映原来众多变量的主要信息。原始变量是可观测的显在变量，而假想变量是不可观测的潜在变量，称为因子。

例如，在企业形象或品牌形象的研究中，消费者可以通过一个有 24 个指标构成的评价体系，评价各企业或品牌在 20 个方面的优劣，但消费者主要关心的是 3 个方面，即产品质量、价格和服务。因子分析方法可以通过 20 个变量，找出反映产品质量、价格和服务水平的 3 个潜在因子，对企业形象或品牌进行综合评价。这 3 个公共因子可以表示为：

$$x_i = \mu_i + \alpha_{i1}F_1 + \alpha_{i2}F_2 + \alpha_{i3}F_3 + \varepsilon_i \quad (i = 1, 2, \cdots, 24)$$

我们称 $F_1$、$F_2$、$F_3$ 是不可观测的潜在因子。20 个变量共享这 3 个因子，但是每个变量又有自己的个性，称为特殊因子 $\varepsilon_i$。

### 5.4.2 主成分分析

#### 1. 主成分分析原理

实际上主成分分析可以说是因子分析的一个特例。在引进主成分分析之前，先看下面的例子。

假设我们为对牙膏用户的使用偏好和需求进行分析，采用李克特 7 点量表，针对以下 6 个问题我们采访了 30 位被试，数据组织如下表所示（部分）。

- V1：It is important to buy toothpaste to prevent cavities.
- V2：I like a toothpaste that gives shiny teeth.
- V3：A toothpaste should strengthen your gums.
- V4：I prefer a toothpaste that freshens breath.
- V5：Prevention of tooth decay is not important.
- V6：The most important consideration is attractive teeth.

| Obs | V1 | V2 | V3 | V4 | V5 | V6 |
| --- | --- | --- | --- | --- | --- | --- |
| 1 | 7 | 3 | 6 | 4 | 2 | 4 |
| 2 | 1 | 3 | 2 | 4 | 5 | 4 |
| 3 | 6 | 2 | 7 | 4 | 1 | 3 |
| 4 | 4 | 5 | 4 | 6 | 2 | 5 |
| 5 | 1 | 2 | 2 | 3 | 6 | 2 |
| 6 | 6 | 3 | 6 | 4 | 2 | 4 |
| 7 | 5 | 3 | 6 | 3 | 4 | 3 |
| 8 | 6 | 4 | 7 | 4 | 1 | 4 |
| 9 | 3 | 4 | 2 | 3 | 6 | 3 |
| ⋮ | ⋮ | ⋮ | ⋮ | ⋮ | ⋮ | ⋮ |

能否把这个数据的 6 个变量用一两个综合变量来表示呢？这一两个综合变量包含有多少原来的信息呢？能否利用找到的综合变量来对学生排序或据此进行其他分析呢？

我们先假定只有二维，即只有两个变量，由横坐标和纵坐标所代表；每个观测值都有对应于这两个坐标轴的两个坐标值；如果这些数据形成一个椭圆形状的点阵（这在二维正态的假定下是可能的），则该椭圆有一个长轴和一个短轴。在短轴方向上数据变化很少；在极端的情况下，短轴如果退化成一点，长轴的方向就可以完全解释这些点的变化，由二维到一维的降维就自然完成了（见图5-10）。

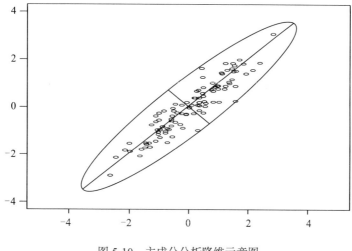

图 5-10　主成分分析降维示意图

当坐标轴和椭圆的长短轴平行时，那么代表长轴的变量就描述了数据的主要变化，而代表短轴的变量就描述了数据的次要变化。但是，坐标轴通常并不和椭圆的长短轴平行。因此，需要寻找椭圆的长短轴，并进行变换，使得新变量和椭圆的长短轴平行。如果长轴变量代表了数据包含的大部分信息，就用该变量代替原先的两个变量（舍去次要的一维），降维就完成了。椭圆的长短轴相差越大，降维也就越有道理。

多维变量的情况和二维类似，也有高维的椭球，只不过不这么直观。我们首先把高维椭球的主轴找出来，再用代表大多数数据信息的最长的几个轴作为新变量，这样，主成分分析就基本完成了。正如二维椭圆有两个主轴，三维椭球有3个主轴，有几个变量就有几个主轴。和二维情况类似，高维椭球的主轴也是互相垂直的。这些互相正交的新变量是原始变量的线性组合，叫作**主成分**（principal component）。选择越少的主成分，降维就越好。降维有什么标准呢？那就是这些被选的主成分所代表的主轴长度之和占了主轴长度总和的大部分。有些文献建议，所选的主轴总长度占所有主轴长度之和的60%～85%即可，其实，这只是一个大体的说法，具体选几个，要视实际情况而定。

我们要寻找方差最大的方向，也就是使向量 $X$ 的线性组合 $a'X$ 的方差最大的方向 $a$。$\mathrm{Var}(a'X)=a'\mathrm{Cov}(X)a$，由于 $\mathrm{Cov}(X)$ 未知，于是我们用 $X$ 的样本相关矩阵 $R$ 来近似。要寻找向量 $a$ 使得 $a'Ra$ 最大，这涉及相关矩阵的特征值。选择几个主成分则要看"贡献率"。

$$X = \begin{bmatrix} x_{11} & x_{12} & \cdots & x_{1p} \\ x_{21} & x_{22} & \cdots & x_{2p} \\ \vdots & \vdots & & \vdots \\ x_{n1} & x_{n2} & \cdots & x_{np} \end{bmatrix}$$

主成分通过坐标变换手段，将原先的 $p$ 个相关变量 $x_i$ 做线性变换，转换为另外一组不相关的变量 $y_i$，可以表示为：

$$\begin{cases} y_1 = a_{11}x_1 + a_{12}x_2 + \cdots + a_{p1}x_p \\ y_2 = a_{12}x_1 + a_{22}x_2 + \cdots + a_{p2}x_p \\ \vdots \\ y_p = a_{1p}x_1 + a_{2p}x_2 + \cdots + a_{pp}x_p \end{cases}$$

$y_1$，$y_2$，$\cdots$，$y_p$ 为原始变量的第 1 个，第 2 个，$\cdots$，第 $p$ 个主成分，其中 $y_1$ 在总方差中占的比例最大，综合原始变量的能力也最强，其余主成分在总方差中占的比例逐渐减少，也就是综合原始变量的能力依次减弱。主成分分析就是选取前面几个方差较大的主成分，这样达到了因子分析较少的变量个数的目的，同时又能以较少的变量反映原始变量的绝大部分信息。

### 2. 主成分分析步骤

第一步，在 SPSS 软件中，数据首先会被进行标准化处理 $x_{ij}^* = \dfrac{x_{ij} - \bar{x}_j}{S_j}$，其中，$i=1$，2，$\cdots$，$n$，$n$ 为样本点数；$j=1$，2，$\cdots$，$p$，$p$ 为样本原始变量数目。

第二步，计算标准化数据的相关矩阵 $\boldsymbol{R}$。

第三步，求 $\boldsymbol{R}$ 的前 $p$ 个特征值：$\lambda_1 \geqslant \lambda_2 \geqslant \cdots \geqslant \lambda_p \geqslant 0$，以及对应的特征向量 $\boldsymbol{I}_1$，$\boldsymbol{I}_2$，$\cdots$，$\boldsymbol{I}_p$，它们标准正交。这里 $\boldsymbol{R}$ 为 $\boldsymbol{X}$ 的样本相关矩阵，第 $i$ 个特征值；$\lambda_i = \boldsymbol{I}_i\boldsymbol{R}\boldsymbol{I}_i = V(\boldsymbol{I}_i'x)$；$\boldsymbol{I}_i$ 为第 $i$ 个特征向量。

$$\boldsymbol{I}_k = [l_{k1},\ l_{k2},\ \cdots,\ l_{kp}]^T \sum_{j=1}^{p} l_{kp}^2 = 1\ (k = 1,\ 2,\ \cdots,\ p)$$

$$\boldsymbol{R}\boldsymbol{l}_K = \lambda \boldsymbol{l}_K \Rightarrow (\boldsymbol{R} - \lambda \boldsymbol{E})\boldsymbol{l}_K = 0$$

各主成分贡献率可据此计算：$\dfrac{\lambda_k}{\sum_{i=1}^{p}\lambda_i} = \dfrac{\boldsymbol{I}_k'\boldsymbol{R}\boldsymbol{I}_k}{\sum_{i=1}^{p}\boldsymbol{I}_k'\boldsymbol{R}\boldsymbol{I}_K}$（$k = 1$，2，$\cdots$，$p$）。前 $m$ 个主成分的累积贡献率 $\sum_{j=1}^{k}\left(\dfrac{\lambda_j}{\sum_{i=1}^{p}\lambda_i}\right)$。一般累积贡献率达 60%～85% 的特征值所对应的是第 1 个，第 2 个，$\cdots$，第 $m$（$m \leqslant p$）个主成分。

第四步，计算主成分载荷及主成分得分。

主成分载荷 $P(y_k,\ x_i)\ \sqrt{\lambda_k}\ l_{ki} = (i = 1,\ 2,\ \cdots,\ p;\ k = 1,\ 2,\ \cdots,\ m)$

$$L = \boldsymbol{l}_{ki} = \begin{bmatrix} \sqrt{\lambda_1}l_{11} & \sqrt{\lambda_2}l_{11} & \cdots & \sqrt{\lambda_m}l_{m1} \\ \sqrt{\lambda_1}l_{12} & \sqrt{\lambda_2}l_{22} & \cdots & \sqrt{\lambda_m}l_{m2} \\ \vdots & \vdots & & \vdots \\ \sqrt{\lambda_1}l_{1p} & \sqrt{\lambda_z}l_{2p} & \cdots & \sqrt{\lambda_m}l_{mp} \end{bmatrix}$$

计算各主成分得分:

$$z_1 = I_{11}x_1^* + I_{12}x_2^* + \cdots + I_{1p}x_p^*$$
$$z_2 = I_{21}x_1^* + I_{22}x_2^* + \cdots + I_{2p}x_p^*$$
$$\vdots \quad \vdots \quad \vdots$$
$$z_m = I_{m1}x_1^* + I_{m2}x_2^* + \cdots + I_{mp}x_p^*$$

$$Z = \begin{bmatrix} z_{11} & z_{12} & \cdots & z_{1m} \\ z_{21} & z_{22} & \cdots & z_{2m} \\ \vdots & \vdots & & \vdots \\ z_{n1} & z_{n2} & \cdots & z_{nm} \end{bmatrix}$$

对于牙膏使用偏好的数据,SPSS 的输出结果如表 5-31 所示。

表 5-31 主成分特征根、贡献率输出结果

Total Variance Explained

| Component | Initial Eigenvalues | | | Extraction Sums of Squared Loadings | | |
|---|---|---|---|---|---|---|
| | Total | % of Variance | Cumulative % | Total | % of Variance | Cumulative % |
| 1 | 2.731 | 45.520 | 45.520 | 2.731 | 45.520 | 45.520 |
| 2 | 2.218 | 36.969 | 82.488 | 2.218 | 36.969 | 82.488 |
| 3 | 0.442 | 7.360 | 89.848 | | | |
| 4 | 0.341 | 5.688 | 95.536 | | | |
| 5 | 0.183 | 3.044 | 98.580 | | | |
| 6 | 0.085 | 1.420 | 100.000 | | | |

Extraction Method: Principal Component Analysis.

Initial Eigenvalues 就是这里的 6 个主轴长度,又称特征值(数据相关阵的特征值)。前两个成分特征值累计占了总方差的 82.488%,后面特征值的贡献越来越少。特征值的贡献还可以从 SPSS 提供的碎石图中看出,在图 5-11 中,前两个特征根明显高于后面 4 个,即第 2 个到第 3 个特征根的值陡然降低。因此,我们认为前两个特征根具有更大的解释力。

主成分是 6 个原始变量的线性组合,如表 5-32 所示。

这里每一列代表一个主成分作为原始变量线性组合的系数。比如主成分 1 为 V1、V2、V3、V4、V5、V6 这 6 个变量的线性组合,系数分别为 0.928、-0.301、0.936、-0.342、0.869、-0.177。如用 $x_1$、$x_2$、$x_3$、$x_4$、$x_5$、$x_6$ 分别表示 6 个原始变量,

而用 $y_1$、$y_2$、$y_3$、$y_4$、$y_5$、$y_6$ 表示新的主成分，那么主成分 1 和主成分 2 为：

$$y_1 = 0.928x_1 - 0.301x_2 + 0.936x_3 - 0.342x_4 + 0.869x_5 - 0.177x_6$$

$$y_2 = 0.253x_1 + 0.795x_2 + 0.131x_3 + 0.789x_4 + 0.351x_5 + 0.871x_6$$

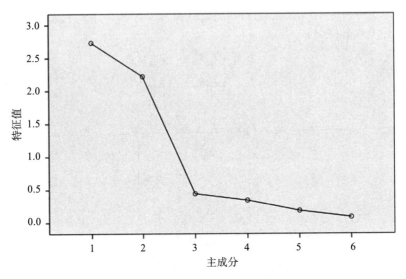

图 5-11　主成分分析碎石图

表 5-32　主成分分析载荷矩阵

Component Matrix[①]

|    | \multicolumn{6}{c}{Component} |||||| 
|----|-------|-------|--------|--------|--------|--------|
|    | 1     | 2     | 3      | 4      | 5      | 6      |
| V1 | 0.928 | 0.253 | -0.008 | 0.143  | 0.073  | -0.220 |
| V2 | -0.301| 0.795 | 0.459  | 0.255  | -0.027 | 0.030  |
| V3 | 0.936 | 0.131 | 0.105  | -0.093 | 0.252  | 0.153  |
| V4 | -0.342| 0.789 | -0.453 | 0.203  | 0.113  | 0.043  |
| V5 | 0.869 | 0.351 | -0.119 | 0.023  | -0.317 | 0.085  |
| V6 | -0.177| 0.871 | 0.026  | -0.453 | -0.009 | -0.060 |

Extraction Method: Principal Component Analysis.
① 6 components extracted.
注：由于现在的 SPSS 软件已将主成分分析合并进因子分析模块中，不能再单独调用，因此本表是在 SPSS 因子分析模块中"抽取"(Extraction) 子菜单中的"方法"下拉菜单中选择"主成分分析"（这是 SPSS 的默认选项），并且保留 6 个因子得到的，以帮助理解主成分分析方法的运算原理。

这些系数称为主成分载荷，它表示主成分和相应的原始变量的相关系数。比如 $y_1$ 表示式中 $x_1$ 的系数为 0.928，这就是说主成分 1 和 V1 变量的相关系数为 0.928。相关系数（绝对值）越大，主成分对该变量的代表性也越大。我们可以看出，主成分 1 对各个变量解释得都很充分，而最后的几个主成分和原始变量就不那么相关了。

我们可以就主成分 1 和主成分 2 的载荷点画出一个二维图，以直观地显示它们如何解释原始变量，如载荷图 5-12 所示。该图左上角的三个点是 V2、V4、V6 三个变量，右上角的三个点是 V1、V3、V5 三个变量。

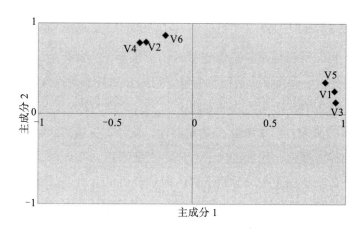

图 5-12　主成分分析因子载荷图

### 5.4.3　因子分析

主成分分析从原理上是寻找椭球的所有主轴，原先有几个变量，就有几个主成分。而因子分析是事先确定要找几个成分，这里叫作因子（比如两个）。这使得在数学模型上，因子分析和主成分分析有不少区别，而且因子分析的计算也复杂得多。根据因子分析模型的特点，它还多一道工序——因子旋转（factor rotation），这个步骤可以使因子载荷结果更容易识读。

因子分析的数学模型为：

$$\begin{aligned} x_1 - \mu_1 &= a_{11}F_1 + a_{12}F_2 + \cdots + a_{1m}F_m + \varepsilon_1 \\ x_2 - \mu_2 &= a_{21}F_1 + a_{22}F_2 + \cdots + a_{2m}F_m + \varepsilon_2 \\ &\vdots \\ x_p - \mu_p &= a_{p1}F_1 + a_{p2}F_2 + \cdots + a_{pm}F_m + \varepsilon_p \end{aligned} \quad (5\text{-}21)$$

我们称 $F_1, F_2, \cdots, F_m$ 为公共因子，它们是不可观测的变量，其系数称为因子载荷。$\varepsilon_i$ 是特殊因子，是不能被前 $m$ 个公共因子包含的部分。因子载荷 $a_{ij}$ 是第 $i$ 个变量与第 $j$ 个公共因子的相关系数，反映了第 $i$ 个变量与第 $j$ 个公共因子的相关重要性，绝对值越大，相关的密切程度越高。

通过以上公式可以看出，主成分分析是用原始变量的线性组合来表示每一个主成分，有多少个变量就有多少个主成分。而因子分析中需要首先明确要提取的公共因子个数，从而用所提取出来的公共因子的线性组合来表示原始变量。

在因子分析中，变量 $X_i$ 的共同度是因子载荷矩阵第 $i$ 行的元素的平方和，记为 $h_i^2 = \sum_{y=1}^{m} a_{ij}^2$。

$$X_i - \mu_i = a_{i1}F_1 + a_{i2}F_2 + \cdots + \cdots + a_{im}F_m + \varepsilon_i$$

$$\text{Var}(X_i) = a_{i1}^2 \text{Var}(F_1) + \cdots + a_{im}^2 \text{Var}(F_m) + \text{Var}(\varepsilon_i),\ \sum_{j=1}^{m} a_{ij}^2 + \sigma_i^2 = 1 \quad (5\text{-}22)$$

所有的公共因子和特殊因子对变量 $x_i$ 的贡献为 1。如果 $h_i^2$ 非常靠近 1，$\sigma_i^2$ 非常小，则因子分析的效果好，从原始变量空间到公共因子空间的转化性质好。

因子载荷矩阵中各列元素的平方和 $q_j^2 = \sum_{i=1}^{p} a_{ij}^2$ 称为第 $j$ 个公共因子 $F_j$ 对所有变量 $X_i$ 的方差贡献和，用来衡量 $F_j$ 的重要性。从计算机输出的结果来看，因子分析也有因子载荷的概念，代表了因子和原始变量的相关系数。但是在因子分析公式中的因子载荷位置和主成分分析不同。因子分析也给出了二维图，其解释和主成分分析的载荷图类似。

对于牙膏使用偏好的数据，我们在 SPSS 软件中调用因子分析模块，在"抽取"子菜单中的"方法"下拉菜单中选择"主成分分析"，但此次仅保留两个因子，在"旋转"子菜单中选择"最大方差法"旋转，因子分析输出如表 5-33 所示。

表 5-33　旋转后的因子载荷矩阵

Rotated Component Matrix[①]

|  | Component | |
|---|---|---|
|  | 1 | 2 |
| V1 | 0.962 | −0.027 |
| V2 | −0.057 | 0.848 |
| V3 | 0.934 | −0.146 |
| V4 | −0.098 | 0.854 |
| V5 | 0.933 | 0.084 |
| V6 | 0.083 | 0.885 |

Extraction Method: Principal Component Analysis.
Rotation Method: Varimax with Kaiser Normalization.
① Rotation converged in 3 iterations.

$$x_1 = 0.962f_1 - 0.027f_2$$
$$x_2 = -0.057f_1 + 0.848f_2$$
$$x_3 = 0.934f_1 - 0.146f_2$$
$$x_4 = -0.098f_1 + 0.854f_2$$
$$x_5 = 0.933f_1 - 0.084f_2$$
$$x_6 = 0.083f_1 + 0.885f_2$$

表 5-33 说明了 6 个变量和因子的关系。因子 1 主要和 V1、V3、V5 三个变量

有很强的正相关，因子 2 主要和 V2、V4、V6 三个变量有很强的正相关。结合问卷设计中各变量的问题内容，因此可以给因子 1 起名为"功能性因子"，给因子 2 起名为"吸引性因子"。从这个例子中可以看出，因子分析的结果比主成分分析解释性更强。

表 5-33 中系数所形成的散点图（在 SPSS 中也称为因子载荷图）如图 5-13 所示，我们可以直观地看出两个因子分别代表了用户在两个方面的偏好。

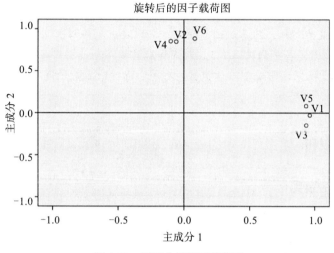

图 5-13 因子分析因子载荷图

在 SPSS 中，完成因子分析后，如需要提取各观测的因子得分进行其他分析，可在窗口中勾选输出因子得分。该得分可以根据表 5-34 算出每个学生的因子 1 和因子 2，即算出每个用户的因子得分 $f_1$ 和 $f_2$。

表 5-34 因子得分系数矩阵
Component Score Coefficient Matrix

|    | Component | |
|----|-----------|------|
|    | 1 | 2 |
| V1 | 0.358 | 0.011 |
| V2 | -0.001 | 0.375 |
| V3 | 0.345 | -0.043 |
| V4 | -0.017 | 0.377 |
| V5 | 0.350 | 0.059 |
| V6 | 0.052 | 0.395 |

Extraction Method: Principal Component Analysis.
Rotation Method: Varimax with Kaiser Normalization.

该输出说明因子 1 和因子 2 为：

$$f_1 = 0.358V_1 - 0.001V_2 + 0.345V_3 - 0.017V_4 + 0.350V_5 + 0.052V_6$$
$$f_2 = 0.011V_1 + 0.375V_2 - 0.043V_3 + 0.377V_4 + 0.059V_5 + 0.395V_6$$

我们可以根据这两套因子得分对学生分别按照文科和理科排序。当然得到因子得分只是 SPSS 软件的一个选项。

> **小诀窍**
>
> 当变量较多时，从旋转后的载荷矩阵中查看因子载荷，并对因子命名时，数据较为混乱，不易识读。研究者可以在选项中勾选"隐藏因子载荷低于 *.**"，例如在框内输入 0.5，则旋转后的载荷矩阵将只输出高于 0.5 的载荷值，便于研究者对变量进行归类和对因子进行命名等分析。

## 5.5 聚类分析

### 5.5.1 什么是聚类

**聚类**（clustering）就是将数据分组成为多个类，在同一个类内对象之间具有较高的相似度，不同类之间的对象差别较大。聚类分析在日常生活和工作中无处不在，例如分析什么样的客户经常光顾商店、买什么东西以及买多少。商店可以按忠诚卡记录的光临次数、光临时间、性别、年龄、职业、购物种类、金额等变量分类，识别顾客购买模式，以此刻画不同客户群的特征，挖掘有价值的客户，并制定相应的促销策略，如针对潜在客户派发广告比在大街上乱发传单的命中率更高、成本更低。

### 5.5.2 聚类方法原理介绍

聚类所说的"类"不是事先给定的，而是根据数据的相似性和距离来划分，并且聚类的数目和结构都没有事先假定。聚类方法的目的是寻找数据中潜在的自然分组结构（a structure of "natural" grouping）以及感兴趣的关系（relationship）。

分组的意义在于如何定义并度量"相似性"（similar），由于对相似性的理解不同，因此衍生出一系列度量相似性的算法。从统计学角度来划分，计算相似性的度量的方法主要分为两类：距离 Q 型聚类和相似系数 R 型聚类。距离 Q 型聚类主要用于对样本分类，常用的距离有明考斯基距离（包括绝对距离、欧氏距离、切比雪夫距离）、兰氏距离、马氏距离和斜交空间距离。相似系数 R 型聚类主要用于对变量分类，可以用变量之间的相似系数的变形如 $1-r_{ij}$ 定义距离。

SPSS 中聚类分析的算法主要包含层次聚类法或系统聚类法（hierarchical method）、划分聚类法（k-means 聚类法）和二阶聚类法（two step cluster）。

（1）层次聚类法也称系统聚类法，是对给定的数据进行层次的分解。在聚类过程中，首先将每个对象作为单独的一组，然后根据同类相近、异类相异的原则合并对象，直到所有的组合并成一个，或达到一个终止条件为止。其特点主要有三个：一是类的个数不需事先定好；二是需确定距离矩阵；三是运算量要大，适用于处理小样本数据。

在层次聚类法中，数据的聚类方法主要包含以下 5 种。组间连接（between-groups linkage），即合并两类的结果使所有两类的平均距离最小，默认选项。组内连接（winthin-groups linkage），即当两类合并为一类后，合并后类中所有项之间的平均距离最小。最近法（nearest neighbor），即用两类之间的最近点距离代表两类间的距离。最远法（furthest neighbor），即用两类之间的最远点距离代表两类间的距离，也称为完全连接法。重心法（centroid clustering），即用两类重心点之间的距离代表两类之间的距离。中位数法（median clustering），即用介于最短距离和最长距离之间的中间距离代表两类之间的距离。离差平方和法（ward's method）是利用方差分析的思想，即如果类分得合理，则同类样本之间的离差平方和应最小，类与类之间的离差平方和应较大。

层次聚类法中测算距离时常用的方法包括：欧氏距离平方（squared Euclidean distance），这是 SPSS 的系统默认值；欧氏距离（Euclidean distance），即两点间"普通"（即直线）距离；切比雪夫距离（Chebychev distance），即两项间距离是最大的变量值之差的绝对值；明考斯基距离（Minkowski distance），即两项之间的距离是各变量值之差的 $p$ 次方幂的绝对值之和的 $p$ 次方根。

（2）划分聚类法或 k-means 聚类法，其主要思想是随机选择 $k$ 个对象，每个对象初始地代表一个类的平均值或中心，对剩余每个对象，根据其到类中心的距离，被划分到最近的类，然后重新计算每个类的平均值。不断重复这个过程，直到所有的样本都不能再分配为止。

（3）二阶聚类法可以看作对层次聚类法的升级。在聚类分析中，参与聚类的变量对聚类效果有至关重要的作用。而在现实中，聚类变量可能是连续数据，也可能是类别数据，所以层次聚类法和 k-means 聚类法在类别变量数据面前就显得不足够实用了。二阶聚类法则可以完美地解决这个问题，同时对类别变量和连续变量进行聚类，相比 k-means 聚类法，它还可以自动确定最终的分类个数，其对大型数据的处理速度要比 k-means 聚类快。

### 5.5.3　因子聚类综合分析案例及 SPSS 操作说明

**【例 5-8】** SPSS 数据集

本节以美国洛杉矶 12 个地区的总人口数、中等学校平均校龄、总雇员数、专业服务项目数和中等房价 5 个经济指标的调查数据进行分析。

首先我们对数据进行因子分析，将 5 个变量放入分析变量窗口，所有选项均使用默认选项，单击 Rotation 窗口，选择方差最大旋转法 Varimax（见图 5-14）。通过表 5-35 的因子贡献率，我们发现，前两个因子的累计贡献率已达 93.4%，提取两个因子已足以对原始信息进行解释。

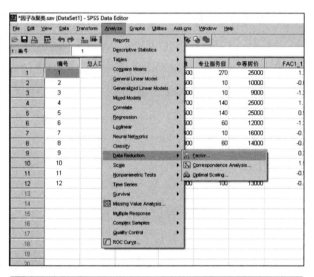

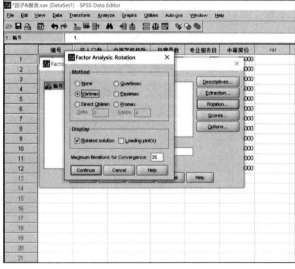

图 5-14　因子分析 SPSS 实现过程

表 5-35 例 5-8 因子贡献率输出结果

Total Variance Explained

| Com-ponent | Initial Eigenvalues | | | Extraction Sums of Squared Loadings | | | Rotation Sums of Squared Loadings | | |
|---|---|---|---|---|---|---|---|---|---|
| | Total | % of Variance | Cumulative % | Total | % of Variance | Cumulative % | Total | % of Variance | Cumulative % |
| 1 | 2.873 | 57.466 | 57.466 | 2.873 | 57.466 | 57.466 | 2.522 | 50.437 | 50.437 |
| 2 | 1.797 | 35.933 | 93.399 | 1.797 | 35.933 | 93.399 | 2.148 | 42.963 | 93.399 |
| 3 | 0.215 | 4.297 | 97.696 | | | | | | |
| 4 | 0.100 | 1.999 | 99.695 | | | | | | |
| 5 | 0.015 | 0.305 | 100.000 | | | | | | |

Extraction Method: Principal Component Analysis.

根据旋转后的载荷矩阵（见表 5-36）可知，中等学校平均校龄、专业服务项目数、中等房价三个指标在因子 1 上的因子载荷比较高，因此可以将因子 1 命名为"软件投入"。总人口数与总雇员数在因子 2 上的因子载荷较高，因此可以将因子 2 命名为"硬件投入"。

表 5-36 例 5-8 旋转后的载荷矩阵

Rotated Component Matrix[①]

| | Component | |
|---|---|---|
| | 1 | 2 |
| 总人口数 | 0.016 | 0.994 |
| 中等学校平均校龄 | 0.941 | -0.009 |
| 总雇员数 | 0.137 | 0.980 |
| 专业服务项目数 | 0.825 | 0.447 |
| 中等房价 | 0.968 | -0.006 |

Extraction Method: Principal Component Analysis.
Rotation Method: Varimax with Kaiser Normalization.
① Rotation converged in 3 iterations.

因此，在因子分析选项 Scores 中，选中 Save as variables。运行完成后则在原始数据中增加两个变量，系统默认命名为 FAC1_1（标签为 REGR factor score 1 for analysis 1）和 FAC2_1（标签为 REGR factor score 2 for analysis 1），分别为两个因子得分（见图 5-15）。

为进一步分析城市特征，采用层次聚类法对两个因子进行聚类（见图 5-16）。选择 Hierarchical Cluster，在变量框内输入因子分析中保存的两个因子得分，打开 Plot 子选框，勾选树形图 Dendrogram。聚类分析树形图如图 5-17 所示。由此可见，将数据分为三类比较合理。因此，重新运行层次聚类法，并在 Save 子选框下勾选 Single solution，在 Number of cluster 后的框内输入 3。表示将数据分为三类并保存到结果变量中。运行完毕后，SPSS 原始数据中会增加一个聚类结果的变量（见图 5-18）。

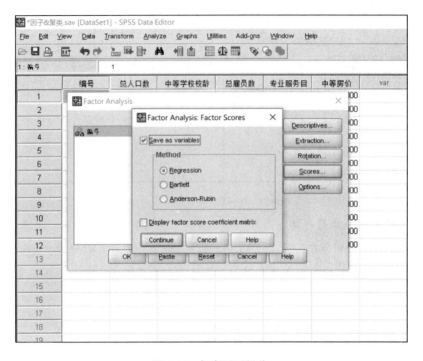

图 5-15　保存因子得分

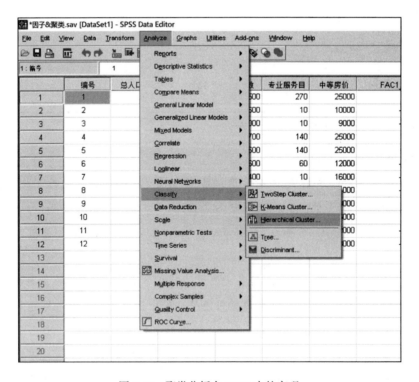

图 5-16　聚类分析在 SPSS 中的实现

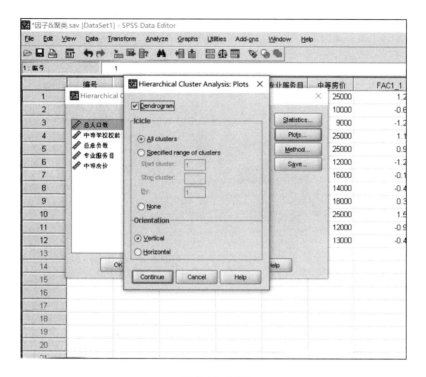

图 5-16 （续）

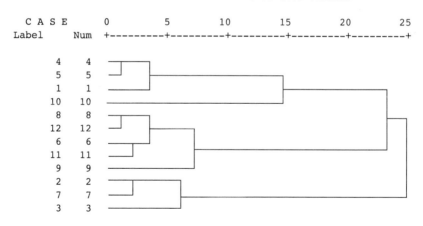

图 5-17　聚类分析树形图

得到以上结果后，我们可以在 SPSS 中制作散点图，以因子 1 的得分为横坐标轴，因子 2 的得分为纵坐标轴，如图 5-19 所示。我们可以非常清晰地看出 12 个城市非常明显地被分为三类，且三类之间在硬件投入和软件投入上存在显著差异。我们可据此结果针对三类城市分别制定政策促进其发展。

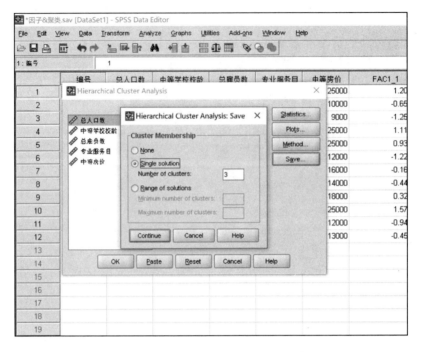

图 5-18　保存聚类结果变量

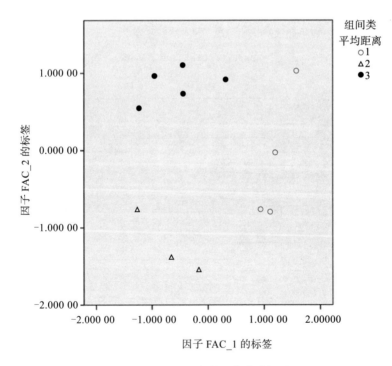

图 5-19　因子聚类结果综合分析图

以上是将因子和聚类方法相结合进行的分析，这种分析过程还经常应用于市场分析中，对用户进行细分，并进一步分析各类用户特征，从而根据细分用户特征进行不同的营销或宣传设计。

## 小结

本章首先简要地介绍了数据预处理及数据描述，针对变量间的关系类型，详细介绍了相关分析和回归分析，并采用统计学原理，详细解释线性回归的基本假设、回归系数和回归方程显著性检验步骤及方法。在多元线性回归分析中，我们以一篇已发表的论文为例全面解读了回归分析在研究中的分析过程。

在解释变量为类别变量的研究中，方差分析的应用较为普遍，在对方差分析的基本原理进行解释后，本章详细讨论了单因素方差分析、无交互作用的双因素方差分析和有交互作用的双因素方差分析方法，以及方差分析后的多重比较方法。通过对比介绍主成分分析与因子分析，我们详细介绍了因子分析的分析步骤和在 SPSS 中的选择应用。最后，在介绍完聚类分析的原理后，我们通过一个实证案例，综合采用因子分析和聚类分析对数据进行了详细讨论。

## 参考文献

[1] W H Greene. Econometric Analysis[M]. 5th Ed. Upper Saddle River, New Jersey: Prentice Hall, 2008.

[2] 陈晓萍，沈伟. 组织与管理研究的实证方法 [M]. 3 版. 北京：北京大学出版社，2018.

[3] 李怀祖. 管理研究方法论 [M].3 版. 西安：西安交通大学出版社，2017.

[4] 李昕. SPSS 22.0 统计分析从入门到精通 [M]. 北京：电子工业出版社，2015.

[5] 张晓峒. 计量经济学 [M]. 北京：清华大学出版社，2017.

[6] 张文彤. IBM SPSS 数据分析与挖掘实战案例精粹 [M]. 北京：清华大学出版社，2013.

[7] 何晓群. 现代统计分析方法与应用 [M]. 4 版. 北京：中国人民大学出版社，2016.

# 第6章

# 中介、调节及其检验操作

创新不仅是当今时代的热点,也是当前论文发表的首要标准。国内外的学术期刊在筛选稿件时均将**文章的创新性**作为首要指标,如果文章的立意不够新颖或者创新不够明确均有可能面临被退稿的风险。表6-1是国际顶级期刊美国《管理学学会期刊》(*Academy of Management Journal*)的专家评审标准,从中不难发现,在编辑部给出的9个评价标准中,有一半都涉及了文章的创新问题。国内管理学领域的权威期刊也非常重视文章的创新性,以《南开管理评论》为例,在该期刊的9项稿件评价指标中,前3项(包括对本领域研究的贡献、选题的意义、文章的创新性)都指向文章的创新性(见表6-2)。这说明,我们在开展学术研究及撰写学术论文时需要以创新为出发点并关注贡献性。然而,摆在我们面前的一个重要问题是:**怎么寻求理论创新并做出学术贡献?**

表6-1 《管理学学会期刊》的专家评审标准

| Criteria | Completely inadequate | Weak | Modest | Strong | Very strong |
|---|---|---|---|---|---|
| Theoretical contribution (i.e. testing, creating or extending theory) | | | | | |
| Interstingness, innovativeness, and novelty | | | | | |
| Clarity of exposition | | | | | |
| Empirical contribution | | | | | |
| Technical adequacy | | | | | |
| Potential implications for practice | | | | | |
| Potential significance of contribution | | | | | |
| Magnitude of contribution relative to length | | | | | |
| Appropriateness for AMJ | | | | | |

表 6-2 《南开管理评论》的专家评审标准

| 请您对本稿进行以下评价 | | | | | |
|---|---|---|---|---|---|
| 1. 对本领域研究的贡献 | ○高 | ○中高 | ○中 | ○中低 | ○低 |
| 2. 选题的意义 | ○高 | ○中高 | ○中 | ○中低 | ○低 |
| 3. 文章的创新性 | ○高 | ○中高 | ○中 | ○中低 | ○低 |
| 4. 文献综述的充足性 | ○高 | ○中高 | ○中 | ○中低 | ○低 |
| 5. 模型与假设的严谨性 | ○高 | ○中高 | ○中 | ○中低 | ○低 |
| 6. 研究方法的适当性和严谨性（研究设计、样本、有关定性/定量数据的收集/分析） | ○高 | ○中高 | ○中 | ○中低 | ○低 |
| 7. 讨论及结论的指导性 | ○高 | ○中高 | ○中 | ○中低 | ○低 |
| 8. 文笔的流畅性 | ○高 | ○中高 | ○中 | ○中低 | ○低 |
| 9. 实践价值 | ○高 | ○中高 | ○中 | ○中低 | ○低 |

目前来看，从不同的理论视角探讨自变量与因变量之间的内在机制是一条重要路径，主要有三种实现手段：**探索作用过程（中介机制）；探索边界条件（调节机制）；同时探索作用过程、边界条件（被调节的中介或被中介的调节）**。在上述三种实现手段之中，会涉及中介模型、调节模型、被调节的中介或被中介的调节模型，接下来我们分别对其内涵及检验等进行介绍。

---

> **💬 小诀窍**
>
> 如何做出理论贡献？有三个小诀窍能帮助我们回答这一问题。
>
> 第一，以全新的角度来解释成熟的现象。例如，领导－部属交换（leader-member exchange，LMX）与组织公民行为（organizational citizenship behavior）之间的正向关系是一个较为成熟的现象，如果在这一问题的探讨过程中考虑领导－部属交换关系的差异化或者部属之间的社会比较，将更容易在理论贡献上有所突破。
>
> 第二，用严谨的实证研究并结合新的视角来修正和扩展已有的理论模型。例如，以往关于辱虐管理的理论模型中多是关注其消极后果，如果从动态、非线性等视角重新审视这一问题，将更容易寻求理论创新点。有学者（Lee，Yun & Srivastava，2013）应用激活理论（activation theory）提出和验证了辱虐管理与员工创造力之间的倒 U 形关系，认为适度的辱虐管理有助于创造力的提升。
>
> 第二，研究新现象，探索此前的未知领域，扩展已有理论。例如，以往关于组织公民行为的研究都是关注其积极面，认为组织公民行为会带来一系列积极的影响。近年来，有学者开始关注组织公民行为的消极面，发现组织公民行为会激发员工的道德推脱（moral disengagement），进而表现出一些反生产行为（counterproductive work behavior），由此拓展了既有的组织公民行为理论。

## 6.1 中介变量及其检验

### 6.1.1 中介变量的内涵

中介机制的探索过程涉及一个重要的变量——中介变量（mediators or mediating variables）。如果自变量 $X$ 影响因变量 $Y$，并且这种影响作用是通过一个中间的变量 $M_e$ 所实现的，那么 $M_e$ 就是中介变量，这种作用原理如图 6-1 所示。以 Zhao、Kessel 和 Kratzer（2014）的研究模型为例，他们指出高质量的领导-部属交换关系（LMX，指领导与部属之间交换关系的质量）会影响员工对自我的定位与认知，其效果是增强了员工的内部人身份认知（perceived insider status），从而带来员工创造力的提升。在这一模型中，内部人身份认知就是一个中介变量。中介变量的主要作用是在已知自变量 $X$ 和因变量 $Y$ 关系的基础上，探索产生这个关系的具体过程，即中介效应（mediating effect）。这能**把原来用来解释相似现象的理论整合起来**，而使得已有的理论更为系统，因此是我们寻求理论创新的一条重要路径。

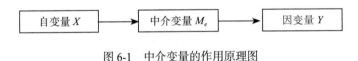

图 6-1 中介变量的作用原理图

中介变量有完全中介（full mediation）和部分中介（partial mediation）两种类型。在上面的例子中，如果 LMX 对员工创造力的影响完全是通过内部人身份认知所传导的（此时 LMX 对员工创造力没有直接影响），则内部人身份认知起到了完全中介作用；如果 LMX 除了通过内部人身份认知的中介作用对员工创造力产生间接影响，LMX 还对员工创造力产生直接影响，则内部人身份认知起到了部分中介作用。

### 6.1.2 中介变量的检验操作

**1. 经典中介分析方法**

Baron 和 Kenny（1986）所提出的经典中介分析是目前使用最为广泛的方法之一，主要使用分步回归检验中介作用（见图 6-2）。基本原理是：首先检验自变量与因变量之间的关系；其次检验自变量与中介变量之间的关系；最后，将中介变量纳入自变量和因变量之间关系的回归分析中，如果自变量和因变量的关系依然显著相关，但关系显著地减弱，则说明起部分中介作用，而如果自变量和因变量的关系消失，则说明起完全中介作用。

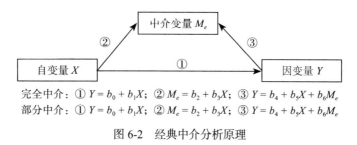

完全中介：① $Y = b_0 + b_1X$；② $M_e = b_2 + b_3X$；③ $Y = b_4 + b_5X + b_6M_e$
部分中介：① $Y = b_0 + b_1X$；② $M_e = b_2 + b_3X$；③ $Y = b_4 + b_5X + b_6M_e$

图 6-2　经典中介分析原理

随着研究的不断深入，经典中介分析方法的弊端不断浮现。

- Baron 和 Kenny 的经典中介分析法认为系数 $b_1$ 显著（主效应存在）是中介效应的根本前提，但是诸多统计检验方法的研究文章指出中介效应的存在并不需要主效应显著（MacKinnon，Krull & Lockwood，2000；Preacher & Hayes，2004）。
- 中介效应是否成立并不需要对主效应（$b_1$）进行检验，如同时存在正负作用的中介时主效应不显著。
- 部分中介并不代表数据结果不完美，可能意味着自变量对因变量的影响并不是只有唯一的一个中介路径。
- Baron 和 Kenny 的因果逐步回归方法一般只能被用作简单中介检验，即**仅适合一个中介变量的模型**。

在此背景下，研究者开始寻找更为科学的检验方法，譬如 Sobel 检验、置信区间等。我们这里介绍 Hayes（2017）提供的 PROCESS 工具进行中介检验。

### 2. PROCESS 工具检验方法

PROCESS 是检验中介作用、调节作用、条件过程模型（有调节的中介、有中介的调节）的一个工具，适用于 SPSS、SAS 等主流统计软件。PROCESS 专门用于分析中介效应和调节效应，除了常规回归分析的结果外，还额外提供直接效应、间接效应的估计值以及 Bootstrap 置信区间、Sobel 检验等结果。PROCESS 的有效性和科学性目前已在国内外得到普遍认可和应用。

（1）**PROCESS 下载及安装**。PROCESS 可以免费下载和安装，网址是：http://www.processmacro.org/download.html。读者可以下载最新版本的 PROCESS（目前是 3.0 版本），下载完毕后打开你电脑中安装的 SPSS 分析工具（见图 6-3）。在 SPSS 界面找到"实用程序"，单击其中的"定制对话框"→"安装自定义对话框"→"选择安装文件",等待安装成功。

图 6-3　PROCESS 安装示意图

（2）PROCESS 中介检验操作。首先,按照如下步骤调出 PROCESS 程序:打开 SPSS→分析→回归→PROCESS,如图 6-4 所示；其次,在相应的栏目中分别选择自变量、中介变量、因变量、控制变量；再次,根据 templates 文件中的 76 个模型选择合适的分析模型；最后,设定样本量（5 000）和置信区间（一般为 95%）。

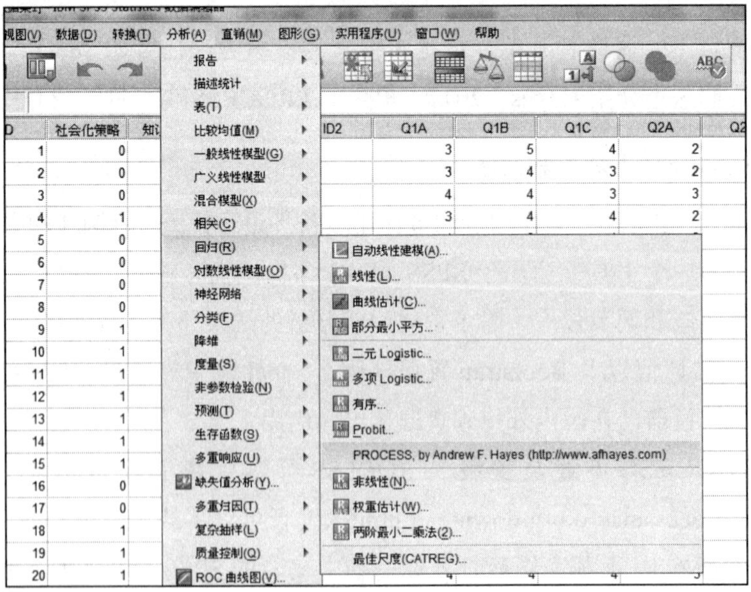

图 6-4　PROCESS 分析示意图

### 6.1.3 中介效应的检验操作示例

我们以赵红丹（2014）发表在《经济与管理研究》上的文章为例，进行 PROCESS 中介检验的具体操作。文章在探讨强制性组织公民行为如何影响员工工作绩效这一过程中，将强制性组织公民行为对员工工作绩效的影响看作一种自我概念认知（self-concept）过程，选择组织认同作为其中的中介变量，并在检验过程中控制了员工的性别、年龄和学历等变量。下面我们采用 PROCESS 工具进行这一中介作用的检验（见图 6-5）。

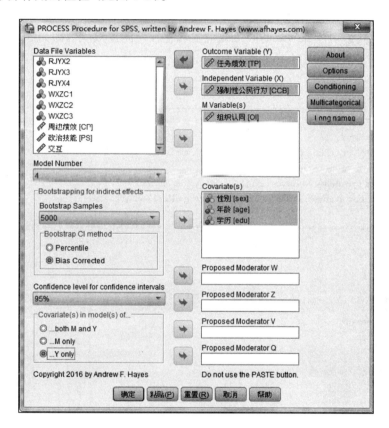

图 6-5　PROCESS 工具中介检验运算界面

第一，调出 PROCESS 程序：打开 SPSS→分析→回归→PROCESS。

第二，在相应的栏目中分别选择自变量（强制性组织公民行为）、中介变量（组织认同）、因变量（工作绩效，包括任务绩效和周边绩效，此处以任务绩效为例）、控制变量（员工的性别、年龄和学历）。

第三，根据 templates 文件中的 76 个模型选择相应的分析模型，即模型 4，如图 6-6 所示。

图 6-6　templates 文件中的模型 4

第四，设定样本量为 5 000 和置信区间为 95%。

第五，单击确定进行运算。

运算完成后的检验结果如图 6-7 所示。根据检验结果，强制性组织公民行为通过组织认同影响任务绩效的间接效应显著存在，间接效应值为 -0.031 3 且 95% 水平之下的置信区间为 [-0.080 8，-0.007 3]，不包含 0，说明组织认同起到了显著的中介作用。

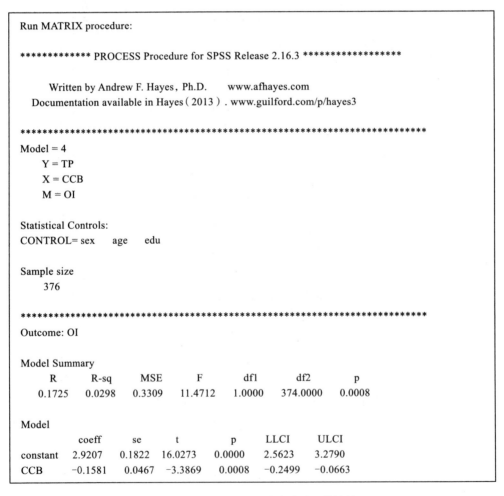

图 6-7　PROCESS 工具中介检验运算结果

```
**************************************************************
Outcome: TP

Model Summary
         R      R-sq     MSE       F       df1      df2        p
      0.2367  0.0560  0.3365   4.3927   5.0000  370.0000   0.0007

Model
            coeff     se        t        p      LLCI     ULCI
constant   1.1767  0.2469   4.7662   0.0000   0.6912   1.6622
OI         0.1978  0.0525   3.7654   0.0002   0.0945   0.3011
CCB       -0.0811  0.0489  -1.6597   0.0978  -0.1772   0.0150
sex       -0.0191  0.0645  -0.2967   0.7669  -0.1460   0.1077
age        0.0459  0.0453   1.0125   0.3119  -0.0432   0.1351
edu       -0.0611  0.0348  -1.7566   0.0798  -0.1295   0.0073

******************* DIRECT AND INDIRECT EFFECTS *************************

Direct effect of X on Y
    Effect      SE        t        p      LLCI     ULCI
   -0.0811   0.0489  -1.6597   0.0978  -0.1772   0.0150

Indirect effect of X on Y
        Effect   Boot SE   BootLLCI   BootULCI
OI     -0.0313   0.0175    -0.0808    -0.0073

******************* ANALYSIS NOTES AND WARNINGS
************************

Number of bootstrap samples for bias corrected bootstrap confidence intervals:
   5000

Level of confidence for all confidence intervals in output:
   95.00

------ END MATRIX -----
```

图 6-7 （续）

注：CCB 代表强制性组织公民行为；OI 代表组织认同；TP 代表任务绩效；sex、age、edu 分别代表员工的性别、年龄和学历。

## 6.2 调节变量及其检验

### 6.2.1 调节变量的内涵

**1. 什么是调节变量**

**调节变量**（moderator variables）是指影响自变量 $X$ 与因变量 $Y$ 之间关系大小

的一种变量。也就是说，如果变量 $X$ 与变量 $Y$ 有关系，但是 $X$ 与 $Y$ 的关系受第三个变量 $M_o$ 的影响，那么变量 $M_o$ 就是调节变量，这种作用原理如图 6-8 所示。仍以 Zhao 等（2014）的研究模型为例，他们指出员工感知到的 LMX 差异化对 LMX 与员工内部人身份认知之间的关系有显著的正向调节作用，即当员工感知到的 LMX 差异化水平越高时，LMX 对员工内部人身份认知的影响越强；反之亦然。在这一模型中，LMX 差异化就是一个调节变量。**调节变量的主要作用是为现有理论划出限制条件和适用范围**，即调节效应（moderating effect）。这对于我们揭示自变量与因变量之间的内在机制至关重要，同时是我们寻求理论突破的一条重要路径。需要指出的是，在实际操作过程中，存在一种与调节效应类似但又有所区别的作用机制，即交互效应。

图 6-8　调节变量的作用原理图

### 2. 调节效应与交互效应

**交互效应**（interaction effect）是指两个变量（$X_1$ 和 $X_2$）作用于变量 $Y$ 时，其总作用不等于两者分别作用的简单数学求和。在交互效应分析中，两个自变量（$X_1$ 和 $X_2$）的地位可以是对等的，其中任何一个自变量都可以被解释为调节变量；它们的地位也可以是不对等的，只要其中一个起到了调节作用，交互效应就存在（Aiken & West, 1991）。**与交互效应不同，在调节效应中，哪个是自变量、哪个调节变量是事先确定的，具体是由理论基础决定的，在一个确定的模型中两者不能互换。**调节效应和交互效应之间的具体比较如图 6-9 所示。在图 6-9a 中，性别在工作家庭冲突与工作满意度的关系之中起到调节作用，性别是调节变量，用 $M_o$ 表示；在图 6-9b 中，性别和工作家庭冲突的地位是对等的，二者共同对工作满意度产生交互效应。

### 3. 调节效应的两种类型

调节效应具有两种典型的类型：增强型调节和干扰型调节作用。**增强型调节效应**（reinforcement moderating effect）是指 $X$ 和 $Y$ 的正相关关系随着 $M_o$ 的增长而增强。以 Zhao 等（2014）的调节作用模型为例，他们构建和验证了一个增强型调节效应，即当员工感知到的 LMX 差异化（调节变量 $M_o$）水平越高时，LMX

（自变量 $X$）对员工内部人身份认知（因变量 $Y$）的正向影响越强，调节效应如图 6-10 所示。**干扰型调节效应**（interference moderating effect）是指 $X$ 和 $Y$ 的正相关关系随着 $M_o$ 的增长而减弱，当 $M_o$ 达到一定数值时，$X$ 和 $Y$ 甚至变为负相关关系。以汪林、储小平和倪婧（2009）的调节作用模型为例，他们构建和验证了一个干扰型调节效应，即高质量的 LMX（自变量 $X$）并不能增强高中国人传统性（调节变量 $M_o$）员工的内部人身份认知（因变量 $Y$），但能显著影响低中国人传统性员工的内部人身份认知，调节效应如图 6-11 所示。

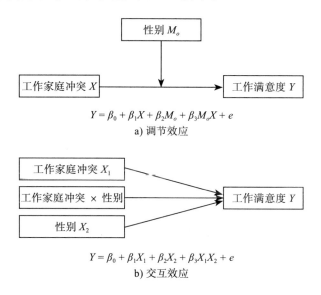

图 6-9 调节效应和交互效应的比较图

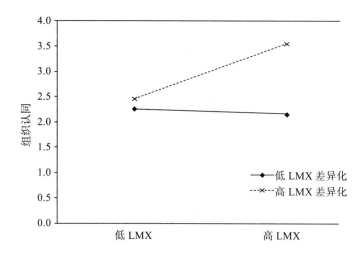

图 6-10 LMX 差异化对 LMX 和内部人身份认知之间关系的增强型调节作用

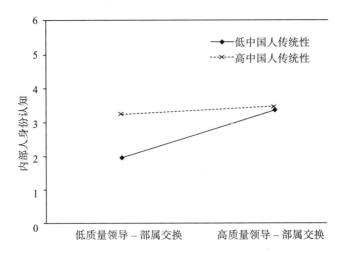

图 6-11　中国人传统性对 LMX 和内部人身份认知之间关系的干扰型调节作用

### 6.2.2　调节效应的检验操作

分步回归方法检验调节效应是目前使用最为广泛的方法之一。基本原理是：首先将自变量、调节变量等放入回归模型，检验自变量、调节变量与因变量之间的关系（方程式：$Y = \beta_0 + \beta_1 X + \beta_2 M_o + e$）；其次将乘积项（自变量 × 调节变量）纳入回归方程，检验它们与因变量之间的关系（方程式：$Y = \beta_0 + \beta_1 X + \beta_2 M_o + \beta_3 M_o X + e$）。此时，如果乘积项与因变量的关系系数 $\beta_3$ 显著，且模型 $R^2$ 发生显著变化，则说明起到显著的调节作用。需要注意的是，由于需要验证调节变量与自变量的交互作用，**为减小回归方程中变量间的多重共线性，在分析之前建议对变量进行中心化处理**。

SPSS 软件提供了一个简单的变量中心化操作方式，具体操作步骤如下：首先计算变量的平均值（以本章示例数据中的政治技能为例），打开 SPSS→分析→描述统计→描述，在描述性统计中选中均值，单击"继续"，然后"确定"，便可以得到政治技能这一变量的均值 2.736 7，如图 6-12 所示；其次进行中心化转换，打开 SPSS→转换→计算变量，如图 6-13 所示；再次，在左上角目标变量栏中，将中心化后的变量命名为 Z 政治技能，单击左边的变量"政治技能"，然后再点击右边的数字面板，将减号和刚才的平均值加入到后边的"数字表达式"中，单击"确定"，便可以得到政治技能这一变量的中心化值。此时在变量视图之中就会得到以 Z 为开头的新变量名称，它们就是中心化之后的变量。在得到中心化变量之后，我们就可以计算乘积项并进行回归分析。

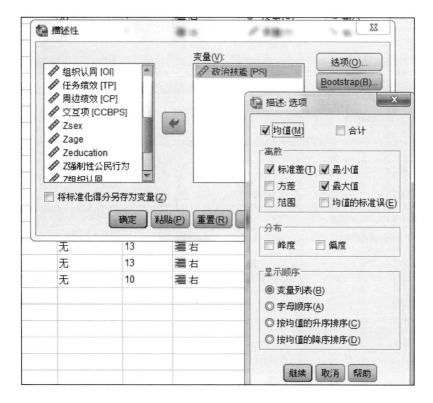

| | $N$ | 极小值 | 极大值 | 均值 | 标准差 |
|---|---|---|---|---|---|
| 政治技能 | 376 | 1.00 | 5.00 | 2.736 7 | 0.975 99 |
| 有效的 $N$（列表状态） | 376 | | | | |

图 6-12　SPSS 进行求均值操作示意图

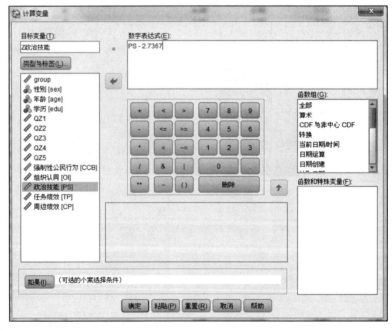

图 6-13　SPSS 进行中心化操作示意图

计算乘积项的具体操作步骤是：打开 SPSS→转换→计算变量，如图 6-14 所示；其次，在"计算变量"对话框之中的"目标变量"栏目中进行命名，例如"乘积项"；再次，在右边"数字表达式"栏目中输入"自变量*调节变量"，单击"确定"。此时在变量视图之中就会得到一个以乘积项命名的新变量。

图 6-14  SPSS 计算乘积项的操作示意图

进行调节效应回归分析的具体操作步骤是：

- 第一步，在 SPSS 中，按照 SPSS→分析→回归→线性，打开线性回归的菜单；

- 第二步，在线性回归菜单中，我们先将因变量、自变量、调节变量放入自变量框，然后单击"下一张"，在自变量框中放入乘积项，以设置第二个方程；
- 第三步，单击"统计量"按钮，设置输出参数，如 $R^2$ 变化、置信区间等，单击"继续"按钮，然后单击"确定"。

### 6.2.3 调节效应检验操作示例

仍以赵红丹（2014）发表在《经济与管理研究》上的文章为例，进行调节效应检验的具体操作。文章在探讨强制性组织公民行为对员工组织认同的影响时，选择员工政治技能作为其中的调节变量，并在检验过程中控制了员工的性别、年龄和学历等变量。下面采用 SPSS 工具进行这一调节作用的检验。

（1）在 SPSS 中，打开线性回归的菜单。

（2）分别将因变量（组织认同）、自变量（强制性组织公民行为）、调节变量（员工政治技能）放入对应的对话框。单击下一张，在自变量框中放入乘积项（强制性组织公民行为 × 员工政治技能），以设置第二个方程。

（3）单击"统计量"按钮，设置"$R^2$ 变化"这一输出参数，单击"继续"按钮，然后单击"确定"。

（4）运算完成后的检验结果如图 6-15 所示。首先，我们看"系数"这一输出结果，也就是前面介绍的回归方程中的系数（见图 6-9），$\beta_0$ 代表常数，$\beta_1$ 代表自变量系数，$\beta_2$ 代表调节变量系数，$\beta_3$ 代表交互项系数，sig 值是它们的显著性水平，乘积项系数 $\beta_3$ 为 0.201，且 sig 值小于 0.05，说明存在调节效应。其次，我们还可以参考"模型汇总"栏目中 $R^2$ 的更改量，将本研究中第二个方程（模型 2）的 $R^2$ 更改为 0.036，对应的 sig F change 值小于 0.05，证明调节效应存在。

（5）为了更清晰地判断调节效应的具体效果，研究者往往会根据调节变量的均值加减一个标准差，将样本分为高、低两组绘制调节效应图。目前较为常用的方法是采用英国谢菲尔德大学管理学院杰里米·道森（Jeremy Dawson）教授所提供的 Excel 宏文件（下载网址：http://www.jeremydawson.com/slopes.htm）。杰里米·道森教授所提供的 Excel 宏文件能够适用二项交互、三项交互、曲线效应等绝大多数情况。下载 Excel 宏文件之后，在左边相应的空格内输入数值即可，相应的右边就会自动给出调节效应图。图 6-16 就是我们根据研究结果所绘制的调节效应图，由图可知，对低政治技能的员工来说，强制性组织公民行为与组织认同之间是显著的负相关关系（$\beta = -0.70$，$p < 0.01$）；对高政治技能的员工来说，强制性组织公民行为与组织认同之间无显著关系（$\beta = 0.11$，n.s.）。所以，调节效应

存在。

**系数**①

| 模型 | | 非标准化系数 | | 标准系数 | t | Sig. |
|---|---|---|---|---|---|---|
| | | B | 标准 误差 | 试用版 | | |
| 1 | （常量） | -3.487E-015 | 0.048 | | 0.000 | 1.000 |
| | Zsex | 0.100 | 0.050 | 0.100 | 1.981 | 0.048 |
| | Zage | 0.080 | 0.060 | 0.080 | 1.330 | 0.184 |
| | Zeducation | -0.004 | 0.060 | -0.004 | -0.059 | 0.953 |
| | Z 强制性公民行为 | -0.129 | 0.050 | -0.129 | -2.600 | 0.010 |
| | Z 政治技能 | 0.315 | 0.048 | 0.315 | 6.503 | 0.000 |
| 2 | （常量） | 0.023 | 0.047 | | 0.477 | 0.634 |
| | Zsex | 0.109 | 0.049 | 0.109 | 2.202 | 0.028 |
| | Zage | 0.059 | 0.059 | 0.059 | 0.990 | 0.323 |
| | Zeducation | 0.010 | 0.059 | 0.010 | 0.164 | 0.870 |
| | Z 强制性公民行为 | -0.188 | 0.051 | -0.188 | -3.702 | 0.000 |
| | Z 政治技能 | 0.287 | 0.048 | 0.287 | 5.977 | 0.000 |
| | Z 强制性公民行为 *Z 政治技能 | 0.217 | 0.054 | 0.201 | 3.992 | 0.000 |

**模型汇总**

| 模型 | $R$ | $R^2$ | 调整 $R^2$ | 标准估计的误差 | 更改统计量 | | | | |
|---|---|---|---|---|---|---|---|---|---|
| | | | | | $R^2$ 更改 | F 更改 | df1 | df2 | Sig. F 更改 |
| 1 | 0.377② | 0.142 | 0.130 | 0.932 607 23 | 0.142 | 12.231 | 5 | 370 | 0.000 |
| 2 | 0.421③ | 0.177 | 0.164 | 0.914 338 10 | 0.036 | 15.933 | 1 | 369 | 0.000 |

① 因变量：Z 组织认同。
② 预测变量：（常量），Z 政治技能，Zeducation，Z 强制性公民行为，Zsex，Zage。
③ 预测变量：（常量），Z 政治技能，Zeducation，Z 强制性公民行为，Zsex，Zage，Z 强制性公民行为 *Z 政治技能。

图 6-15　调节效应检验运算结果

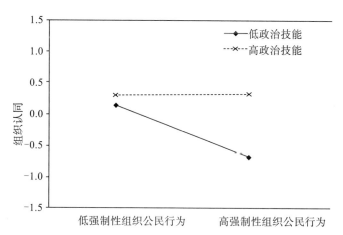

图 6-16　政治技能对强制性组织公民行为和组织认同之间关系的调节作用

## 6.3 被调节的中介和被中介的调节

以上独立构建并检验的调节和中介作用，**无法清晰地描绘组织现象中可能同时存在的潜在机制和情境因素，制约了研究的潜在贡献**。例如，中介关系会不会随着某调节变量发生变化？调节关系会不会由某个中介变量所解释？近年来学者开始以更为综合的方式发展和检验研究模型，这就是所谓的**被调节的中介模型**（moderated mediation）和**被中介的调节模型**（mediated moderation）。

### 6.3.1 模型比较

被中介的调节和被调节的中介是**同一个硬币的两面**。

对于被调节的中介模型，重心在于首先考虑自变量对因变量的作用机制，即中介效应；其次考虑中介过程是否受到调节，即中介作用何时较强、何时较弱。仍以赵红丹（2014）发表在《经济与管理研究》上的文章为例，作者认为强制性组织公民行为通过组织认同影响工作绩效的中介关系对不同政治技能的员工来说也是不同的，即政治技能显著调节强制性组织公民行为通过组织认同影响工作绩效（任务绩效、周边绩效）的中介作用，即对低政治技能的员工而言，他们之间的中介作用显著；对高政治技能的员工而言，他们之间的中介作用不显著。这就是一个典型的被调节的中介作用模型，突出的是中介效应如何随政治技能的调节作用而变化，模型如图 6-17 所示。

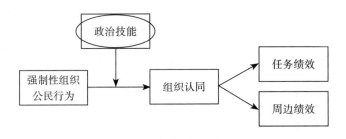

图 6-17 被政治技能调节的中介模型

对于被中介的调节模型，重心在于首先考虑自变量与因变量之间关系的方向（正或负）和强弱受到的影响，即调节效应；其次考虑调节变量是如何起作用的，即是否通过中介变量而起作用。以唐汉瑛、龙立荣和周如意（2015）的研究为例，他们基于领导权变理论（contingency theories of leadership）提出了一个被中介的调节模型，认为下属权力距离对谦卑型领导行为与下属工作投入关系的调节作用通过下属组织自尊的中介实现，即下属的权力距离越大，谦卑型领导行为对其组织自尊的影响越大，相应地，对其工作投入的积极影响也越强。这就是一个典型的被中介的调节作用模型，突出的是调节效应如何被组织自尊所中介，模型如图 6-18 所示。

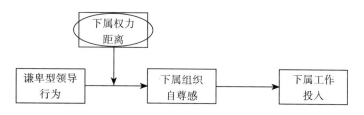

图 6-18　被组织自尊中介的调节模型

### 6.3.2　模型类型

**1. 被调节的中介模型**

目前，有三种典型的被调节的中介模型：第一阶段被调节的中介作用模型（见图 6-19）、第二阶段被调节的中介作用模型（见图 6-20）、两阶段被调节的中介作用模型（见图 6-21）。

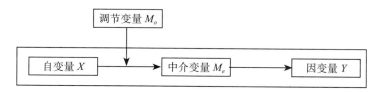

图 6-19　第一阶段被调节的中介作用模型

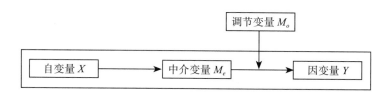

图 6-20　第二阶段被调节的中介作用模型

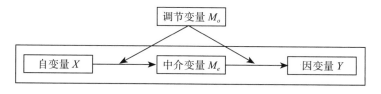

图 6-21　两阶段被调节的中介作用模型

对于第一阶段被调节的中介作用模型，研究者需要首先论证自变量通过中介变量对结果变量产生的间接关系；然后解释自变量和中介变量之间的关系如何随着调节变量的不同水平而变化；基于以上两个关键点，研究者应接着论证为何当调节变量取值较高或较低时，这种中介作用会增强、减弱甚至变化方向。一个示例是赵红丹（2014）所提出的第一阶段被调节的中介作用模型，作者首先假设组织认同在强制性组织公民行为与员工任务绩效之间起中介作用，然后指出政治技能调节强制性组织公民行为与组织认同之间的关系，最后假设政治技能显著调节强制性组织公民行为通过组织认同影响任务绩效的中介作用。

对于第二阶段被调节的中介作用模型，研究者需要首先论证自变量通过中介变量对结果变量产生的间接关系，然后解释中介变量和结果变量之间关系如何随着调节变量的不同水平而变化，最后利用以上两个步骤来证明第二阶段被调节的中介模型，即自变量对因变量的间接效用会随着调节变量对中介→结果变量之间关系的调节而发生变化。一个示例是俞明传、顾琴轩和朱爱武（2014）所提出的第二阶段被调节的中介作用模型，他们首先假设内部人身份认知中介员工–组织关系与员工创新行为之间的关系，然后指出创新氛围正向调节内部人身份认知与员工创新行为之间的关系，最后假设创新氛围正向调节员工–组织关系对员工创新行为影响的间接效应。

对于两阶段被调节的中介作用模型，研究者应该首先阐明第一阶段调节变量对自变量和中介变量之间关系起到的调节作用，然后阐明第二阶段调节变量对中介变量和因变量之间关系起到的调节作用，最后基于以上分析提出两阶段被调节的中介模型。一个示例是李燕萍和涂乙冬（2011）所提出的两阶段被调节的中介作用模型，他们首先假设心理授权在领导–部属交换与下属的职业成功间起着中介作用，然后指出政治技能调节领导–部属交换与心理授权之间的关系以及心理授权与职业成功之间的关系，最后假设政治技能调节领导–部属交换通过心理授权对员工职业成功影响的间接效应。

### 2. 被中介的调节模型

目前，有两种典型的被中介的调节模型：类型Ⅰ（见图6-22）和类型Ⅱ（见图6-23）。

对于类型Ⅰ，研究者需要首先解释调节变量为何及如何改变自变量和中介变量之间的关系：加强或减弱？然后阐明中介变量和结果变量之间为何存在显著关系，进而整合上述两个关键点讨论为何中介变量可以传递自变量与调节变量交互效应对结果变量的影响。一个示例是唐汉瑛等（2015）所提出的被中介的调节模型，他们认为下属权力距离对谦卑型领导行为与下属工作投入关系的调节作用通过下属组织自尊的中介实现。

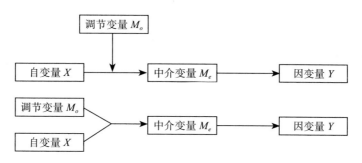

图 6-22 被中介调节作用模型（类型 I）

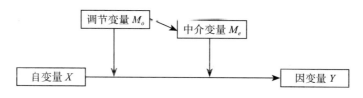

图 6-23 被中介调节作用模型（类型 II）

对于类型 II，研究者首先需要使用具体的理论来证明调节变量在自变量和因变量之间可能存在的调节作用，其次提供有说服力的证据来证明调节变量对中介变量的影响，再次需要阐明为何中介变量将同样调节自变量和因变量之间的关系，并传递原始调节变量的调节作用，最后综合以上假设及论证构建被中介的调节模型。一个示例是马君和赵红丹（2015）所提出的被中介的调节模型，他们认为奖励对任务意义与创造力关系的调节效应，通过创造力角色认同的中介作用而实现，即奖励通过提高创造力角色认同来加强任务意义对创造力的影响。

### 6.3.3 模型检验操作

如前所述，虽然被调节的中介模型和被中介的调节模型在模型构建的思维及过程方面有所差异，但在**模型检验方面差别不大**。目前比较常用的检验方法是中介效应差异检验，基本原理是只要 $X$ 通过 $M_e$ 影响 $Y$ 的中介效应（indirect effect）与 $M_o$ 有关，或者说随 $M_o$ 变化，则中介效应是有调节的。具体而言，有亚组分析法和 Bootstrap 法（拔靴法）两种。其中，亚组分析法是指只要对某个 $M_o$ 值，中介效应显著，则存在条件中介效应；如果还有另一个 $M_o$ 值，中介效应不显著，说

明中介效应随 $M_o$ 变化。Bootstrap 法是检验 $M_o$ 的不同取值上的中介效应之差是否显著。例如，取 $M_o$ 的平均值上下一个标准差的值，分别记为 $M_{oH}$ 和 $M_{oL}$，如果在两种取值之下的中介效应显著差异，则说明中介效应受到 $M_o$ 的调节。

基于上述思路，国外研究者提出了两种不同的检验工具：PROCESS for SPSS and SAS（Hayes，2017）和总效应调节模型（total effect moderation model；Edwards & Lambert，2007）。PROCESS for SPSS and SAS 提供了 70 多个模型，可以处理多中介、多调节以及有调节的中介、有中介的调节等复杂模型。分析过程中只需选择对应的模型，设置相应的自变量、因变量、中介或调节变量即可，具体见第 6.3.4 节。

按照 Muller、Judd 和 Yzerbyt（2005）与 Preacher、Rucker 和 Hayes（2007）建议的方法，"被调节的中介模型"成立必须满足 4 个条件：①自变量与因变量必须显著相关；②调节变量显著调节自变量与中介变量之间或者中介变量与因变量之间的关系；③中介变量与因变量必须显著相关；④在不同水平的调节变量之下，自变量通过中介变量影响因变量的"条件性间接效应"显著不同。前三个条件采用传统的回归分析方法就可以验证，对于第四个条件则需要借助 PROCESS 工具。具体的操作步骤是：

- 安装 PROCESS。打开 SPSS→实用程序→定制对话框→安装自定义对话框→选择安装文件。
- 在 SPSS 中，按照 SPSS→分析→回归→PROCESS，打开 PROCESS 的菜单。
- 在 PROCESS 菜单中，从 Model Number 下拉单中给出的 70 多个备选模型中选择适当的模型。
- 分别将因变量、自变量、调节变量放入各自的框内。
- 选择 Bootstrap Samples（一般为 5 000）和置信区间（一般为 95%），然后单击"确定"。

### 6.3.4 检验操作示例

仍以赵红丹（2014）发表在《经济与管理研究》上的文章为例，进行被调节的中介效应检验的具体操作。文章在探讨强制性组织公民行为通过员工组织认同对工作绩效的影响时，选择员工政治技能作为其中的调节变量，并在检验过程中控制了员工的性别、年龄和学历等变量。下面采用 PROCESS 工具进行这一模型的检验。

（1）在 SPSS 中，按照打开 SPSS→分析→回归→PROCESS，打开 PROCESS

的菜单。

（2）根据本研究的理论模型，在 PROCESS 菜单中，从 Model Number 下拉单中选择 Model 7。

（3）分别将因变量（以工作绩效中的任务绩效为例）、自变量（强制性组织公民行为）、调节变量（政治技能）、控制变量（性别、年龄、学历）放入各自的对话框，如图 6-24 所示。

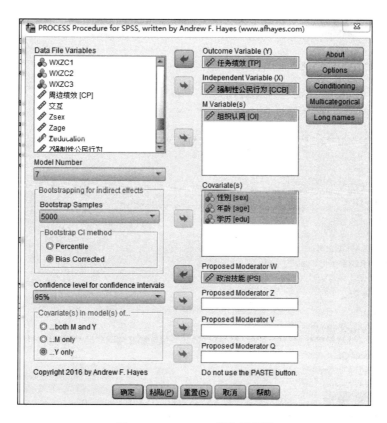

图 6-24　PROCESS 操作示意图

（4）选择 Bootstrap Samples（为 5 000）和置信区间（为 95%），然后单击"确定"。

（5）运算完成后的检验结果如图 6-25 所示。首先，我们看"Conditional indirect effect(s)"这一输出结果，1.760 7、2.736 7、3.712 7 分别代表低、中、高三种水平下的政治技能水平，BootLLCI 和 BootULCI 分别代表低水平和高水平下的置信区间值，Effect 代表不同水平下的中介效应值。结果表明，对低政治技能（1.760 7）的员工来说，强制性组织公民行为对其任务绩效的"条件性间接效应"显著（间接效应值 = −0.075 5，Boot SE = 0.033 8，在 95% 置信水平下的置信区间为：−0.168 9 <−> −0.026 5，不包含 0）；对高政治技能（3.712 7）的员工来说，这一"条件性间接效应"不显著（间接效应值 = 0.002 2，Boot SE = 0.015 4，在95%置信水平下的置信区间为：-0.032 1 <-> 0.030 8，包含0）。这说明在两种取值（取 $M_o$ 的平均值上下一个标准差的值）之下的中介效应显著差异，有调节的中介效应模型得到验证。其次，我们可以看一下"Index of Moderated Mediation"这一输出结果，在本研究中该指数值为 0.039 8 且在95%置信水平下的置信区间为：0.011 6 <-> 0.091 8，不包含0，达到显著性水平，进一步支持了假设。

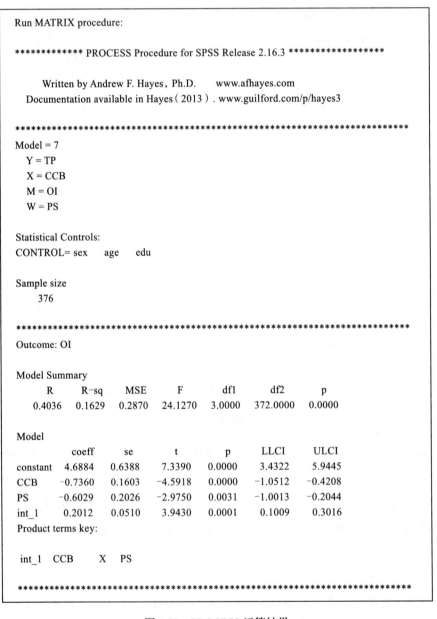

图 6-25　PROCESS 运算结果

```
Outcome: TP

Model Summary
          R        R-sq      MSE        F        df1       df2         p
       0.2367    0.0560    0.3365    4.3927    5.0000   370.0000    0.0007
Model
              coeff      se         t         p        LLCI      ULCI
constant     1.1767    0.2469    4.7662    0.0000    0.6912    1.6622
OI           0.1978    0.0525    3.7654    0.0002    0.0945    0.3011
CCB         -0.0811    0.0489   -1.6597    0.0978   -0.1772    0.0150
sex         -0.0191    0.0645   -0.2967    0.7669   -0.1460    0.1077
age          0.0459    0.0453    1.0125    0.3119   -0.0432    0.1351
edu         -0.0611    0.0348   -1.7566    0.0798   -0.1295    0.0073

******************** DIRECT AND INDIRECT EFFECTS ************************

Direct effect of X on Y
     Effect     SE         t         p        LLCI      ULCI
    -0.0811   0.0489   -1.6597    0.0978   -0.1772    0.0150

Conditional indirect effect(s) of X on Y at values of the moderator(s):

Mediator
         PS       Effect    Boot SE   BootLLCI   BootULCI
OI     1.7607   -0.0755    0.0338    -0.1689    -0.0265
OI     2.7367   -0.0367    0.0187    -0.0912    -0.0107
OI     3.7127    0.0022    0.0154    -0.0321     0.0308

Values for quantitative moderators are the mean and plus/minus one SD from mean.
Values for dichotomous moderators are the two values of the moderator.

******************** INDEX OF MODERATED MEDIATION
************************

Mediator
        Index   SE(Boot)  BootLLCI   BootULCI
OI     0.0398   0.0189    0.0116     0.0918

******************** ANALYSIS NOTES AND WARNINGS
************************

Number of bootstrap samples for bias corrected bootstrap confidence intervals:
    5000

Level of confidence for all confidence intervals in output:
    95.00

------ END MATRIX -----
```

图 6-25（续）

## 6.4 发表历程与体会

正如本章开篇所述，国内外组织管理类学术期刊均强调文章创新的重要性，目前所发表的实证论文在研究模型之中大都绕不开中介或调节变量，因为这些变量有助于探讨某种现象的内在机理。但在实际的论文构思、撰写和发表的过程中，有一些问题需要关注，结合个人的投稿、审稿、发表等实际经历，我们总结为以下几点。

### 1. 中介或调节变量的引入缺少依据

在我们的研究过程中有时为了充实理论模型，可能强行添加一些中介或调节变量，使自己的研究显得"丰满"，典型的表现是以数据分析结果为导向。以中介效应为例，在审稿过程中我们发现有的文章在构建模型时会使用这样的逻辑："以往研究发现 $X$ 与 $Y$ 和 $M_e$ 相关，以及 $M_e$ 与 $Y$ 相关，但是尚未发现三者之间关系的研究，因此就推导出 $M_e$ 可能在 $X$ 和 $Y$ 之间起到中介效应"，这种"为中介/调节而中介/调节"的做法很容易让审稿人质疑模型的变量选择并给出较低的评价。以作者 2014 年发表在 *Journal of Creative Behavior* 上的文章为例（Zhao et al., 2014），在第一轮的退修意见之中，主编和审稿人均提出了模型中变量选择的问题，这一问题也让我们花了很大篇幅来尽可能扭转主编和审稿人的态度。如下就是其中两位审稿人的具体意见：

#Reviewer 1. More attention is needed to support your rationale for mediation/moderation, and to meet the standards for proof of causation.

#Reviewer 2. In the introduction, it was difficult to follow your model. Particularly, the moderation could have been between the IV and the mediator or the mediator and the AV（cf. Muller et al., 2005）. The theoretical underpinning of your chosen association was not clear to me. It would be useful to better explain why you expect the moderation between IV and mediation and also to add a graphical depiction and to clarify this issue.

较为理想的做法可能有：以往关于 $X$ 和 $Y$ 关系的研究不充分或相互矛盾，需要引入过程或情景变量来加深我们对 $X$ 和 $Y$ 之间关系的理论认知；以往研究者曾指出 $M_e/M_o$ 可能在 $X$ 和 $Y$ 关系之中起到中介/调节作用，但并未进行深入研究和实证论证，本研究是对以往研究的回应。

### 2. 模型构建缺乏主导理论

主导理论是一篇文章的理论基础，缺少了理论基础的研究模型就像是"无源之水，无本之木"，往往很容易成为审稿人质疑的重点目标，而且涉及主导理论一般就是大修或退稿。同样以作者 2014 年发表在 *Journal of Creative Behavior* 上的文章为例（Zhao et al., 2014），在第一轮的退修意见之中，主编和审稿人就提到了主导理论的问题：

# Editor. I concerned about the lack of detail regarding the self-categorization theory which is proposed as the underpinning theory for your model.

#Reviewer 3. Self-categorization perspective is not clearly described. What does this mean precisely, how stable is this categorization, what are the major theories around this perspective, etc?

虽然本篇论文已经明确自我归类理论（self-categorization theory）作为主导理论，但在模型构建过程中缺少对于这一理论的内容、重要性和可行性的清晰阐述，从而招致了主编和审稿人的质疑。

### 3. 验证工具不适当/严谨

理论模型和研究假设的验证需要合适的研究工具，国内外组织管理类学术期刊均将"研究方法合适性"作为重要的评价指标之一（参见表 6-1 和表 6-2）。如果在文章中选择了不合适的验证工具或分析方法，这些问题也往往容易招致审稿人的质疑。以作者 2015 年发表在 *Leadership & Organization Development Journal* 上的文章为例（Zhao, 2015），在反馈意见中，审稿人就提到了验证工具应该选择 Edwards & Lambert（2007）关于有调节的中介模型检验的程序：

#Reviewer 1. I would use the terminology of first and second stage moderation (from Edwards and Lambert) — the way you currently address this in the paper is somewhat unclear.

当然，除了上述问题之外，审稿人还容易对理论模型中的跨层次变量提出质疑，如果理论模型中涉及了不同层次（如组织层次、领导层次、员工层次等）的变量，就需要进行跨层次验证，因为用个体水平的变量来估计组织/领导水平变量的相关关系会产生谬误。目前这方面的软件包括 HLM 和 Mplus 等，由于本书旨在面向研究新手介绍中介或调节的初步认识及验证，因此主要还是依托 SPSS 软件进行操作介绍。如果读者想了解关于 HLM 和 Mplus 等软件的更多内容，请参考本书附录中所提供的学术资源。

## 小结

本章首先从"怎么寻求理论创新并做出学术贡献"这一理论问题出发，引出了探索作用过程（中介机制）和探索边界条件（调节机制）的重要性及必要性，然后分别对中介变量、调节变量的内涵、检验方法、软件操作等进行了阐述。在此基础上，本章进一步提出了同时探索中介机制和调节机制的重要意义，并通过模型比较、模型类型、模型检验、实际操作等内容详细介绍了被调节的中介和被中介的调节两种模型。最后，结合个人的投稿、审稿、发表等实际经历，本章总结出一些需要关注的问题：中介或调节变量的引入缺少依据，模型构建缺乏主导理论，验证工具不适当/严谨。

## 参考文献

[1] L S Aiken, S G West. Multiple Regression: Testing and Interpreting Interactions[M]. Newbury Park, CA: Sage, 1991.

[2] R M Baron, D A Kenny. The Moderator—Mediator Variable Distinction in Social Psychological Research: Conceptual, Strategic, and Statistical Considerations[J]. Journal of Personality and Social Psychology, 1986, 51(6): 1173-1182.

[3] J R Edwards, L S Lambert. Methods for Integrating Moderation and Mediation: A General Analytical Framework Using Moderated Path Analysis [J]. Psychological Methods, 2007, 12(1):1-22.

[4] A F Hayes. Introduction to Mediation, Moderation, and Conditional Process Analysis: A Regression-based Approach[M]. New York: Guilford Publications, 2017.

[5] S Lee, S Yun, A Srivastava. Evidence for a Curvilinear Relationship between Abusive Supervision and Creativity in South Korea[J]. The Leadership Quarterly, 2013, 24(5):724-731.

[6] D P Mackinnon, J L Krull, C M Lockwood. Equivalence of the Mediation, Confounding and Suppression Effect[J]. Prevention Science, 2000, 1(4):173-181.

[7] D Muller, C M Judd, V Y Yzerbyt. When Moderation is Mediated and Mediation is Moderated[J]. Journal of Personality and Social Psychology, 2005, 89(6):852-863.

[8] K J Preacher, A F Hayes. SPSS and SAS Procedures for Estimating Indirect Effects in Simple Mediation Models[J]. Behavior Research Methods, Instruments, & Computers, 2004, 36(4):717-731.

[9] K J Preacher, D D Rucker, A F Hayes. Addressing Moderated Mediation Hypotheses:

Theory, Methods, and Prescriptions[J]. Multivariate Behavioral Research, 2007, 42(1): 185-227.

[10] H Zhao. Leader-member Exchange Differentiation and Team Creativity: A Moderated Mediation Study[J]. Leadership & Organization Development Journal, 2015, 36(7): 798-815.

[11] H Zhao, M Kessel, J Kratzer. Supervisor-subordinate Relationship, Differentiation, and Employee Creativity: A Self‐Categorization Perspective[J]. Journal of Creative Behavior, 2014, 48(3):165-184.

[12] 李燕萍，涂乙冬. 与领导关系好就能获得职业成功吗？一项调节的中介效应研究 [J]. 心理学报，2011，43（8）：941-952.

[13] 马君，赵红丹. 任务意义与奖励对创造力的影响——创造力角色认同的中介作用与心理框架的调节作用 [J]. 南开管理评论，2015，18（6）：46-59.

[14] 唐汉瑛，龙立荣，周如意. 谦卑领导行为与下属工作投入：有中介的调节模型 [J]. 管理科学，2015，28（3）：77-89.

[15] 汪林，储小平，倪婧. 领导-部属交换、内部人身份认知与组织公民行为——基于本土家族企业视角的经验研究 [J]. 管理世界，2009（1）：97-107.

[16] 俞明传，顾琴轩，朱爱武. 员工实际介入与组织关系视角下的内部人身份感知对创新行为的影响研究 [J]. 管理学报，2014，11（6）：836-843.

[17] 赵红丹. 强扭的瓜到底甜不甜？——员工感知到的强制性组织公民行为对工作绩效的影响 [J]. 经济与管理研究，2014（11）：71-79.

# 第7章

# 非线性关系检验

在研究中，我们经常发现无法寻找到一条最优的直线来拟合数据。更极端的情况是，强制线性回归的结果不仅改变了原有数据的正态性，甚至改变了数据的方差齐性和独立性，严重违反了线性回归的最小二乘法（OLS）原理。

事实上，世界的运行并不是线性的。很多时候，事物的影响效应，不仅取决于事物变化带来的影响以及情境诱因，还取决于事物自身量的大小，因而呈现不规则的运动或变化。大前研一在《思考的技术》一书中举例，在微风的状态下，一个苹果落地可以套用万有引力定律建立起苹果质量与重力的线性关系。但在同样的状态下，"一片树叶从树上掉落，我们就无法计算出树叶掉落的速度和方位，因为树叶掉落的速度和方位会同时受风力的大小、树枝形状、树叶形状等因素的影响"，这里的树叶和重力呈现非线性关系。同样，在人文社会科学领域，由于人的有限理性和认知偏差，在行为输入与输出之间也因为人的心理计量过程不同，存在大量的非线性关系。在因果关系未明或者存在相互掣肘的作用机制的情况下，非线性关系能够帮助我们更好地揭示变量间的关系。

科学研究的目的是简化思维。正如管理学家玛格丽特·惠特利（Wheatley, 2011）[⊖]所言，"科学关注的是预测，而对非线性进行预测是困难的。为了避免麻烦，实现'确定性'的梦想，学者将非线性方程'线性化'，这样就可以通过数学方法对系统进行处理了"。在组织管理的研究中，对非线性关系的处理基本遵循这一思路。在本章中，我们主要解决如下问题：

---

⊖ Wheatley M. Leadership and the New Science: Learning about Organization from an Orderly Universe [M]. New York: Berrett-Koehler Publishers, 1993.

- 非线性关系及非线性回归方法概述。
- 组织管理中常见非线性关系产生的根源。
- 非线性关系假设的提出与检验方法。
- 非线性调节效应假设的提出与检验方法。
- 非线性中介效应检验。

## 7.1 非线性关系及非线性回归方法概述

### 7.1.1 非线性关系的含义与研究趋势

非线性关系是相对于线性关系而言的。线性关系是指量与量之间按比例、成直线的关系，或者说函数的斜率在其定义域内处处存在且相等。非线性关系则指变量之间存在不断变化的、不成比例的复杂关系。是否存在非线性关系最直观的判断是看变量间的变化率是否恒定，或者函数的斜率在其定义域中是否不存在或不相等，换言之，至少有 个变量的指数不是 1，则可以判断为非线性关系存在。

非线性关系的例子比比皆是。最经典的例子是边际效用递减规律，即连续消费某种商品给我们带来的主观效用在一段时间内尽管总量在增加，但增量在减少。再比如美国学者洛克（Locke，1967）提出的目标设置理论认为，低目标和高目标都无法产生激励作用，只有中等程度的目标才能产生激励效应，因此激励曲线呈现倒"U"形。同样，在组织与战略研究中，非线性关系研究一直广受关注。

来自蒂尔堡大学的三位研究者（Haans, Pieters & He，2016）在一篇经典文献中系统地回顾了战略研究中 U 形和倒 U 形关系的理论与检验。[⊖]他们对从 1980 年 SMJ 成立到 2012 年所有刊登的文章（包括研究笔记在内），以"倒 U 形""U 形""曲线"和"二次"等关键词进行了全文搜索，又经过 490 篇文章的手动检查，最终得出有 110 篇文章假设并检验了 U 形关系，其中有 30 篇额外检验了调节效应。

图 7-1 显示了随着时间变化在 SMJ 上发表有关 U 形（包括倒 U 形）关系研究的文章的情况，结果呈现了明显的上升趋势，其中在 2012 年的所有文章中，有 13% 的文章论证和检验了 U 形 / 倒 U 形关系，在这 13% 的文章中有 40% 包含了调节效应假设。在这 110 篇文章中，共提出了 163 个 U 形 / 倒 U 形关系的假设以及 50 个相关的调节效应假设。

---

⊖ R F Haans, C Pieters, Z L He. Thinking about U: Theorizing and Testing U-and Inverted U-Shaped Relationships in Strategy Research[J]. Strategic Management Journal, 2016, 37(7), 1177-1195.

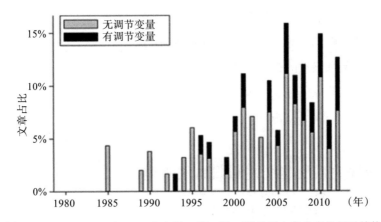

图 7-1　1980～2012 年 SMJ 中有关 U 形 / 倒 U 形关系文章发表的相对趋势

### 7.1.2 非线性关系处理方法

非线性关系一般分为三类：第一类是已知曲线类型，可转化为线性关系的非线性关系，例如幂函数、指数函数、对数函数、S 型函数、双曲线函数等；第二类是无法确定曲线类型的非线性关系，但可转换为多项式；第三类是函数较为复杂，无法转换为线性处理的非线性关系。对于不可转化为线性的模型，数据拟合较为复杂，一般对曲线函数做泰勒级数展开，并采用数值迭代进行。在组织管理研究中，我们一般关注前两类非线性关系，并采用曲线回归的方法进行数据的处理。

**1. 已知曲线类型**

对于已知曲线类型，我们需要根据理论推演和经验，并结合样本数据的散点分布趋势加以判断，进行曲线方程线性化。

例如人的身高增长曲线，根据经验和相关理论推演，并结合数据散点图，我们可以大致判断自变量（$X$：年龄）对因变量（$Y$：高度）的影响可能呈现如图 7-2 所示的趋势关系。

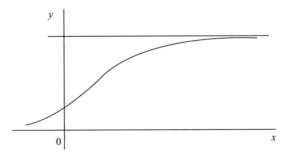

图 7-2　S 型函数关系

此时可以考虑引入 S 型函数关系：

$$Y = \frac{1}{\alpha + \beta e^{-X}} \qquad (7\text{-}1)$$

随后进行线性化处理，过程为：

$$\frac{1}{Y} = \alpha + \beta e^{-x} \rightarrow Y' = \alpha + X' \qquad (7\text{-}2)$$

这样自变量与因变量之间复杂的 S 型关系就转化为简单的线性关系了。几种常见的曲线形态及变换公式如表 7-1 所示。

表 7-1　常见非线性关系的线性化过程

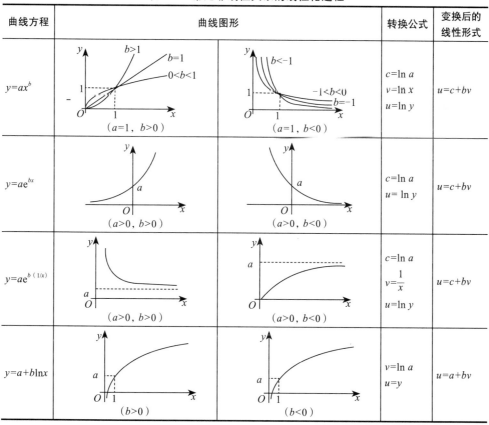

需要特别强调的是，非线性回归的数据变换必然导致随机误差项分布的变化，这对 OLS 的基本条件（正态性、方差齐性、独立性等）会产生影响，因此，在线性变换后采用最小二乘法得出的模型最佳参数估计值，不一定是原模型的最佳估计。

此外，SPSS 软件给出的 10 种常见的可线性化的曲线回归方程（见表 7-2），可以直接运行曲线估计进行数据拟合。

表 7-2  SPSS 常见的可线性化的曲线回归方程

| 英文名称 | 中文名称 | 方程形式 |
| --- | --- | --- |
| Linear | 线性函数 | $y=b_0+b_1 t$ |
| Logarithm | 对数函数 | $y=b_0+b_1 \ln t$ |
| Inverse | 逆函数 | $y=b_0+b_1/t$ |
| Quadratic | 二次曲线 | $y=b_0+b_1 t+b_2 t_2$ |
| Cubic | 三次曲线 | $y=b_0+b_1 t+b_2 t^2+b_3 t^3$ |
| Power | 幂函数 | $y=b_0 t^{b_2}$ |
| Compound | 复合函数 | $y=b_0 b_1^t$ |
| S | S型函数 | $y=\exp(b_0+b_1/t)$ |
| Logistic | 逻辑函数 | $y=\dfrac{1}{\dfrac{1}{u}+b_0 b_1^t}$<br>$u$ 是预先给定的常数 |
| Growth | 增长曲线 | $y=\exp(b_0+b_1 t)$ |
| Exponent | 指数函数 | $y=b_0 \exp(b_1 t)$ |

处理流程为：单击分析→回归→曲线估计命令，进入曲线回归主对话框，如图 7-3 所示，选定自己设定的曲线模型即可处理。

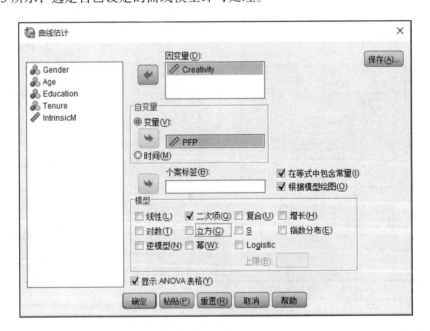

图 7-3  非线性处理主对话框

## 2. 未知曲线类型

在组织研究中，我们经常会遇到随着变量感知强度的变化，个体通过收益-风险的权衡，不再遵循经济利益最大化决策原则，行为选择会呈现非线性变化，呈现忽高忽低等状态。当两个变量间的关系复杂、难于确定时，可以使用多项式回归（polynomial regression）来拟合数据。多项式回归的最大优点，就是可以通过增加 x 的高阶项，对实测点不断逼近，直至拟合效果最好为止。多项式回归一般包括两类一元多项式和多元多项式等几类。

**（1）一元多项式。**第一类是一元多项式，只有单个预测变量（自变量），包含有一次项、二次项或其他高次项，拟合的图形为曲线。多项式回归模型可以表示为：

$$y = b_0 + b_1 x + b_2 x^2 + \cdots + b_k x^k + \varepsilon \tag{7-3}$$

在处理中，令 $x_1 = x$，$x_2 = x^2$，$\cdots$，$x_k = x^k$，即可转换为线性回归方程：

$$y = b_0 + b_1 x_1 + b_2 x_2 + \cdots + b_k x_k + \varepsilon \tag{7-4}$$

即 $Y = XB + E$，矩阵形式如下：

$$Y = \begin{bmatrix} y_1 \\ y_2 \\ y_3 \\ \vdots \\ y_n \end{bmatrix} \quad X = \begin{bmatrix} 1 & x_1 & x_1^2 & \cdots & x_1^k \\ 1 & x_2 & x_2^2 & \cdots & x_2^k \\ 1 & x_3 & x_3^2 & \cdots & x_3^k \\ \vdots & \vdots & \vdots & & \vdots \\ 1 & x_n & x_n^2 & \cdots & x_n^k \end{bmatrix} \quad B = \begin{bmatrix} b_0 \\ b_1 \\ b_2 \\ \vdots \\ b_m \end{bmatrix} \quad E = \begin{bmatrix} \varepsilon_1 \\ \varepsilon_2 \\ \varepsilon_3 \\ \vdots \\ \varepsilon_n \end{bmatrix}$$

线性化后便可以通过最小二乘法求解。鉴于组织管理研究中包含调节效应和非线性关系的假设主要以单调递增（或递减）的曲线关系或 U 形或倒 U 形函数的形式出现（Aiken & West，1991；Miller，Stromeyer & Schwieterman，2013），因此我们接下来会重点研究二次非线性关系及其复杂的中介和调节关系。

**（2）多项式回归与响应面分析。**第二类为多元多项式，包含两个及以上变量，变量有一次项、二次项或高次项，图形变为曲面。在组织研究中应用最广的多元多项式是二次响应面分析，即多项式回归与响应面分析（response surface analysis，Box & Draper，1987）的结合使用，用来研究个体与环境的匹配，如个人目标与组织目标的一致性，个人价值观与组织价值观的契合等。

已有研究在讨论个体与环境的匹配程度时多采用二者赋值之差或绝对差、平方差，然而在用这些指标对结果变量进行预测时掩盖和限制了个体、环境本身对结果变量的预测作用（Edwards，2001；张珊珊、张建新和周明洁，2012）。二次响应面分析是为了克服差分分析的缺陷而存在的，它允许对两个测量指标本身及其之间的各种关系（高低的各种组合）进行直接的、未加限定的、全面的测量（Edwards，2008）。具体如下面的方程所示：

$$z = b_0 + b_1 x + b_2 y + b_3 (x-y)^2 + \varepsilon \tag{7-5}$$

即

$$z = b_0 + b_1 x + b_2 y + b_3 x^2 + b_4 xy + b_5 y^2 + \varepsilon \tag{7-6}$$

在具体的研究中，我们关注的是一致线（$x=y$）与不一致线（$x=-y$）上的斜率和曲率，以判断当个体与环境完全匹配或完全不匹配时的影响效应。

沿着 $x=y$ 轴线的一致性线的公式：

$$x=y: z = b_0 + (b_1+b_2)x + (b_3+b_4+b_5)x^2 + \varepsilon \tag{7-7}$$

其中：曲率为 $a_1 = b_3 + b_4 + b_5$，$t = \dfrac{a_1}{\sqrt{SE_{b_1}^2 + SE_{b_2}^2 + 2\operatorname{cov} b_1 b_2}}$，斜率为 $a_2 = b_1 + b_2$，

$t = \dfrac{a_1}{\sqrt{SE_{b_3}^2 + SE_{b_4}^2 + SE_{b_5}^2 + 2\operatorname{Cov} b_3 b_4 + 2\operatorname{Cov} b_4 b_5 + 2\operatorname{Cov} b_3 b_5}}$。

沿着 $x=-y$ 轴线的非一致性线的公式为：

$$x=-y: z = b_0 + (b_1-b_2)x + (b_3-b_4+b_5)x^2 + \varepsilon \tag{7-8}$$

其中：斜率为 $a_3 = b_1 - b_2$，$t = \dfrac{a_3}{\sqrt{SE_{b_1}^2 + SE_{b_2}^2 - 2\operatorname{Cov} b_1 b_2}}$，曲率为 $a_4 = b_3 - b_4 + b_5$，$t = \dfrac{a_4}{\sqrt{SE_{b_3}^2 + SE_{b_4}^2 + SE_{b_5}^2 - 2\operatorname{Cov} b_3 b_4 + 2\operatorname{Cov} b_4 b_5 - 2\operatorname{Cov} b_3 b_5}}$。

在实际研究中，我们一般先提供个体与环境匹配偏差的描述性统计，进行理论判断；然后拟合二次响应面方程 $Z$，计算出一致线（$x=y$）与不一致线（$x=-y$）上的斜率和曲率，结合 $t$ 值判断其显著性；最后运用 Origin 软件绘制三维图，进行假设检验。下面我们结合一个实例介绍如何分析响应图。

图 7-4 刻画了组织外在激励与员工内在工作价值需求之间匹配的影响效应（马君和刘婷，2015）。响应面沿 $X=-Y$ 线上（图中虚线）的曲率为负且显著（$a_4=-0.2308$，$p<0.01$），$R=-a_3/2a_4=0.0028<0.50$，最大值 $Z_{最大值}=4.0189$，即 $X=-Y$ 线在响应面上的拐点（0.0028，-0.0028，4.0189）位于感知奖励价值与感知工作价值一致的范围内。这说明感知奖励价值与感知工作价值背离对创造力的影响远远低于二者匹配时。同时，响应面沿 $X=-Y$ 线上的斜率为正，但不显著（$a_3=0.0246$，ns），鉴于曲率为负且显著，根据 Aiken & West（1991）的结论，此时反映感知奖励价值与感知工作价值的背离抑制创造力，且随着背离程度的增加，对创造力的负向影响呈递增状态，导致研发人员的创造力呈快速下降趋势。

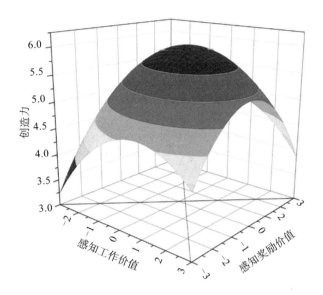

图 7-4 奖励价值与工作价值的匹配对创造力的影响

## 7.2 组织研究中非线性关系产生的潜在根源

在组织管理研究中,应用最多的是一元多项式,即采用高阶关系来揭示非线性关系。根据组织研究进展,归纳起来非线性关系产生的原因有以下几种。

**1. 受个体特质的影响**

非线性关系的产生可能与个体的特质有关。首先,个体在生理、心理、认知等方面总存在一定的最优状态。其次,个体总存在一定的认知和行为上的稳定特质,例如风险厌恶、参照依赖、特质激活、偏好逆转等。这些特征都会使变量的预测作用出现突变。

以著名的叶克斯-多德森定律(Yerkes & Dodson,1908)为例,该定律揭示心理激活(psychological arousal)和绩效之间呈现"倒 U 形"关系,也就是说,在中间状态下的心理激活水平对员工行为的影响最大。这是个体的一种重要特质。

Baer 和 Oldham(2006)[⊖]在一项关于创造活动过程中的时间压力与创造力的关系研究中,基于这一点做了扩展,发现创造性时间压力(指员工在多大程度上感觉没有足够的时间来开发创意)影响个体的激活水平。当个体感受到的时间

---

⊖ M Baer, G R Oldham. The Curvilinear Relation between Experienced Creative Time Pressure and Creativity: Moderating Effects of Openness to Experience and Support for Creativity[J]. Journal of Applied Psychology, 2006, 91(4): 963.

压力越高时，他们的激活水平就越高；但在过高或过低的激活水平下个体都无法有效调动自身的积极性或激活内在动机（Singh，1998；Zivnuska et al.，2002）；只有在中等水平的时间压力下，个体的行为表现处于最佳状态，中等水平的时间压力所导致的激活水平与个体行为理想的激活水平要求相一致（Gardner & Cummings，1988），因此创造性时间压力与创造力呈现倒 U 形关系。

他们发现，员工的开放性（人格因素）以及组织对创造性的支持（环境因素）与员工的创造力只有很弱的直接关系，但是在与创造性时间压力相互结合的作用下，能使员工的创造性倍增。他们在此非线性关系的基础上引入两个调节变量：经验开放性和创造支持。其中，组织支持的调节作用如图 7-5 所示，图中显示高水平的组织支持能够促使个体在中等时间压力下产生高水平创造力。

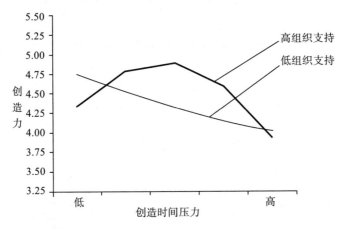

图 7-5　组织支持与创造时间压力的交互作用对创造力的影响

在他们的研究中尽管没有发现个体经验开放性的调节效果，但是经验开放性与组织支持的交互作用调节创造时间压力与创造力的关系，即存在三项交互效应。开放的个体有强烈的动机去积极寻找新的和不同的经历，在组织的支持下，他们可以接触到各种各样的想法和观点，在中等时间压力下，更有可能去寻求解决问题的方法，产生高水平创造力。具体如图 7-6 所示，即高经验开放性的个体在高组织支持和中等时间压力下产生更高的创造力。

**2. 个体心理决策过程的影响**

第二种原因是个体特质的延伸，主要是因为行为决策建立在参照依赖、风险厌恶、心理禀赋效应等特质的基础上，导致预测变量的影响呈非线性。

例如 Homburg、Koschate 和 Hoyer（2005）在研究中发现，尽管客户满意可以有效预测支付意愿，但是由于心理预期的作用，这种影响可能呈现非均衡变化，不同的理论有不同的判断，由此他们基于两种理论做了一种"倒 S 形"关系假设和一种"S 形"辅助假设[○]，如图 7-7 所示。

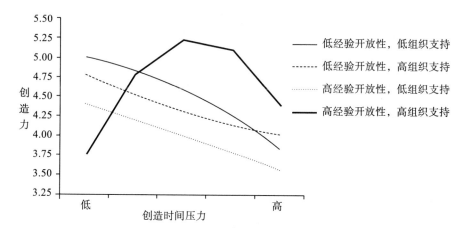

图 7-6　经验开放性、组织支持与创造时间压力的三项非线性交互效应

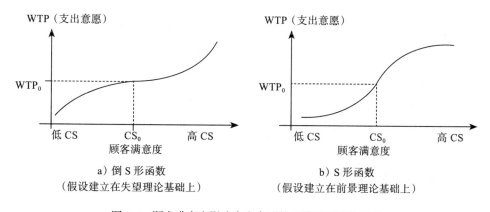

a）倒 S 形函数　　　　　　　　　　b）S 形函数
（假设建立在失望理论基础上）　　（假设建立在前景理论基础上）

图 7-7　顾客满意度影响支出意愿的两种不同函数形式

首先，他们基于失望理论（disappointment theory）假设顾客满意度与其支付意愿之间呈"倒 S 形"关系（$H_2$）。失望理论将失望和高兴的情绪纳入个体的效用公式（Bell，1985；Loomes & Sudgen，1986），表明当选择的结果低于先前的预期时顾客会失望，而当选择的结果超过先前的预期时会高兴。此外当结果与期望之间的差距越大时，一个人的失望或高兴程度就会大幅增加，也就是高兴（失望）会产生情感价值增量（减量），导致了高兴值的凸形和失望值的凹形。因此，简单的期望满足并不会增加消费或使用体验的情绪，支出意愿的变化不大，但是满足

---

○　Homburg C, Koschate N, Hoyer W D. Do Satisfied Customers Really Pay More? A Study of the Relationship between Customer Satisfaction and Willingness to Pay[J]. Journal of Marketing, 2005, 69(2): 84-96.

或不满足带来的影响会大幅度影响支出意愿。

其次，他们基于前景理论（prospect theory）提出二者的关系也可能呈"S形"的假说（$H_{2alt}$）。该理论认为，满意度的判断依赖于参考点。在这种情况下，参考点是预期满意度（图 7-6 中的 $CS_0$，B 组）。高于参考点的满意度（$CS > CS_0$）将被视为增益，低于此标准的满意度将被视为损失（$CS < CS_0$）。同时，个体对满意度的评估会表现出敏感度降低的特点。也就是说，随着满意度或不满意程度的增加，收益和损失的边际值会减小，因此，这种函数结构在中间是陡峭的，在两端是平坦的。

最终他们的非线性拟合结果支持了"倒 S 形"假说。

### 3. 存在此消彼长的互斥作用机制

正如事物是"对立统一"的，预测变量可能会产生两种不同的预测机制影响结果变量，并且这两种机制随着预测变量强度的变化可能此消彼长，导致预测变量的影响呈现非线性特点。

Jourdan 和 Kivleniece（2017）发表在 AMJ（*Academy of Management Journal*）上的一篇文献，研究了公众赞助对组织绩效的非线性影响。[①]他们认为，公众赞助会对资源积累和分配机制产生不同的影响，而这两种影响会对企业产生两种相反的作用效果。这种互斥的作用机制随着公众捐赠数量的增加此消彼长，导致公众赞助与企业市场绩效之间呈倒 U 形关系。

首先，公共赞助通过增加企业的资源池，暂时屏蔽市场的不利变化，减轻市场或技术不确定性的影响，发挥缓冲作用（Amezcua et al.，2013）。缓冲效应表明，资源池的增加会产生更高的"应急储备"，特别是在内部资源短缺的情况下。竞争条件出现意外变化的组织（例如需求转移或外国竞争对手进入），可以利用公共政策干预所累积的资源库存（例如补贴），来"缓冲"其不利的短期绩效（Lazzarini，2015），帮助企业复苏。

其次，资源积累机制可能只能预测公众赞助效应的一部分。分配机制是与资源积累同等重要的企业竞争力来源。由于赞助意味着在资源持有者和接受者之间缺乏相应的市场交换和价值机制，使公共资源分配缺乏严格的约束，降低了资源分配效率。换言之，公共资源的可用性扭曲了组织资源分配效率，使公共赞助对企业市场绩效的积极影响被削弱。

---

[①] J Jourdan, I Kivleniece (2017). Too much of a Good Thing? The Dual Effect of Public Sponsorship on Organizational Performance[J]. Academy of Management Journal, 60(1), 55-77.

因此，当两种相反的效应结合在一起时（Haans，Pieters & He，2015），公共赞助和市场绩效之间呈非线性关系。在低赞助水平下，考虑到缓冲效应，与资源积累相关的绩效收益可能占主导地位；然而，随着赞助数量的增加，资源分配效率带来的负向影响加重，抵消了资源积累的有利影响。具体而言，接受低到中等水平赞助的生产商很可能从适当的缓冲效应中获益，而随着赞助水平的提高，超过一定限度，将有更多资源用于开发新项目，尽管存在一定的积极的"孤立"效应，但由于越来越多的资源缺乏外部约束，导致资源分配效率降低，由此带来的负面影响更大，因此从总体上降低企业市场绩效。从而，公共赞助的累计数量与市场绩效之间存在倒 U 形关系。

#### 4. 情境因素的影响

情境为理论生效创设了条件。同时情境为个体特质表达提供了相关行为线索，若这种线索与特质一致则起到放大特质影响的作用（Tett & Guterman，2000），反之则削弱。这样会导致已建立的变量之间的关系变得模糊，甚至呈现非线性关系。

Stewart 和 Barrick（2000）研究了不同任务情境下团队成员之间的互赖性对团队绩效的非线性影响。[1]他们收集了来自 45 个生产团队（626 个人）和他们的主管的数据来检验这些假设，具体如图 7-8 所示。

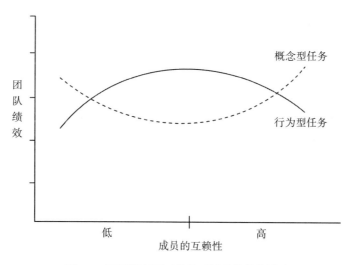

图 7-8　不同任务下互赖性对团队绩效的影响

**行为型任务**（behavioral tasks）不需要更多的新方法或创新，目标和计划易于

---

[1] G L Stewart, M R Barrick. Team Structure and Performance: Assessing the Mediating Role of Intrateam Process and the Moderating Role of Task Type [J]. Academy of Management Journal, 2000, 43(2):135-148.

制定，要求更多的是配合执行现有流程而不是交流、沟通和谈判等团队互动。当团队互赖性低时，团队之间的交流和合作少，各自为战，当个人遇到困难时或需要别人代班时难以获得同伴的支持，也不利于通过与优秀者比较驱赶懒惰，此时团队绩效较低；当团队互赖性高时，成员之间的交流密切，无形中会占有很多的工作时间，同时交流过程中难免会滋生一些冲突，进一步降低工作效率。只有当互赖性处于中等水平时，既有利于协作（任务过程），又有利于减少不必要的社会互动（社会过程），因而此时团队绩效最优。由此，对行为型任务而言，互赖性与团队绩效呈倒 U 形关系。

**概念型任务**（conceptual tasks）相反，需要使用新方法去解决目标实现过程中遇到的新问题和挑战。当互赖性低时，团队以个体工作为主，团队进程中的交流、冲突等水平较低，工作更加灵活，自主性更好，个体可以发挥自己的才能，团队绩效水平较高；当互赖性高时，团队以团队合作为主，团队之间的交流增加，更渴望达成一致，效率也高。只要互赖性处于中等水平，团队进程中的交流和冲突就会存在，既影响个体自我发挥又影响团队达成一致意见，降低效率，所以绩效水平最低。由此，对概念型任务而言，互赖性与团队绩效呈 U 形关系。

## 7.3　组织研究中一般非线性关系的处理

回归模型中多项式关系的最基本形式是包含了一个独立变量的二次项（Cohen et al., 2003），这也是组织管理研究中应用最广泛的一种非线性研究模型（罗胜强和姜嬿，2014）。二次曲线关系一般呈现两种形态。如果因变量 $Y$ 首先随自变量 $X$ 增加以递减的速率降低到最小值，之后随着自变量 $X$ 的继续增加，因变量 $Y$ 以递增的速率增加，则说明"U 形"关系存在。如果因变量 $Y$ 首先随自变量 $X$ 增加以递减的速率增加到最大值，之后随着自变量 $X$ 的继续增加，因变量 $Y$ 以递增的速率减小，则说明倒 U 形关系存在（Haans et al., 2016）。

在管理活动中高于二次方的关系很少，即使存在，也可以将二阶关系的处理方法推广到更高阶关系的处理（Aiken & West, 1991）。

### 7.3.1　二次曲线类型

在研究中，一般我们使用下面的回归方程式代表二次曲线关系。⊖

---

⊖　L S Aiken, S G West (1991). Multiple Regression: Testing and Interpreting Interactions[M]. Newbury Park, CA: Sage Publications.

$$\hat{Y} = \beta_0 + \beta_1 X + \beta_2 X^2 \tag{7-9}$$

$X$ 和 $X^2$ 表示主效应的线性和二次关系，每项都有一个自由度。在处理中，$X$ 和 $X^2$ 项必须包含在方程中，即使在我们的理论预期中，$X$ 和 $Y$ 之间只存在二次关系。

对预测因子进行中心化，$\beta_1$ 系数表示 $X$ 和 $Y$ 观测数据之间关系的整体线性趋势（正或负）。如果线性趋势是正向的，如图 7-9a 和图 7-9b 所示，则 $\beta_1$ 符号为正，如果线性趋势是负向的，如图 7-9c 所示，则 $\beta_1$ 符号为负。如果图形是正 U 形或倒 U 形，如图 7-9d 和图 7-9e 所示，则 $\beta_1$ 为 0。

$\beta_2$ 系数表示曲线曲率的方向。如果曲线向上凸，如图 7-9a 和图 7-9d 所示，则 $\beta_2$ 符号为正；如果曲线向下凹，如图 7-9b、图 7-9c 和图 7-9e 所示，则 $\beta_2$ 符号为负。当曲线向上凸（$\beta_2$ 符号为正）时，我们通常关注在 $Y$ 最低点时的 $X$ 值，即曲线的最小值，如图 7-9a 和图 7-9d 所示。当曲线项下凹（$\beta_2$ 符号为负）时，我们通常关注 $Y$ 最高点的 $X$ 值，即曲线的最大值，如图 7-9b、图 7-9c 和图 7-9e 所示。当 $x = -\beta_1/2\beta_2$ 时，函数取得最大值或最小值。如果这个值落在 $X$ 有意义的范围内，那么这个关系就是非单调的，并且可能出现在图 7-9d 和图 7-9e 中。如果这个值落在数据的有意义范围之外，那么这种关系就是单调的，如图 7-9a、图 7-9b 和图 7-9c 所示。

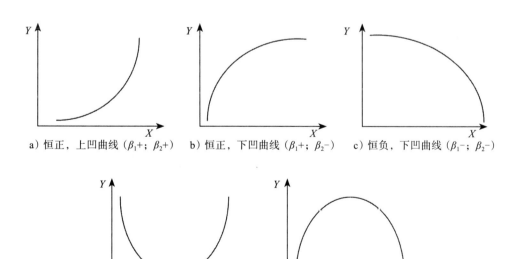

图 7-9　二次曲线类型（Aiken & West，1991）

## 7.3.2 如何提出二次曲线效应假设

一般来讲，倒 U 形关系可以概念化为两个潜在的函数共同组成倒 U 形。虽然潜在的函数通常不可观测，但它们可以相加或相乘来解释倒 U 形关系，以揭示 $X$ 对 $Y$ 的"净效应"。Haans 等（2016）在他们的经典文献中考虑了两种相互抵消的因素，提出了构建倒 U 形关系的 3 种不同组合（见图 7-10），有助于我们建立假设。

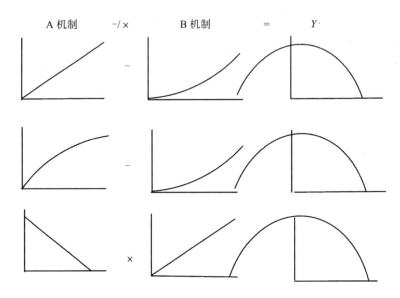

图 7-10　导致倒 U 形关系的潜在机制的加法和乘法组合

**组合 1**。这种组合建立在利益 – 成本框架下，即利益随自变量线性增加，然而，成本往往随自变量迅速升高，导致凸状的或指数的成本曲线。从利益中减去成本就会引起自变量和绩效产出间的倒 U 形关系。

例如，Jone（2003）认为，虽然高产品开发率有很多好处，但产品开发率的增加也会使像品牌替换、范围限制和复杂性增加等不经济现象升级。在某一点之后，成本开始主导产品开发率的线性增长效益，因此可以预测产品开发效率和公司绩效间的倒 U 形关系。

**组合 2**。这种组合类似上面的利益 – 成本框架，只是利益线采用凹型或对数形状的改变，成本线仍是凸状的或指数的成本曲线。A 和 B 两种机制的净效应是倒 U 形关系。例如，Chang 和 Park（2005）认为，特定区域的集聚不仅能够提供合法性、知识溢出等有利条件，同时也能加剧竞争，增加业务成本，导致群体思维。然而，推动力量以减缓的速率增加直至实现平稳，阻碍力量随着集聚迅速上升,因此,企业进入特定区域的可能性最初会增加,然后,随着区域集聚而减少。这种论点与组合2完美匹配。

**组合3**。这种组合是通过一个正线性函数和一个负线性函数来构造倒U形关系。尽管在已发表的研究中并不常见,但典型的情况是能力、机会和动机对结果的综合影响,通常是一种战略选择。比如,Ang(2008)通过结合负线性机会函数和正线性动机函数构建了竞争强度与合作间的倒U形关系。面临竞争激烈程度较低的公司往往拥有独特的资源,这使它们有更多的合作机会,因为这些资源使它们对潜在的商业伙伴更具吸引力。然而,这些公司也没有什么动力去合作以降低竞争强度,因为竞争强度对它们而言已经很低了。相反,面临高水平竞争程度的公司为降低竞争强度更有动力合作,但缺乏吸引合作伙伴的独特资源。两种函数相互作用使得在中等竞争强度下合作动力最高。这一论点就是第三种组合。

### 7.3.3 二次曲线效应的检验

二次曲线方程:$Y = \beta_0 + \beta_1 X + \beta_2 X^2$,在组织管理研究中可以用图7-11a来表示。鉴于二次曲线方程又可以写成:$Y = \beta_0 + \beta_1 X + \beta_2 X \cdot X$,这等同于说:变量$X$调节自身与$Y$的关系(见图7-11b)。

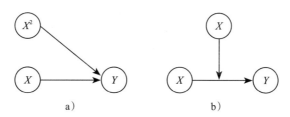

图7-11 二次曲线在组织管理中的含义

$X$对$Y$的影响表达的是"$X$变化一个单位,$Y$改变的速率"(罗胜强和姜嬿,2014)。一般通过简单斜率估计来讨论$X$对$Y$的影响,即通过对$Y = \beta_0 + \beta_1 X + \beta_2 X^2$中的$X$求一阶偏导,来确定瞬时变化率:

$$\frac{\partial Y}{\partial X} = \beta_1 + 2\beta_2 X \qquad (7\text{-}10)$$

这表明,在二次曲线关系中,$X$对$Y$的影响还取决于$X$自身的大小。这一结果与图7-9b中$X$扮演自身的调节变量的逻辑一致。这一点在我们后续研究曲线调节效应时非常重要。

判断$X$对$Y$的非线性影响是否显著,一般是将$X$中心化后生成高阶项变量$X^2$,然后再进行线性回归。通过观察$\beta_2$是否显著,判断曲线效应是否存在。此外还可以采用选点法或者 Johnson-Neyman 法加以判断。

**1. 选点法**

**选点法**（pick-a-point）一般通过假设检验或构造一个置信区间，用来确定给定值 $X$ 的简单斜率是否显著。具有二次项的简单斜率的标准误差、$t$ 值以及置信区间计算公式如下：

$$SE = \sqrt{s_{11} + 4Xs_{12} + 4X^2s_{22}} \qquad (7\text{-}11)$$

$$t = \frac{\beta_1 + 2\beta_2 X}{\sqrt{s_{11} + 4Xs_{12} + 4X^2s_{22}}} \qquad (7\text{-}12)$$

$$IC = \left[(\beta_1 + 2\beta_2 X) \pm t_{1-\frac{a}{2}}(n-k-1) \times \sqrt{s_{11} + 4Xs_{12} + 4X^2s_{22}}\right] \qquad (7\text{-}13)$$

其中 $s_{ii}$ 和 $s_{ij}$ 的值来自预测变量的方差–协方差矩阵（Aiken & West，1991）。我们在回归分析时单击分析→回归→线性→statistics，然后进入如图 7-12 所示的界面，勾选协方差矩阵即可获得方差和协方差值，代入模型即可计算 $t$ 值，来判断 $X$ 在特定点对 $Y$ 的影响是否显著。

图 7-12　SPSS 协方差矩阵对话框

我们以 Aiken 和 West（1991）提供的模拟数据为例，进一步说明非线性关系的检验方法。自变量 $X$ 为自我概念（self concept，即一个人对自身存在的主观感知），因变量 $Y$ 为自我表露（self-disclosure，即向他人表达自己的观点、想法和情感的过程）。中心化后的曲线拟合结果如图 7-13 所示。

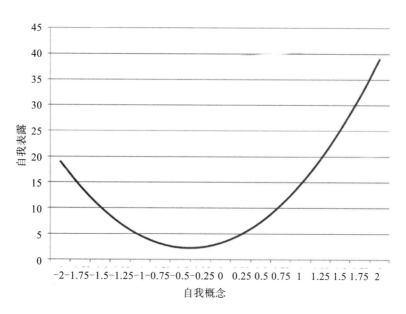

图 7-13　自我概念与自我表露的回归方程图

随后,根据选点法,选取均值和均值 ±1 个标准差 3 个点计算斜率,从而得到三条与曲线相切的直线(见图 7-14)。然后进行显著性检验,以确定这条切线的斜率是否不等于 0。计算结果如表 7-3 所示。

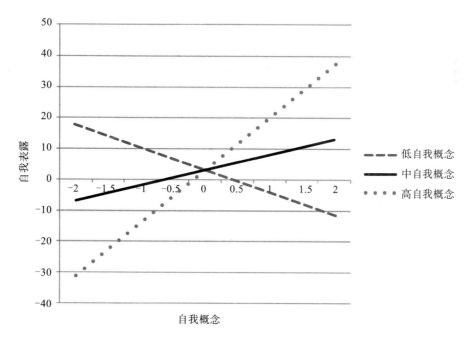

图 7-14　自我概念高、中、低水平下的简单斜率

表 7-3 自我概念高、中、低水平的斜率的显著性检验

| | | 值 | 简单斜率值 | SE | t 值 | 95% 置信区间的下限 | 95% 置信区间的上限 |
|---|---|---|---|---|---|---|---|
| 自我概念 | 低 | −0.945 | −7.205 | 2.657 | −2.712 | −12.428 8 | −1.98 13 |
| | 中 | 0 | 4.993 | 1.464 | 3.410 | 2.114 0 | 7.872 0 |
| | 高 | 0.945 | 17.191 | 2.504 | 6.865 | 12.267 7 | 22.114 4 |

结果显示，自我概念高中低三种状态的简单斜率均显著（可以从置信区间将 0 排除出去判断，或者将 $t$ 值转换成 $P$ 值加以判断）。其中，在自我概念低的时候，它抑制个体的自我表露；在自我概念处于高水平时，它促进个体自我表露，因此，自我概念与自我表露之间呈现 U 形关系。

### 2. Johnson-Neyman 法

另一种方法是 Johnson-Neyman（J-N）法（Johnson & Fay，1950；Johnson & Neyman，1936）。[①]这种技术弥补了选点法的缺点，可以准确地提供一个确定简单斜率的显著区域（Bauer & Curran，2005），帮助我们判断简单斜率估计在预测变量 $X$ 的哪个区域内不显著，进而帮助我们判断非线性曲线的变化趋势。幸运的是，这种方法可以在 https://www.dropbox.com/sh/ nqw1w40nujty38u/BceknMkfy8 上免费获取一组基于 Excel 开发的工具（Miller & Stromeyer，2013）。

J-N 法的处理方法与选点法相反，它是在 $t$ 值的基础上计算 $X$ 值，从而获得简单斜率跨过显著性阈值的精确值。计算如下：

$$t = \frac{\beta_1 + 2\beta_2 X}{\sqrt{s_{11} + 4Xs_{12} + 4X^2 s_{22}}} \quad (7\text{-}14)$$

$$\downarrow$$

$$t^2 = \frac{\beta_1^2 + 4\beta_1\beta_2 X + 4\beta_2^2 X^2}{s_{11} + 4Xs_{12} + 4X^2 s_{22}} \quad (7\text{-}15)$$

$$\downarrow$$

$$t^2 s_{11} + 4t^2 X s_{12} + 4t^2 X^2 s_{22} - \beta_1^2 - 4\beta_1\beta_2 X - 4\beta_2^2 X^2 = 0$$

$$\downarrow$$

$$\left(4t^2 s_{22} - 4\beta_2^2\right) X^2 + \left(4t^2 X s_{12} - 4\beta_1\beta_2\right) X + \left(t^2 s_{11} - \beta_1^2\right) = 0$$

$$\downarrow$$

---

[①] J W Miller, W R Stromeyer, M A Schwieterman. Extensions of the Johnson-Neyman Technique to Linear Models With Curvilinear Effects: Derivations and Analytical Tools[J]. Multivariate Behavioral Research, 2013, 48(2): 267-300.

$$X = \frac{-\left(4t^2Xs_{12} - 4\beta_1\beta_2\right) \pm \sqrt{\left(4t^2Xs_{12} - 4\beta_1\beta_2\right)^2 - 4\left(4t^2s_{22} - 4\beta_2^2\right)\left(t^2s_{11} - \beta_1^2\right)}}{2\left(4t^2s_{22} - 4\beta_2^2\right)} \quad (7\text{-}16)$$

由此，我们根据显著性的临界值可以计算出一个区间 [$X_\text{低}$, $X_\text{高}$]，如果任意 $X$ 的取值在这个区间之外，则简单斜率显著；如果 $X$ 的取值在这个区间内，则简单斜率不显著。

仍以上面的研究为例，经过计算 $X$ 的精确值为 $-0.733$ 和 $-0.154$，我们可以绘制出 J-N 图，该图比简单斜率上的选点图提供了更多的信息。它为简单斜率估计值提供了显著性和非显著性的区域。需要指出的是，纵轴为简单斜率估计值。基于 J-N 图（见图 7-15），当自我概念小于 $-0.733$ 个单位时，自我概念的简单斜率为负，显著不等于 0，说明自我概念的增加在统计上显著地降低了自我表露。当自我概念范围为（$-0.733$）～（$-0.154$）时，自我概念的增加并不会对自我表露产生显著影响。当自我概念高于 $-0.154$ 个单位时，自我概念的增加将会导致自我表露的显著增加。由此，J-N 图也验证了自我概念对自我表露产生 U 形影响。

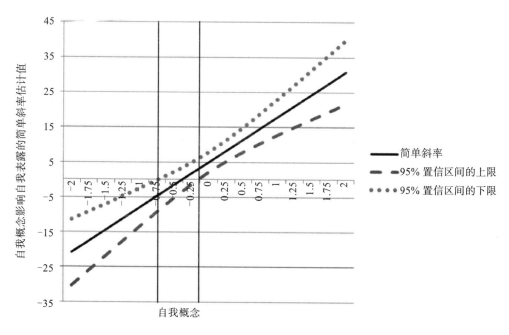

图 7-15　简单斜率估计值的显著区域 J-N 图

## 7.4　如何提出非线性调节关系假设

正如我们在前面章节中讨论的一样，如果第三个变量 $Z$ 影响 $X$ 和 $Y$ 之间的关系，使得它随 $Z$ 的变化值而变化，则发生调节效应。当人们通过理论推导调节效应的时候，驱动观测关系的潜在机制成为焦点：调节变量通过影响一个或两个潜在的机制，进而影响 U 形关系。我们仍然以 Haans 等（2016）的研究加以说明。

$Z$ 可以通过两种不同的方式对 U 形关系进行调节，使转折点左移或者右移，使曲线变缓或陡。当调节变量影响被观测的关系的转折点位置移动而曲线的形状不变时，发生转折点的移动。考虑潜在机制的附加组合：从线性收益函数中减去凸成本曲线，得到倒 U 形。

假设 $X$ 对 $Y$ 有二次曲线效应影响：

$$Y = \beta_0 + \beta_1 X + \beta_2 X^2 \tag{7-17}$$

同时我们假设只有线性收益函数受 $Z$ 影响：

$$A = a_0 + (a_1 + Z) X \tag{7-18}$$

不受 $Z$ 影响的凸成本曲线可表示为：

$$B = b_0 + b_1 X + b_2 X^2 \tag{7-19}$$

其中 $b_2$ 为正，使其凸出。用式（7-18）中减去式（7-19），然后导致观察到的 $X$ 和 $Y$ 之间的关系，由 $Z$ 调节：

$$Y = A - B = (a_0 - b_0) + (a_1 - b_1 + Z) X - b_2 X^2 \tag{7-20}$$

取 $X$ 的一阶导数并将其设为 0，我们得到：

$$X^* = \frac{a - b_1 + Z}{2b_2} \tag{7-21}$$

转折点取决于调节变量，对于每一个 $Z$ 值，存在唯一的调节点，在式（7-21）中，$X^*$ 随着 $Z$ 增加而增加，使得转折点向右移动。

由于在式（7-20）中 $X^2$ 和 $Z$ 之间没有相互作用，观察到的关系的曲率不会改变，因此不会发生平缓或陡峭。

当调节变量影响被观测的关系的总体形状变化而转折点的位置不变这一潜在机制时，发生曲线变缓或变陡。

再次考虑潜在机制的附加组合，线性收益函数现在不受调节变量的影响：

$$A = a_0 + a_1 X \tag{7-22}$$

假设现在凸成本曲线的曲线随着 $Z$ 的增加而变缓：

$$B = b_0 + b_1 X + (b_2 - Z) X^2 \tag{7-23}$$

用式（7-22）减去式（7-23）得到如下 $X$ 与 $Y$ 间的关系：

$$Y = A - B = (a_0 - b_0) + (a_1 - b_1) X - (b_2 - Z) X^2 \tag{7-24}$$

式（7-24）包含了 $X^2$ 和 $Z$ 之间的正向关系，随着 $Z$ 值的增加，$X$ 与 $Y$ 之间的倒 U 形关系变缓。而且当 $a_1=b_1$ 时，没有转折点移动，因为式（7-24）的转折点不依赖于 $Z$。

需要指出的是，在实践中，曲线变平或者变陡往往与转折点的移动联系在一起，这是因为在调节关系中，转折点的移动同时依赖于一阶（$X$ 和 $XZ$）和二阶（$X^2$ 和 $X^2Z$），而曲线关系的曲率仅由二阶系数决定。但是，从理论和实证来看，这两种调节效应截然不同。

图 7-16 总结了调节变量如何影响潜在机制的加法和乘法组合。如上所述，对于加法组合产生的转折点移动可以通过论证调节变量，使得潜在的线性机制变强或变弱来实现；对于变缓或变陡可以通过论证调节变量，使得潜在的曲线机制变强或变弱来实现，如图 7-16 中的上面两行图形所示。

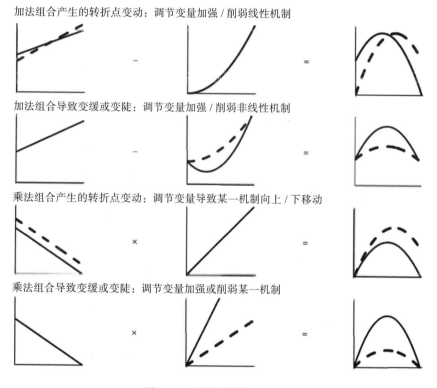

图 7-16　两种调节类型的图示

对于两个潜在线性函数的乘法组合，转折点的移动可以通过论证调节变量使线性函数上移或下移，同时不改变斜率；变缓或变陡可以通过理论论证调节变量使潜在的线性函数变强或变弱来实现，这些体现在图 7-16 中的最后两行图形中。

两种调节类型是不同的，在理论发展方面，需要进一步明确调节变量是如何作用于潜变量并表现在被观测关系中的。Folta 和 O'Brien（2004）明确了不确定性

$X$ 与进入市场的可能性 $Y$ 之间 U 形关系的转折点的变动。推迟的期权价值随着不确定性线性增加（相当于成本线），而增长的期权价值是不确定性的凸函数（相当于收益线），两种期权价值的结合产生了 U 形关系。接下来，作者认为市场准入所需投资的不可逆转性（$Z$）使成本线变得陡峭，对于更高水平的不确定性，使权力推迟更有价值。如上所述，这只能导致转折点的变动，其他的有关转折点理论发展的例子还包括 Henderson、Miller 和 Hambrick（2006），Oriani 和 Sobrero（2008）。

Ang（2008）明确使用两者潜在机制的乘法组合提出关于调节效应变陡的假设，首先，负线性机会函数与正线性动机函数相互作用产生了竞争强度（$X$）和协作（$Y$）间的倒 U 形关系。接下来，Ang（2008）论证了作为行业背景变量的技术强度调节这一关系，使机会线变陡。当变陡的线与未受影响的正线性动机函数相互作用，倒 U 形关系曲率增加，导致 U 形关系变陡。其他促使曲线关系变缓或变陡的较好发展的例子包括 Li、Zhou 和 Zajac（2009），Zhang 和 Rajagopalan（2010），Mihalache 等（2012）。

## 7.5 非线性调节关系的检验

调节效应为理论关系生效预设了边界条件。正因为调节变量的存在，变量之间的关系强度甚至方向会发生变化。在非线性关系中，调节变量发挥同样的作用。只不过在线性关系的调节效应分析中，自变量对因变量的影响需要考虑调节变量的大小。而在非线性调节效应的研究中，还要考虑自变量自身的强度（Aiken & West，1991）。下面我们用最经典的二阶调节效应模型加以说明。模型如下：

$$\hat{Y} = \beta_0 + \beta_1 X + \beta_2 X^2 + \beta_3 M + \beta_4 XM + \beta_5 X^2 M \tag{7-25}$$

这一模型也可以看作 $M$ 同时调节 $X$ 和 $X^2$ 对 $Y$ 的影响，或者 $X \cdot X \cdot M$ 的三项交互模型，如图 7-17 所示。

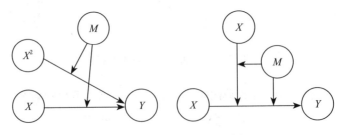

图 7-17 二次曲线的调节效应

如前所述，我们用简单斜率估计来代表 $X$ 对 $Y$ 的影响：

$$\frac{\partial Y}{\partial X} = \beta_1 + 2\beta_2 X + \beta_3 M + 2\beta_5 XM$$

可以看出，$X$ 对 $Y$ 的影响同时取决于调节变量 $M$ 和 $X$ 自身的强度。在实际操作中我们一般采取选点法或者 J-N 法检验调节效应是否显著。原理同二次曲线检验，判断简单斜率的标准误差和 $t$ 值计算如下：

$$SE = \sqrt{\begin{array}{l} s_{11} + 4Xs_{12} + 2Ms_{14} + 4XMs_{15} + 4X^2 s_{22} + 4XMs_{24} + 8X^2 Ms_{25} + \\ M^2 s_{44} + 4XM^2 s_{45} + 4X^2 M^2 s_{55} \end{array}} \quad (7\text{-}26)$$

$$t = \frac{\beta_1 + 2\beta_2 X + \beta_3 M + 2\beta_5 XM}{\sqrt{\begin{array}{l} s_{11} + 4Xs_{12} + 2Ms_{14} + 4XMs_{15} + 4X^2 s_{22} + 4XMs_{24} + 8X^2 Ms_{25} + \\ M^2 s_{44} + 4XM^2 s_{45} + 4X^2 M^2 s_{55} \end{array}}} \quad (7\text{-}27)$$

选点法的操作是，通过选择 3 个点（均值、均值 +1 标准差、均值 -1 标准差；注：更多的时候是选取均值 ±1 标准差两个点），将调节变量 $M$ 分成高、中、低三种情况，每一种情况分别对预测变量 $X$ 的高、中、低（同样是均值、均值 ±1 标准差）时的简单斜率进行估计，来推断 $X$ 对 $Y$ 影响的整体趋势。下面仍以 Aiken 和 West（1991）的研究实例加以说明。

我们在随后的研究中引入了饮酒量作为自我概念与自我表露的调节变量。多项式回归拟合结果如下：

$$\hat{Y} = 3.502 - 2.042X + 3.000X^2 + 2.138M + 2.793XM + 1.960X^2 M$$

非线性调节效应的显著性检验如表 7-4 所示。

表 7-4　调节效应的显著性检验

| 自变量：自我概念低 | | 调节变量：饮酒量 | | |
| --- | --- | --- | --- | --- |
| | | 低 $M=-2.200$ | 中 $M=0$ | 高 $M=2.200$ |
| 低：$X=-0.945$ | 简单斜率 | -5.706 | -7.711 | -9.716 |
| | 标准误差（$SE$） | 2.963 | 2.801 | 4.439 |
| | $t$ 值 | -1.925① | -2.753② | -2.189① |
| 中：$X=0$ | 简单斜率 | -8.188 | -2.042 | 4.104 |
| | 标准误差（$SE$） | 2.368 | 1.669 | 2.256 |
| | $t$ 值 | -3.457③ | -1.224 | 1.819 |
| 高：$X=0.945$ | 简单斜率 | -10.669 | 3.627 | 17.924 |
| | 标准误差（$SE$） | 4.731 | 2.946 | 2.586 |
| | $t$ 值 | -2.255① | 1.231 | 6.930③ |

① $p < 0.05$。
② $p < 0.01$。
③ $p < 0.001$。

从表 7-4 可知，自我概念对自我表露的影响因个体饮酒量不同存在差异。在饮酒量低的情况下，自我概念高、中、低三种情况下的切线斜率均为负值，且斜率越来越大，说明自我概念对自我表露的影响是负向的；在饮酒量中等的情况下，个体自我概念低的时候对自我表露的影响是显著的，切线的斜率为负，表明此时自我概念对自我表露产生负向影响；在饮酒量高的情况下，自我概念低的时候简单斜率为负，即切线斜率为负，自我概念中等程度时简单斜率不显著，即切线斜率为0，在自我概念高的时候简单斜率为正，即切线斜率为正，表明此时自我概念对自我表露产生U形影响，先抑后扬。

此外，还有一种更直观的方法检验非线性调节效应。我们首先将二次调节效应模型变形：

$$\hat{Y} = \beta_0 + \beta_1 X + \beta_2 X^2 + \beta_3 M + \beta_4 XM + \beta_5 X^2 M$$
$$\downarrow$$
$$\hat{Y} = \beta_0 + (\beta_1 + \beta_4 M) X + (\beta_2 + \beta_5 M) X^2 + \beta_3 M \quad (7\text{-}28)$$

然后按照均值+1标准差、均值、均值-1标准差将调节变量分成高、中、低三种情况，得到三个非线性模型，并分别估计一次项、二次项的显著性和置信区间。其中，一次项的标准误差$SE$、$t$值和置信区间的计算公式如下，二次项同理：

$$SE = \sqrt{s_{11} + 2s_{14} + X^2 s_{44}} \quad (7\text{-}29)$$

$$t = \frac{\beta_1 + \beta_4 M}{\sqrt{s_{11} + 2s_{14} + X^2 s_{44}}} \quad (7\text{-}30)$$

$$IC = \left[ (\beta_1 + \beta_4 M) \pm t_{1-\frac{a}{2}}(n-k-1) \times \sqrt{s_{11} + 2s_{14} + X^2 s_{44}} \right] \quad (7\text{-}31)$$

需要注意的是，$t$值和$P$值的转换可以通过Excel实现，具体步骤是在Excel中选择：公式→插入函数→TDIST（$t$值的绝对值）。

我们根据Aiken和West（1991）研究中提供的数据进行计算，结果如表7-5所示。在此基础上绘制的调节效应图如图7-18所示。从中我们可以看出，在饮酒量低的情形下，自我概念对自我表露的影响在总体上是负向的；在饮酒量中等和高的情况下，一次项不显著，二次项显著，表明曲线形态如图7-9d一样，呈开口向上的U形。回看表7-3，尽管与表7-4和图7-18的分析逻辑不同，但是结果是一致的。

此外，更复杂的调节效应处理的思路和方法同上，例如包含两个调节变量（$M$和$Z$）的三项非线性交互：

$$\hat{Y} = \beta_1 X + \beta_2 X^2 + \beta_3 M + \beta_4 Z + \beta_5 XM + \beta_6 X^2 M + \beta_7 XZ + \beta_8 X^2 Z + \beta_9 MZ + \beta_{10} XMZ + \beta_{11} X^2 MZ$$

表 7-5 调节效应斜率简单估计值及显著性

| 调节变量 | | | 简单斜率估计值 | 标准误差 | t 值 | P 值 | 95% 置信区间 | |
|---|---|---|---|---|---|---|---|---|
| | | | | | | | 下限 | 上限 |
| 饮酒量 | −标准差 | 一次方 | −8.187① | 2.287 | −3.570 | 0.000 | −12.669 | −3.705 |
| | | 二次方 | −1.312 | 1.553 | −0.845 | 0.399 | −4.357 | 1.733 |
| | 0 | 一次方 | −2.042 | 1.633 | −1.251 | 0.212 | −5.242 | 1.158 |
| | | 二次方 | 3.000② | 1.189 | 2.522 | 0.012 | −0.713 | 6.713 |
| | +标准差 | 一次方 | 4.1026 | 2.287 | 1.431 | 0.153 | −0.380 | 8.349 |
| | | 二次方 | 6.920① | 1.553 | 4.555 | 0.000 | 4.589 | 9.251 |

① $P<0.01$,双尾检验。
② $P<0.05$。
注:原始模型拟合采用中心化处理,因此标准均值为 0。

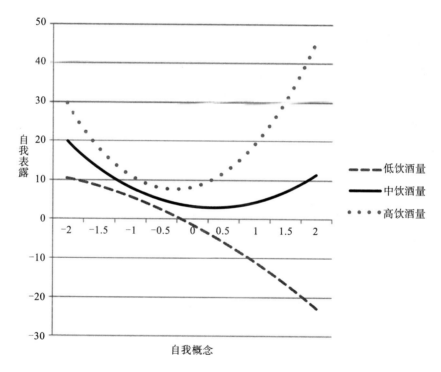

图 7-18 饮酒量对自我概念和自我表露的非线性关系的调节效应图

$X$ 影响 $Y$ 的简单斜率估计值为:

$$\frac{\partial Y}{\partial X}=\beta_1+2\beta_2 X+\beta_5 M+2\beta_6 MX+\beta_7 Z+2\beta_8 ZX+\beta_{10}MZ+2\beta_{11}XMZ$$

简单斜率的标准误差:

$$SE = \sqrt{\mathrm{Var}\left(\beta_1 + 2\beta_2 X + \beta_5 M + 2\beta_6 MX + \beta_7 Z + 2\beta_8 ZX + \beta_{10} MZ + 2\beta_{11} XMZ\right)}$$

$$= \sqrt{\begin{array}{l} S_{1-1} + 4XS_{1-2} + 2MS_{1-5} + 4MXS_{1-6} + 2ZS_{1-7} + 4ZXS_{1-8} + 2MZS_{1-10} + 4XMZS_{1-11} \\ + 4X^2 S_{2-2} + 4MXS_{2-5} 8MX^2 S_{2-6} 4XZS_{2-7} + 8X^2 ZS_{2-8} + 4MXZS_{2-10} + 8X^2 MZS_{2-11} \\ + M^2 S_{5-5} + 4M^2 XS_{5-6} + 2MZS_{5-7} + 4MZXS_{5-8} + 2M^2 ZS_{5-10} + 4XM^2 ZS_{5-11} \\ + 4M^2 X^2 S_{6-6} + 4MXZS_{6-7} + 8ZMX^2 S_{6-8} + 4M^2 ZXS_{6-10} + 8X^2 M^2 ZS_{6-11} + \\ Z^2 S_{7-7} + 4XZ^2 S_{7-8} + 2MZ^2 S_{7-10} + 4XMZ^2 S_{7-11} + 4Z^2 X^2 S_{8-8} + 4MZ^2 XS_{8-10} \\ + 8X^2 Z^2 MS_{8-11} + M^2 Z^2 S_{10-10} + 4XM^2 Z^2 S_{10-11} + 4X^2 M_2 Z^2 S_{11-11} \end{array}}$$

$t$ 值的计算公式为：

$$t = \frac{\partial Y / \partial X}{SE}$$

## 7.6 非线性中介关系检验

正如罗胜强和姜嬿（2014）在《管理学问卷调查研究方法》一书中归纳的那样，非线性中介一般包括"前期非线性中介"（即自变量与中介变量呈非线性关系，中介变量与因变量呈线性关系）、"后期非线性中介"（即自变量与中介变量呈线性关系，中介变量与因变量呈非线性关系）、"两期的非线性中介"（自变量与中介变量以及中介变量与因变量均呈非线性关系）三类。在本章中，我们只讨论前期非线性中介，其他类型原理相同。

为了与调节变量区别，我们假设中介变量为 $M_0$。因为 $X$ 与 $M_0$ 呈非线性关系，数学关系为：

$$\widehat{M}_0 = \beta_0 + \beta_1 X + \beta_2 X^2 \quad (7\text{-}32)$$

因为 $M_0$ 中介了 $X$ 与 $Y$ 的非线性关系，因此有：

$$\hat{Y} = b_0 + b_1 M_0 \quad (7\text{-}33)$$

又因为 $X$ 对 $Y$ 的影响取决于 $M_0$ 对 $Y$ 的影响，也就是说，"$X$ 变化一个单位会影响 $M_0$ 随之变化，而 $M_0$ 变化随之也会影响 $Y$"，因此，$M_0$ 的中介效应量就是两个改变速率的乘积（罗胜强和姜嬿，2014）：

$$\text{中介效应量} = \frac{\partial M_0}{\partial X} \times \frac{\partial Y}{\partial M_0} = (\beta_1 + \beta_2 X) b_1 \quad (7\text{-}34)$$

因此，前期非线性中介效应检验必须符合两个条件：

（1）$\beta_2$ 不等于 0；

（2）$(\beta_1 + \beta_2 X) b_1$ 不等于 0。

具体处理方法见第 7.3 节的内容。

## 小结

### 一定要仔细思考非线性（U形/倒U形）背后的机制

正如 Haans 等（2016）指出的那样，非线性关系研究的最大不足或者来自审稿人最大的质疑在于，研究者未能阐明这种关系背后的潜在机制。本章提出的潜在机制的加法组合和乘法组合为我们提供了清晰的思路。

于晓宇和陈颖颖（2018）的一篇非常有创意的文章讨论了冗余资源与瞬时竞争优势的正U形曲线关系。正是两种方向相反效应的叠加导致冗余资源与瞬时竞争优势呈U形关系（见图7-19），即与中等水平的冗余资源相比，低水平或者高水平的冗余更有利于提高瞬时竞争优势。具体而言，基于资源约束理论视角，冗余资源在达到中等阈值水平前，会加速带来诸如管理者自我感觉良好、额外成本等消极效应；但超过一定阈值，企业行为理论则发挥主导作用，加速带来增强企业的适应力等四个方面的积极效应。

同理，价值导向还是资源导向随着冗余资源的增加在不同区间主导作用不同，导致冗余资源和创业拼凑呈U形关系，并中介冗余资源和瞬时竞争优势的关系，如图7-20所示。

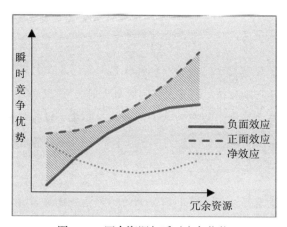

图 7-19　冗余资源与瞬时竞争优势

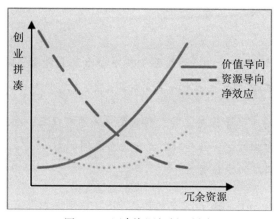

图 7-20　冗余资源与创业拼凑

尽管这篇文章从两个不同的理论视角，严密地论证了两种方向相反力量的叠加效应，但是在实际投稿过程中，仍受到专家的质疑，如下所示。

论文有以下几处需要进一步改进：①引言，论文开篇提及"瞬时竞争优势""超竞争环境"等重要概念，建议适当做些背景介绍，否则需要读到假设部分才能明白论文的具体界定；②研究假设，论文基于在先研究结论、逻辑推理等办法，得出冗余资源与创业拼凑、瞬时竞争优势、资源柔性、环境不确定性等变量之间的关系，而论文中的图1实际上已经清晰展示了这些关系，是否应将图1放到研究假设的末尾部分，以表示文字总结含义；③结论与讨论，作者缺乏对冗余资源类型进行讨论，实际上，人力资源具有双面性，资金资源则是单面性的，有一定区别，此外，论文调查问卷集中在软件行业，缺乏对结论适用性的讨论。综上所述，论文进行了相对完整的工作，建议修改后再审。

但是，本文目前无论在理论构建还是实证上都还存在非常大的问题需要解决，因此，这些会让大家对本文提出的变量之间的关系存有很大的疑问。

具体反馈的意见和建议如下，希望对作者有所帮助。

1. 理论构建时，目前关于冗余资源和瞬时竞争优势是正U形关系的论述还不足以让人信服，包括临界点和极值（例如冗余资源极大时），建议和现有文献已有的研究结论进行对话，尤其与文献中不一致的结论进行对话，基于理论提出冗余资源和瞬时竞争优势的准确的关系。同样，冗余资源和创业拼凑之间的U形关系也值得进一步在理论上进行阐述。

2. 内生性问题没有解决，无法判断企业的瞬时竞争优势来自冗余资源还是本来企业就有持续的竞争优势。同时，本文使用横截面数据，无法判断企业存在的是瞬间竞争优势还是长期持续竞争优势。建议解决内生性问题，同时考虑用面板数据测量瞬时竞争优势。

3. 冗余资源和创业拼凑的U形关系如何中介出冗余资源与瞬时竞争优势U形关系，在理论上没有阐述清楚。

4. 创业拼凑与瞬时竞争优势是什么样的关系并没有提及，因此理论上无法准确解释创业拼凑如何中介出冗余资源和瞬时竞争优势之间的U形关系，在实证检验时同样无法准确验证创业拼凑的中介关系。

5. 调节变量的调节作用如论文中的图2、图3所示，但没有对具体效应量做出详细的文字解释。

6. 环境不确定性是否存在对瞬时竞争优势的直接作用值得探讨，或者应该对中介变量的两边都有调节作用，因为瞬时竞争优势看起来受到各种环境变化的直接影响会较明显。

7. 整体来看，当前模型中存在对 U 形关系的中介和调节，这样的关系非常复杂，无论在理论构建和检验时都没有说得非常有信服力，需要进一步从理论和实证上探讨是否真实存在这样的关系。建议阅读 Thinking about U: Theorizing and Testing U-and Inverted U-Shaped Relationships in Strategy Research 一文（Haans, Pieters & He, 2016）。

8. 目前的数据均为问卷得来的主观数据，尽管作者简单讨论了共同方法偏差问题，考虑到数据来自企业的 CEO、总经理等企业高管，会存在较大的偏差（都是企业中同一个人填写的）。之前的文献中关于冗余资源等变量的客观数据的测量方法，建议在条件允许的情况下，使用客观数据进行稳健性检验。

9. 影响瞬时竞争优势的因素可能有很多，例如高管团队相关变量等，文中应考虑对必要的变量进行控制。

10. 本文对资源和冗余资源以及竞争优势和瞬时竞争优势经常有混用的嫌疑，包括标题中的"中等资源陷阱"。

以下信息非常重要：务请详细、逐条回应审稿人的意见。对于所做的修改，需要细致解释。上传修改稿应为匿名，并要求在附件部分上传以下两个文件：①修改稿（匿名）；②修改说明（匿名）。

最后，我们以 Haans 等（2016）经典文献中的对非线性关系（U 形和倒 U 形关系）的总结和建议（见表 7-6 和表 7-7）作为本章的结语。正所谓"过程产生激励"，研究新手面对复杂的非线性关系时并非只能束手无策，选择逃避，在论证、提出假设到检验的过程中，反复追问这些问题，能够使新手同样可以进行非线性研究，并使我们的研究逻辑更严谨，验证更清晰。而一旦统计析出美妙的 U 形 / 倒 U 形关系，会让我们在研究中发现更多的研究机会和理论构建契机。

**表 7-6　论证和检验（倒）U 形关系的清单**

| 理论： |
| --- |
| • 潜在的因果机制是否清晰，是否单独发展 |
| • 是否清楚它们为什么以及如何形成一个（倒）U 形（用加法和乘法的方式） |

(续)

**理论：**
- 哪一种思想试验是推理的基础，理论内的理论和理论间的理论能得出相同的预测吗
- 是否形成了完整的曲线，而非仅仅是曲线的一半

**公式与检验：**
- $X$ 与 $X^2$ 是否都包含在公式中
- 理论与公式是否匹配
- 是否满足以下三个条件：
  - $\beta^2$ 的预期符号显著（负向为倒 U 形，正向为 U 形）
  - 在 $X$ 范围的两端，曲线的斜率足够陡峭
  - 转折点位于数据范围内，$X$ 的最小值和最大值都在转折点的置信区间之外
- 半参数或非参数分析是否表明了（倒）U 形关系
- 能够排除以下替代公式吗
  - $X$ 的对数变换
  - $X$ 的指数变换
  - 立方公式
- 主要结论能否排除异常值或者温莎处理（Winsorizing）$X$
- 如何处理经验识别 (empirical identification) "禁止回归"是否可以避免

**报告：**
- 转折点是否被报告
  - 如果应用了转换（比如均值中心化或均值化），未转化的转折点是否报告
- $X$-$Y$ 关系图是否在 $X$ 的相关范围内绘制
- 是否完整表述了所有变量（平均值、标准差、最大值、最小值），是否包含了 $X^2$

**表 7-7 论证和检验（倒）U 形调节效应的清单**

**理论：**
- 是否明确潜在的因果机制如何受到调节变量的影响
- 结果是否可以清晰地预测两种调节效应中的哪一种会发生
- 假设是否与期望一致，它们是否分别解决了两种调节效应

**公式与检验：**
- 是否同时包含 $X$ 与调节效应的交互项以及 $X^2$ 与调节效应的交互项
- 转折点是否显著移动，移动方向是否符合预期
- 曲线是否显著变缓或变陡，是否符合预期

**形状翻转：**
- 形状翻转是否发生在 $X$ 的取值范围内
  - 这如何影响主要假设
  - 这如何影响调节效应假设
  - 有什么理论和实践意义

**报告：**
- 是否完整表述了所有变量（平均值、标准差、最大值、最小值），是否包含了两个相互项
- 是否报告或图示了两种调节效应的大小

## 参考文献

[1] L S Aiken, S G West. Multiple Regression: Testing and Interpreting Interactions [M]. Newbury Park, CA: Sage, 1991.

[2] S H Ang. Competitive Intensity and Collaboration: Impact on Firm Growth Across

Technological Environments[J]. Strategic Management Journal, 2008, 29(10):1057-1075.

[ 3 ] M Baer, G R Oldham. The Curvilinear Relation between Experienced Creative Time Pressure and Creativity: Moderating Effects of Openness to Experience and Support for Creativity[J]. Journal of Applied Psychology, 2006, 91(4):963-970.

[ 4 ] S J Chang, S Park. Types of Firms Generating Network Externalities and MNCs' Co-location Decisions[J]. Strategic Management Journal, 2005, 26(7):595-615.

[ 5 ] T B Folta, J P O'Brien. Entry in the Presence of Dueling Options[J]. Strategic Management Journal, 2004, 25(2):121-138.

[ 6 ] R F J Haans, C Pieters, Z L He. Thinking about U: Theorizing and Testing U-and inverted U-shaped Relationships in Strategy Research[J]. Strategic Management Journal, 2016, 37(7):1177-1195.

[ 7 ] C Homburg, N Koschate, W D Hoyer. Do Satisfied Customers Really Pay More? A Study of the Relationship between Customer Satisfaction and Willingness to Pay[J]. Journal of Marketing, 2005, 69(2):84-96.

[ 8 ] A D Henderson, D Miller, D C Hambrick. How Quickly do CEOs Become Obsolete? Industry Dynamism, CEO Tenure, and Company Performance[J]. Strategic Management Journal, 2006, 27(5):447-460.

[ 9 ] J Jourdan, I Kivleniece. Too Much of A Good Thing? The Dual Effect of Public Sponsorship on Organizational Performance[J]. Academy of Management Journal, 2017, 60(1): 55-77.

[10] N Jones. Competing after Radical Technological Change: the Significance of Product Line Management Strategy[J]. Strategic Management Journal, 2003, 24(13):1265-1287.

[11] J Li, Z E J Zajac. Control, Collaboration, and Productivity in International Joint Ventures: Theory and Evidence[J]. Strategic Management Journal, 2009, 30(8):865-884.

[12] J W Miller, W R Stromeyer, M A Schwieterman. Extensions of the Johnson-Neyman Technique to Linear Models With Curvilinear Effects: Derivations and Analytical Tools[J]. Multivariate Behavioral Research, 2013, 48(2):267-300.

[13] O R Mihalache, J J P Jansen, F A Bosch, H W Volberda. Offshoring and Firm Innovation: The Moderating Role of Top Management Team Attributes[J]. Strategic Management Journal, 2012, 33(13):1480-1498.

[14] O M Sobrero. Uncertainty and the Market Valuation of R & D within a Real Options Logic[J]. Strategic Management Journal, 2008, 29(4):343-361.

[15] G L Stewart, M R Barrick. Team Structure and Performance: Assessing the Mediating Role of Intrateam Process and the Moderating Role of Task Type[J]. Academy of Management Journal, 2000, 43(2):135-148.

[16] M Wheatley. Leadership and the New Science[M]. 3rd Ed. San Francisco: Berrett-Koehler Publishers, 2010.

[17] Y Zhang, N Rajagopalan. Once an Outsider, Always an Outsider? CEO Origin, Strategic Change, and Firm Performance[J]. Strategic Management Journal, 2010, 31(3):334-346.

[18] 大前研一. 思考的技术：思考力决定竞争力 [M]. 北京：中信出版社，2010.

[19] 马君，刘婷. 重赏之下必有勇夫？研发人员的工作价值需求与激励错位对创造力的抑制 [J]. 管理评论，2015，27（7）：94-104.

[20] 于晓宇，陈颖颖. 冗余资源、创业拼凑与瞬时竞争优势 [R]. 工作论文，2018.

# 第8章 社会网络分析及软件操作实例

现代社会是一个互联互通的网络社会，人与人之间、团队与团队之间、组织与组织之间、企业与企业之间、区域与区域之间，乃至国家与国家之间都在以不同类型的关系联结在一起，形成了节点不同、形式各异的网络。节点本身的属性会影响其所处的网络结构，网络结构也会影响节点本身的性质。从管理研究的相关文献来看，社会网络已经在团队管理、市场营销、创新创业管理和知识管理领域得到了广泛的关注与应用。本章将介绍社会网络分析的发展历程、主要指标和软件操作。

## 8.1 社会网络分析方法简介

### 8.1.1 社会网络发展历程

#### 1. 早期起源

西方社会网络分析的思想可以追溯到古典社会学家，法国社会学家埃米尔·涂尔干特别重视对社会结构和社会关系的分析，他认为在不同的社会结构和形态中，人们的社会联系状况是不一样的。德国古典社会学家格奥尔格·齐美尔把社会结构明确地看作关系网络来进行分析，形象地把人们的交往关系比喻为网络或"网"，认为不同的网络影响着人们的行为。齐美尔对群体关系从质与量的方面做了研究，他所倡导的研究关系形式中的"形式社会主义"直接影响了社会计量学的产生。

社会计量学的出现与"格式塔"心理学派密切相关。20世纪30年代初，许多重要的格式塔理论家从纳粹德国逃亡到美国,其中著名代表人物有库尔特·勒温、雅各布·莫雷诺和弗里茨·海德。莫雷诺的主要贡献是发明了"社群图",用它来表达社会构型的形式特征,这种方法类似于几何图,即用"点"代表个体,"线"代表个体之间的社会关系。他提出了"明星"的概念,即经常被他人选定,进而拥有巨大声望和领导地位的人,如图 8-1 中的 A。此外,社会心理学家勒温提出了著名的具有整体论观点的"场"理论或"拓扑心理学",即认为群体所处的社会力量"场"决定着群体的行为。作为拓扑学一个分支的图论最早是由瑞士数学家欧拉于 18 世纪提出的,图论分析的是成对元素之间相互关系的模式,图中的点代表个体,线代表个体之间的关系,图论的应用领域越来越广,被应用到了生产管理、工程技术、军事及社会科学的诸多领域。20 世纪中叶以后,图论与社会计量学成为社会网络分析方法形成的技术基础。

20 世纪二三十年代,哈佛大学的 W. 劳埃德·沃纳和乔治·伊尔顿·梅奥开展了著名的"霍桑实验",他们为了说明组织中的人际关系和非正式关系而使用了各种社群图,如图 8-2 所示。1930～1935 年,沃纳又做了著名的"扬基城"研究,他提出一个现代社区的社会构型是由许多类型的子群体构成的,此外,他还称其中一类子群体为"派系",这是一种非正式群体,其中的成员都有一定的群体感和亲密性,并在群体内部建立起群体行为的规范。扬基城报告中使用了社群图来表示阶级构成和家庭组织等关系模式,如表 8-1 所示,即用矩阵形式来说明各结构位置上的人数,此图区分了 6 个等级和 31 个派系,共有 186 个位置组合。

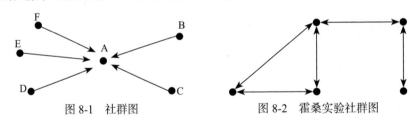

图 8-1　社群图　　　　图 8-2　霍桑实验社群图

表 8-1　派系矩阵

| | | 团伙类型 | | | | | | |
|---|---|---|---|---|---|---|---|---|
| | | 1 | 2 | 3 | 4 | 5 | … | 31 |
| 社会阶级 | 1 | | | | | | | |
| | 2 | | | | | | | |
| | 3 | | | 位置数据 | | | | |
| | 4 | | | | | | | |
| | 5 | | | | | | | |
| | 6 | | | | | | | |

之后,哈佛大学社会学家乔治·霍曼斯把社会计量学和群体动力学结合起来,

使小群体研究在理论和方法上有了很大的进展。他认为，互动是人与人之间产生"感情"的基础，而且互动在"频次""持续时间"和"方向"上各不相同。

此外，以曼彻斯特大学人类学家约翰·巴恩斯、伊丽莎白·博特、克莱德·米切尔和马克斯·格卢克曼为代表的"曼彻斯特"学派促使社会网络分析的框架走向新转折，他们应用"社会网络"概念做了大量的研究，但是他们在研究中主要关心的是人际关系的个体中心网，没有考虑更大的社会结构因素，因此他们的研究具有一定的局限性。

20世纪70年代以后，"新哈佛学派"的出现使得社会网络分析的研究方法成熟了，其标志是出现了一批专业的研究人员，主要代表人物有致力于社会结构分析的哈佛大学教授哈里森·怀特、把关系纽带做了强弱之分的马克·格拉诺维特等学者。

**2. 迅速发展**

20世纪90年代以来，社会网络分析有了迅速的发展，主要表现在三个方面。

**社会网络分析理论的深化**。芝加哥大学教授罗纳德·伯特在其代表作《结构洞：竞争的社会结构》中提出了"结构洞理论"，他认为一种普遍的社会网络类型是社会网络中的某个或某些个体与其中某些个体发生直接联系，而与其他个体不发生直接联系，这种关系间断所形成的孔洞称为"结构洞"。这部著作是运用社会网络分析方法研究竞争关系的典范。

**社会网络分析技术更加成熟**。20世纪70年代以后，社会网络研究随着计算机技术的广泛应用，其研究模型也得到了深化，马尔可夫随机图、逻辑回归等统计模型方面的进展被看作社会网络方法持续发展的核心领域。

**社会网络分析方法的应用范围更加广泛**。社会网络分析方法的应用已经跨越了传统的学科界限，扩展到了几乎所有的人文社会科学领域及科学技术领域。如哈佛大学心理学教授斯坦利·米尔格拉姆在1967年做了信件传递实验，发现了"六度分隔"现象，从而充分证明了小世界现象的存在，"六度分隔"现象即最多通过6个人，你就能够认识任何一个陌生人，这一现象也说明了社会网络分析在人们日常社会生活中的重要作用。

**3. 社会网络分析方法在中国的研究与应用**

20世纪90年代末，社会网络分析方法开始在国内学术界逐渐受到重视。近年来，国内部分高校开始开设一些社会网络分析方法的课程，一些学者也在研究、介绍西方社会网络分析方法成果和开展一些应用网络分析研究取得了一些成果。

社会网络分析已经成为学术界的一个热点领域,它为社会研究提供了一套新技术和新的分析思路或范式,应用范围也越来越广。

### 8.1.2 社会网络主要理论

#### 1. 网络结构理论

该理论的主要代表人物有哈里森·怀特和马克·格拉诺维特。

网络结构观就是把人与人、组织与组织之间的纽带关系看成一种客观存在的社会结构,分析这些纽带关系对人或组织的影响。网络结构观认为,任何主体(人或组织)与其他主体的关系都会对主体的行为产生影响。

网络结构观鲜明的特征如下:①从个体与其他个体的关系(诸如亲属、朋友或熟人等)来认识个体在社会中的位置;②将个体按其社会关系分成不同的网络;③分析人们的社会关系面、社会行为的"嵌入性";④关心人们对社会资源的摄取能力;⑤指出人们在其社会网络中是否处于中心位置,其网络资源多寡、优劣的重要意义。

#### 2. 弱关系和"嵌入性"理论

格拉诺维特1973年在《美国社会学杂志》上发表的《弱关系的力量》一文,被认为是社会网研究的一篇重要文献。弱关系力量假设的提出对欧美学界的社会网分析产生了重大影响。

格拉诺维特所说的关系是指人与人、组织与组织之间由于交流和接触而实际存在的一种纽带联系,这种关系与传统社会学分析中所使用的表示人们属性和类别特征的抽象关系(如变量关系、阶级阶层关系)不同。他首次提出了关系力量的概念,将关系分为强关系和弱关系,认为能够充当信息桥的关系必定是弱关系。强关系维系着群体、组织内部的关系,弱关系在群体、组织之间建立了纽带联系。通过强关系获得的信息往往重复性很高,而弱关系比强关系更能跨越其社会界限去获得信息和其他资源。

他从4个维度来测量关系的强弱:一是互动的频率,互动的次数多为强关系,反之则为弱关系;二是感情力量,感情较强、较深为强关系,反之则为弱关系;三是亲密程度,关系密切为强关系,反之则为弱关系;四是互惠交换,互惠交换多而广为强关系,反之则为弱关系。

强弱关系概念的提出对社会网络分析产生了重大影响,回应了经济社会学家波拉尼提出的"嵌入性"观念。在此基础上,格兰诺维特对经济行为如何嵌入社会结构做出了进一步的阐释。格拉诺维特于1985年在《美国社会学杂志》上发表了一篇重要论文:《经济行动和社会结构:嵌入性问题》。

他认为经济行为嵌入社会结构,核心的社会结构就是人们生活中的社会网络,嵌入的网络机制是信任。他指出,在经济领域最基本的行为就是交换,而交换行为得以发生的基础是双方必须建立一定程度的相互信任。信任来源于社会网络,信任嵌入社会网络之中,而人们的经济行为也嵌入社会网络的信任结构之中(Granovetter,1985)。

#### 3. 结构洞理论

罗纳德·伯特1992年在《结构洞:竞争的社会结构》一书中首次明确指出,关系强弱与社会资源、社会资本的多寡没有必然的联系。无论主体是个人还是组织,其社会网络均表现为两种关系。

一是网络中的任何主体与其他每个主体都发生联系,不存在关系间断现象,从整个网络来看就是"无洞"结构。这种形式只有在小群体中才会存在。

二是社会网络中的某个或某些个体与有些个体发生直接联系,但与其他个体不发生直接联系。无直接联系或关系间断的现象,从网络整体来看,好像网络结构中出现了洞穴,因而称作"结构洞"。例如在ABC网络中,如果A、B之间有关系,B、C之间有关系,而A、C之间没关系,则A、C是一个结构洞。A、C如果要发生联系,必须通过B。如果A、B、C处于资源竞争的状态,A、C之间结构洞的存在为B提供了保持信息和控制信息两大优势。

#### 4. 社会资本理论

近年来,华裔社会学家林南运用社会网络方法在社会资本的研究方面取得了突出成果,他认为社会资本即嵌入社会网络中的有价值的资源,构成了个体行动与结构形成和约制之间的基础性联系。为此,他提出了社会资本的7个命题:①社会资本命题,即行动的成功与社会资本正相关,行动者越通过直接和间接关系获取不同的资源,这最终将影响其行动的结果;②位置强度命题,即原始位置越好,行动者越可能获得和利用好的社会资本;③强纽带关系强度命题,即纽带关系越强,获取的社会资本越可能正向影响情感性行动的成功;④弱纽带关系强度命题,即纽带关系越弱,其本人越有可能获得好的有利于工具性行动的社会资本;⑤定位强度命题,即个体越接近网络的桥梁,他们越可能获得好的有利于工具性行动的社会资本;⑥位置限制定位命题,即对于工具性行动,定位强度依赖于桥梁所连接的不同的社会资源;⑦结构相依命题,即对位于等级结构顶端及附近和底部及附近的行动者来说，网络化的效应受等级结构的制约。

**5. 费孝通的"差序格局"**

费孝通先生提出"差序格局"概念，认为中国传统社会中社会结构和人际关系的特点是：我们的格局不是一捆捆清楚的柴，而是好像一块石头丢在水面上所发生的一圈圈推出去的波纹，每个人都是他社会影响所推出去的圈子的中心，被圈子的波纹所推及的就发生联系，每个人在某一时间、某一地点所动用的圈子不一定相同。"差序格局"这个概念揭示了中国社会的人际关系以己为中心，逐渐向外推移，表明了自己和他人关系的亲疏远近。

## 8.2 社会网络的基本概念

### 8.2.1 社会网络的构成

网络是由节点及节点之间的某种关系构成的集合，社会网络则是由作为节点的社会行动者及其间的关系构成的集合。节点和节点之间的联系是社会网络分析的主要对象。

**1. 节点**

**节点**（node）是社会网络的主体，又称为行动者（actor），可以是任何一个层面上的社会实体，如个体、团队、公司等。节点与节点之间会有某些本质上的不同，通常用属性（attributes）来指代每个节点区别于其他节点的特性。节点的属性可以由变量来标记，如个体的性别、年龄以及公司规模等。

在社会网络中，通常会涉及两类网络——整体网络和个体网络，其中**整体网络**（whole network）是指包含所有节点和关系的社会网络，而**个体网络**（ego network）是指从某个所关注的节点出发，与该节点直接联结的节点所构成的网络。在节点的个体网络中，所关注的节点就称为**自我**（ego），除该节点外的其他节点就称为**他我**（alter）。

**2. 联结**

**联结**（tie）是社会网络的节点之间发生联系的方式，又称为连接，具有多种具体的内容，如个体间的人际交往、团队间的协同合作、公司间的收购或兼并等。

从联结的类型来看，节点之间的联结有一元和多元之分。以个体间的联结为例，个体之间可能会存在联络关系、咨询关系或友谊关系，这些关系单独产生的联结是一元联结，但个体之间也可能同时存在联络关系、咨询关系和友谊关系，此时节点之间形成了多元联结。具体关注哪类联结或哪些联结，由研究需要决定。

### 8.2.2 社会网络中的模态

**模**（mode）是指行动者的集合，而模数是指在一个社会网络中，行动者集合的类型数目。

（1）1-模网络。由一种类型的行动者集合及内部各个行动者之间的联结构成的网络叫作 **1-模网络**（one-mode network）。例如，上海市各高校之间的协同创新关系网络就是 1-模网络。

（2）2-模网络。由一种类型的行动者集合与另一种类型的行动者集合以及两集合之间的联结构成的网络称为 **2-模网络**（two-mode network）。例如，上海市各高校与北京市各高校之间的协同创新关系就是 2-模网络，因为这里涉及两个直辖市之间的高校的合作关系。

（3）隶属网络。有一类特殊的 2-模网络被称为隶属网络。具体地说，如果一种类型的行动者集合与另一种类型的行动者集合之间存在着隶属关系，如个人与部门、城市与国家等，则称这样的 2-模网络为**隶属网络**（affiliation network）。

## 8.3 社会网络的分析

### 8.3.1 数据收集及处理

#### 1. 数据的收集

（1）**提名生成法**。提名生成法是询问被调查者让其说出与自己有某种关系的一些人，再让被调查者说出这些人之间的关系信息，由此可以得到被调查者的个体网络。对于整体网络也可以利用此种方法，我们通过让被调查者回忆与其有联系的所有人，并让其指出这些人之间的关系，通过询问多个被调查者，我们能够得到某一区域比较完整的整体社会网络。

在具体的研究中，如果我们已经确定了网络的边界，也可以通过让每个网络成员提名的方式来构建网络矩阵。比如，Grosser、Venkataramani 和 Labianca（2017）通过让团队 144 位成员中的每一位成员就 "Whom do you typically turn to when you need help thinking through a new or challenging problem at work" 这一问题对其余 143 位成员进行 0～4 的打分，进而构建 144×144 的团队内问题解决网络。其中，0 代表从未向该同事寻求建议，4 代表经常向该同事寻求建议。Brennecke 和 Rank（2017）让企业的专利发明者提名企业研发部门的其他同事来构建建议寻求网络，这些同事是发明者在遇到工作相关的问题时会咨询的人。Hirst 等（2015）也用了类似的方法来构建公司销售人员之间的建议寻求网络，不同之处在于采用的是 1~6 的打分，代表从很少到每天。Carnabuci 和 Diószegi（2015）在研究设计人员在工作中相互寻求建议的关系时也采用了这种方法。

（2）**"滚雪球法"**。"滚雪球法"也是提名生成法的一种，但与它并不完全相同。在"滚雪球法"中，我们随机在网络中抽取一人，询问与其有关系的另一部分人，随后再对这一部分人进行询问，经过一步一步的询问，最终得到完整的网络。

（3）**档案资料**。通过对已有的资料、档案的分析，我们可以利用其中的数据发现不同的关系网络。周静、周小宇和王汉生（2017）在构建电信用户的自我中心网络时，就是利用客户的通话详单数据建立客户之间的通信网络，并计算相关的网络变量。

（4）**问卷调查法**。根据具体的研究问题，也可以利用量表来进行社会网络指标的测量。比如，朱秀梅和李明芳（2011）利用调查问卷测量了新创企业的网络结构特征，包括网络规模、关系强度和关系多样性。杨隽萍、于晓宇、陶向明和李雅洁（2017）利用"在社会网络中发挥资源或信息交换的作用"等条目来测量结构洞，用"与亲属、朋友等联系的频率"等题项来测量网络强度。如果使用测量量表来测量相关的网络指标，就不再需要构建矩阵。

**2. 数据处理方法**

用来分析、整理社会网络数据的方法和软件有很多。例如，在"国际社会网络分析网"网站（www.insna.org）上可以链接到几十种社会网络分析软件，比较常用的软件有 ORA、UCINET 等。

在一般情况下，我们利用 Excel 将收集到的社会网络数据处理为矩阵形式，随后利用分析软件来进行分析，并得出所需的各种指标。

矩阵通常由行和列构成，行和列代表了社会网络中的不同主体，矩阵内部的不同位置则表明主体间的关系。下面我们也将用 4 种矩阵形式表示矩阵所代表的不同"关系"。

（1）在如表 8-2 所示的矩阵中，行和列是相同的行动者集合，矩阵中的数字就代表了其所对应的行动者之间的某种关系，由该矩阵构成的网络也是前面提到的 1-模网络。从中可以看出，A 与 B 之间存在关系，A 与 D 之间并没有关系。

表 8-2 对称矩阵

| 行动者\行动者 | A | B | C | D | E |
|---|---|---|---|---|---|
| A | 0 | 1 | 0 | 0 | 0 |
| B | 1 | 0 | 1 | 0 | 0 |
| C | 0 | 1 | 0 | 1 | 1 |
| D | 0 | 0 | 1 | 0 | 1 |
| E | 0 | 0 | 1 | 1 | 0 |

（2）在某些时候我们也会遇到关系不对称的情况，如表 8-3 所示。从中我们可以看出，B 认为 A 与其存在着关系，但 A 并不这么认为。

表 8-3 非对称矩阵

| 行动者\行动者 | A | B | C | D | E |
|---|---|---|---|---|---|
| A | 0 | 0 | 0 | 0 | 0 |
| B | 1 | 0 | 1 | 0 | 0 |
| C | 0 | 1 | 0 | 1 | 1 |
| D | 0 | 0 | 1 | 0 | 1 |
| E | 0 | 0 | 1 | 1 | 0 |

（3）如表 8-4 所示的矩阵，当行代表一个行动者集合，列代表这些行动者从事的事件时，该矩阵中的数字代表了行动者与事件之间的隶属关系，由这种矩阵构成的网络就是 2-模网络。

表 8-4 事件－行动者矩阵

| 行动者\事件 | A | B | C | D | E |
|---|---|---|---|---|---|
| A | 0 | 1 | 0 | 1 | 1 |
| B | 1 | 0 | 1 | 1 | 0 |
| C | 0 | 1 | 0 | 0 | 1 |
| D | 0 | 0 | 0 | 1 | 1 |
| E | 0 | 0 | 1 | 1 | 0 |

此外，当我们不仅要研究行动者之间是否存在关系，还要思考行动者之间关系的强度时，就需要构建如表 8-5 所示的矩阵。其中，B 与 C 产生关系的次数为 2 次或关系强度为 2，D 与 E 产生关系的次数为 4 次或关系强度为 4。

当我们对收集到的数据进行整理并形成矩阵以后，就能够将这些矩阵格式的数据录入所选用的分析软件中，通过软件的计算得到各种指标的值，具体指标以及软件的操作将会在下一节中进行详细的讲解。

表 8-5　行动者矩阵

| 行动者＼行动者 | A | B | C | D | E |
|---|---|---|---|---|---|
| A | 0 | 1 | 0 | 0 | 0 |
| B | 1 | 0 | 2 | 0 | 0 |
| C | 0 | 2 | 0 | 1 | 1 |
| D | 0 | 0 | 1 | 0 | 4 |
| E | 0 | 0 | 1 | 4 | 0 |

### 8.3.2　主要指标及测算

图 8-3 是一个无向社会网络图，我们以图 8-3 为例来对社会网络的主要指标进行测算。

**1. 规模**

在一个社会网络中，网络规模（$C_s$）指的是网络中所包含的节点数量。网络中节点的数量越多，网络规模越大。网络规模的表达公式为：

$$C_s = n$$

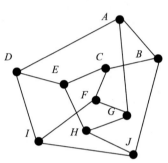

图 8-3　一个无向社会网络图

其中，$n$ 为社会网络中节点的个数。图 8-3 中社会网络的网络规模为 10。

**2. 网络的聚合程度**

（1）密度（density）。密度描述了一个社会网络中各个节点之间的关联程度，各个节点之间的关联程度越高，社会网络的密度就越大。具体计算方式为网络中实际存在的联结与可容纳的联结上限的比值。一个具有 $n$ 个节点和 $L$ 条实际联结的网络，其网络密度为：

$$\text{无向网络的密度：} \frac{L}{n(n-1)/2} \tag{8-1}$$

$$\text{有向网络的密度：} \frac{L}{n(n-1)} \tag{8-2}$$

图 8-3 所示的是一个无向社会网络图，$n=10$，$L=15$，网络密度为 1/3。

（2）平均度数（average degree）。平均度数反映的是一个网络中每个节点的平均联结数量，具体计算公式为：

$$\text{无向网络的密度：} \frac{L}{n/2} \tag{8-3}$$

$$\text{有向网络的密度：} \frac{L}{n} \tag{8-4}$$

图 8-3 所示的网络平均度数为 3。

（3）**直径**（diameter）。直径是指网络中两两节点之间的最大距离。其中，距离是指网络中两个节点之间捷径（最短路径）的所包含的联结的数量。在图 8-3 中，该社会网络的直径为 5。

> **小诀窍**
>
> 密度、平均度数和直径三个指标都可以反映一个网络的聚合程度，在对不同的网络进行比较时。
> （1）对于相同规模的网络进行比较时，上述三个指标均可使用。
> （2）对于不同规模的网络进行比较时，建议优先使用平均度数这一指标，因为密度和直径都受到网络规模 $n$ 的影响。

### 3. 节点的中心度

（1）**度数中心度**（degree centrality）。在一个社会网络中，如果一个行动者与其他很多行动者有直接的联结，则该行动者居于中心地位，拥有较大的权力。居于中心位置的行动者往往与他人有多种联结（关联），居于边缘地位的行动者则相反。在这种思路的指导下可以测量一个节点的度数中心度，即计算与该点有直接联结的节点的数目（在无向图中是节点的度数，在有向图中分为外向度数中心度和内向度数中心度）。

行动者的度数中心度可以分为两类：绝对中心度和相对中心度。前者指一个节点的度数，即与节点 $i$ 有直接联系的节点的个数；后者为前者的标准化形式。

无向网络中的绝对度数中心度为：

$$C_D(n_i) = d(n_i) \tag{8-5}$$

无向网络中的相对度数中心度为：

$$C'_D(n_i) = d(n_i) / (n-1) \tag{8-6}$$

在有向网络中，分为外向度数中心度（out-degree centrality）和内向度数中心度（in-degree centrality），其中：

有向网络中的外向绝对度数中心度是指该节点所指向的节点数量，记作：

$$C_{D0}(n_i) = d_0(n_i) \tag{8-7}$$

标准化公式为：

$$C_{D0}(n_i) = d_0(n_i) / (n-1) \tag{8-8}$$

有向网络中的内向绝对度数中心度为指向该节点的节点数量，记作：

$$C_{D1}(n_i) = d_1(n_i) \tag{8-9}$$

标准化公式为：

$$C'_{D1}(n_i) = d_1(n_i)/(n-1) \tag{8-10}$$

其中，$n$ 是网络中节点的数量。如果 $C_D=0$，该节点就是一个孤立点；反之 $C_D$ 越大，该节点就是网络中的核心节点之一。

如图 8-3 所示，该网络是一个无向社会网络图，与 A 直接相连的节点有 3 个，A 的绝对度数中心度为 3，相对度数中心度为 0.333。

（2）**中间中心度**（betweenness centrality）。另一个刻画行动者中心度的指标是中间中心度，它测量的是行动者对资源控制的程度。如果一个节点处于许多其他点对的捷径（两个节点的最短途径）上，则该节点具有较高的中间中心度。在整个网络中，该节点起到沟通他人的桥梁作用。具体地说，假设节点 $j$ 和 $k$ 之间存在的捷径数目用 $g_{jk}$ 来表示。第三个节点 $i$ 能够控制这两个节点的能力用 $b_{jk}(i)$ 来表示，即 $i$ 处于节点 $j$ 和 $k$ 之间的捷径上的概率。节点 $j$ 和 $k$ 之间存在的经过点 $i$ 的捷径数目用 $g_{jk}(i)$ 来表示，那么，$b_{jk}(i)=g_{jk}(i)/g_{jk}$。在一个无向网络中，如果计算节点 $i$ 的绝对中间中心度（记为 $C_B$），仅需要把其相应于网络图中所有的点对的中间度加在一起：

$$C_B = \sum_{j}^{n}\sum_{k}^{n} b_{jk}(i), \ j \neq k \neq i \ 并且 \ j < k \tag{8-11}$$

标准化后的相对中间中心度公式为：

$$C'_B = 2C_B/[(n-1)(n-2)] \tag{8-12}$$

在图 8-3 中，节点 A 的绝对中间中心度为 3，相对中间中心度为 0.083。

> 💬 **小诀窍**
>
> 孤立点也是网络的一个重要属性，它是与网络中的其他节点均没有联结的点，在计算孤立点到其他节点的距离时可以用网络的直径 +1 或者规模 $n$ 来代替；孤立点到其他节点距离的倒数为 0。

（3）**接近中心度**（closeness centrality）。接近中心度是一个行动者与网络中所有其他行动者的接近性程度。弗里曼等学者对接近中心度的测量是根据节点与节点之间的距离计算的。在网络中两个节点之间普遍存在着捷径，捷径的长度就是两个节点之间的距离。如果一个节点与网络中所有其他节点的距离都很短，则称该节点具有较高的接近中心度（又叫作整体中心度）。在网络中，这样的节点与许多其他节点都接近。

一个节点的接近中心度是该节点与图中所有其他节点的捷径距离之和的倒数，其表达式如下：

$$C_C = \left(\sum_{j=1}^{n} d_{ij}\right)^{-1} \quad (8\text{-}13)$$

其中，$d_{ij}$ 是节点 $i$ 和 $j$ 之间的捷径距离（即捷径中包含的线数）。

标准后的相对接近中心度公式为：

$$C'_C = C_C/(n-1) \quad (8\text{-}14)$$

在图 8-3 中，节点 A 的绝对接近中心度为 15，相对接近中心度为 1.667。

> **小诀窍**
>
> 中心度指标衡量的是节点在网络中的位置、重要性和权力，常用的三个中心度的区别在于：①度数中心度衡量的是节点在网络中的直接联结，是节点之间的直接影响；②中间中心度衡量的是一个节点扮演经纪人或守门人的潜力，反映了该节点控制信息的能力；③接近中心度衡量的是一个节点与网络中其他所有节点之间的距离远近，反映了一个节点能够多快达到其他所有节点。

**4. 结构洞**

伯特（2008）认为结构洞的计算要考虑四个方面的因素。下面提到的个体网是指自我中心型网络。

（1）**有效规模**（effect size）。有效规模指的是个体网的规模减去网络的冗余度（redundancy），即有效规模等于网络中的非冗余因素。伯特对节点 $i$ 有效规模 $ES_i$ 的测量方法是：

$$ES_i = \sum_j \left(1 - \sum_q p_{iq} m_{jq}\right), \quad q \neq i, j \quad (8\text{-}15)$$

其中，$j$ 代表与自我 $i$ 相连的所有节点，$q$ 是除了 $i$ 或 $j$ 之外的每个第三者，$p_{iq}m_{jq}$ 代表在自我节点 $i$ 和特定节点 $j$ 之间的冗余度，$p_{iq}$ 代表行动者 $i$ 投入到 $q$ 的关系所占比例。

（2）**效率**（efficiency）。一个节点的效率等于该节点的有效规模除以该节点所在个体网络的实际规模：

$$EF_i = \sum_j \left[1 - \sum_q p_{iq}m_{jq}\right]/n, \ q \neq i, j \tag{8-16}$$

（3）**限制度**（constraint）。限制度指的是节点在自己的网络中在多大程度上拥有运用结构洞的能力或者协商的能力。伯特指出"个体的机会受到以下两点的限制：个体 $i$ 曾经投入了大量时间和精力的另外一个行动者 $q$，行动者 $q$ 在多大程度上向行动者 $j$ 投入大量的精力"，这一表述引出限制性的计算方式：

$$C_{ij} = p_{ij} + \sum_q p_{iq}p_{qi} \tag{8-17}$$

$$C_j = \sum_j C_{ij} \tag{8-18}$$

$$C_{ij} = \text{direct investment}(P_{ij}) + \text{indirect investment} \tag{8-19}$$

其中，$p_{iq}$ 是在行动者 $i$ 的全部关系中，投入到 $q$ 的精力占总精力的比例。

（4）**等级度**（hierarchy）。在伯特看来，等级度指的就是限制性在多大程度上围绕着一个行动者展开，或者说集中在一个行动者身上。节点 $i$ 在网络中的等级度的计算公式为：

$$H = \frac{\sum_j \left(\dfrac{C_{ij}}{C/n}\right)\ln\left(\dfrac{C_{ij}}{C/n}\right)}{n\ln(n)} \tag{8-20}$$

在公式中，$n$ 是 $i$ 的个体网络中的节点数，即 $i$ 的个体网规模。$C/n$ 是每个节点的限制度的均值。分母代表最大可能的总和值。

## 8.4 社会网络分析软件操作

### 8.4.1 ORA 简介

社会网络分析的常用软件有：ORA、Ucinet、Pajek 等，本书以 ORA 软件为例进行演示操作。

ORA 是卡内基梅隆大学 CASOS 开发的动态元网络评估和分析工具。它包含了数百个社交网络、动态网络度量、指标跟踪、生成分组节点、识别本地伙伴、比较和对比网络、组和个人的动态元网络透视图。ORA 被用来检查网络如何根据时间和空间进行变化，包含个体移动轨迹数据（如人、时间、地点）和网络数据情况（如人与人的联结、人与地点的联结），并有多种地理空间网络指标和变化检测技术。ORA 可以处理多模、多路、多层次的网络。它可以识别关键的参与者、组、漏洞和模型网络随时间的变化，并执行 COA 分析。

基于网络理论、社会心理学、运筹学和管理理论等一系列相关学科的发展，正如关键路径算法可以用来定位那些从项目管理的角度来看至关重要的任务一样，ORA 算法可以从性能和信息安全的角度找到那些关键的人、技能或知识和任务。ORA 软件所开发的每一项措施都是在络数据基础上计算出来的。

### 8.4.2 界面介绍

ORA 的主窗口包含三大窗口界面，上方为功能栏，左边为网络管理栏，右边为网络操作栏（见图 8-4）。

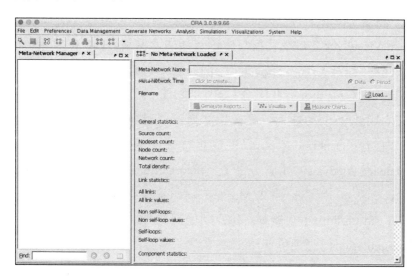

图 8-4　ORA 界面图

**1. 功能栏**

功能栏窗口为 ORA 软件的核心，如果能熟知各种工具图标的功能与操作，则能快速完成网络图的绘制与分析。

**文件（File）功能列**。ORA 文件的扩展名为"*.ows"。常用的文件功能列如 Open Meta-Network（打开已有网络）、Data Import Wizard（导入数据）、Data Export（导出数据）、Save Meta-Network（保存网络）与 Exit（退出）等。

**编辑（Edit）功能列**。编辑功能列包含 Copy（复制）、Paste（粘贴）和 Find Entities（查找功能）。

**偏好（Preferences）功能列**。偏好功能列主要是对窗口的外观进行设置，包含 Restore Default Layout（恢复默认布局）、Change Font（改变字体）、Load Font

（下载字体）、Measure Preferences（测量偏好）和 All Preferences（所有偏好设置）。

**数据管理（Data Management）功能列**。数据管理的主要功能是对网络中的数据进行管理，包含 Matrix Algebra（矩阵代数）、Meta-Network Transform（元网络转换）、Meta-Network Union（元网络联合）、Meta-Network Intersect（元网络交叉）、Meta-Network Difference（元网络差异）、Meta-Network Conform（元网络整合）、Meta-Network Components（元网络组件）、Attribute Value Tool（属性值工具）、Change List Manager（变更列表管理器）以及对于 Meta-Network（元网络）、Nodest（节点）、Network（网络）的管理。

**生成网络（Generate Network）功能列**。生成网络功能列主要用于创建各类网络，包含 Create New Meta-Network 创建新的元网络、Create New Meta-Network in Visualizer 在可视化窗口中创建新的元网络、Create Stylized Network 创建程式化的网络、Create Expected Interaction Network 创建预期的交互网络以及 Ego Network Generator 自我网络生成器的功能。

**分析（Analysis）功能列**。分析功能列可以对数据进行运算和分析，主要的分析功能有：Generate Report（生成报告）、Measures Manager（测量管理）、Correspondence Analysis（对应分析）、Socio-Cultural Cognitive Mapping（SCM，社会文化认知映射）和 Geary-C& Moran-I Analysis（空间自相关分析）。

**仿真（Simulations）功能列**。仿真功能列有 Near-Term Analysis（近期分析）和 Micro Simulations（微观仿真）。

**可视化（Visualizations）功能列**。可视化功能列是 ORA 的主要功能列之一，可以实现节点、联结以及网络的可视化效果，包含 Measure Charts（图表测量）、View Measures Over Time（测量观测）、View Networks Over Time（网络观测）、View Networks Over Time in 3D（网络观测的3D化）、View Network Distance Over Time（网络距离观测）、Vector Maps（矢量图）、Node Cloud（节点云）、Color Grid（网格颜色）、Network Block（网络屏蔽）和 View Networks（网络查看）。

**系统（System）功能列**。系统功能列是对 ORA 的系统设置，有 Batch Mode Console（批处理模式控制）和 System Monitor（系统监控功能）。

**帮助（Help）功能列**。帮助功能列的 Help Contents（帮助内容）和 About ORA（关于软件功能）可以帮助解决在软件使用过程中的操作疑问。

2. 网络管理栏

网络管理栏会呈现所有已打开的元网络、子网络和节点情况，若要查看某一元网络，直接单击该元网络的名称即可；若要查看某一元网络下的节点情况，可以执行 Meta Network → Nodest Class（如 Meta Network → Agent：size 31）命令；若要查看某一元网络下的子网络情况，可以执行 Meta Network → Nodest Class* Nodest Class（如 Meta Network → Agent*Agent）命令，选择相应的子网络。当网络管理栏中有多个元网络、子网络和多种类型节点时，可以在 Find 栏中输入名称进行查找，ORA 将自动定位并查看该网络或节点。

**3. 网络操作栏**

网络操作栏包含 Info（信息）和 Editor（编辑）两个功能界面。

信息界面在查看网络（包括元网络和子网络）和节点时有不同的功能。在查看网络时，可以对 Meta-Network/Network Name（网络名称）、Meta-Network/Network Time（网络时间）、Filename（文件路径）进行设置或修改，并有 Generate Reports（生成报告）、Visualize（可视化）、Measure Chart（图表测量）的快捷键可以计算变量，实现网络可视化和对测量指标进行设置，还会显示网络中的 General Statistics（一般描述，对节点个数、网络个数和整体密度的描述）、Links Statistics（联结描述，对联结数、自循环数和是否二进制数的描述）和 Component Statistics（组件描述，对孤立点、成对组、成分组件的描述）；在查看节点时，可以对 Nodeset Name（节点名称）、Nodeset Class（节点类型）和 Display Nodes By（节点展示方式）进行设置或修改，并会显示节点的 General Statistics（一般描述，对节点个数和属性情况的描述）。

编辑界面可以对网络和节点情况进行编辑。

### 8.4.3 数据输入

由于 ORA 可分析的数据类型多，因此数据的格式也有多种形式。在一般情况下，社会网络的数据都是通过社会调查的形式，以问卷或者数据表的形式获得，具体数据收集及处理方式见第 8.3.1 节。调查得到数据之后，必须在计算机中输入这些数据。数据输入的方式多种多样，可以在 ORA 中直接输入，也可以从其他软件中导入，以下将具体介绍几种数据输入方式。

**1. 直接输入**

如果要在 ORA 中直接绘制网络，可以执行 File → Data Import Wizard → Design a meta-network 命令，根据向导页面输入信息（见图 8-5）。

**第一步，输入网络名称**。在创建一个新网络时，ORA 将默认网络名为"Meta

Network"，可根据实际情况修改网络名称，建议使用英文或数字命名。

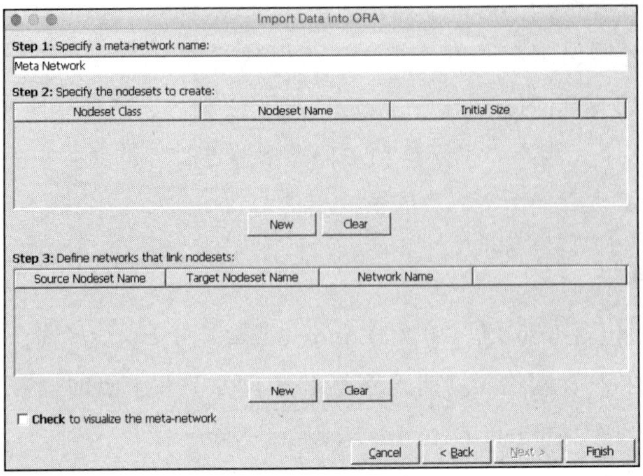

图 8-5　数据输入页面

**第二步，创建节点并命名。**在一个网络中，也许会存在不同类型的节点，因此需要在网络中首先创建节点。执行 New 命令后，在 Step 2 中将出现编辑栏。首先，在 Nodeset Class 列选择的节点类型为"Agent、Organization、Knowledge、Resource、Belief、Event、Task、Location、Role、Action"，当不确定节点类型时可以选择"Unknow"；然后，在 Nodeset Name 列输入节点名称；最后在 Initial Size 列输入该类节点的个数。在输入完成后，可继续执行 New 命令创建其他节点或执行 Clear 命令清除以上所有创建的节点。

**第三步，定义网络中的联结。**在网络中存在多种类型节点的情况下，网络中会出现不同的子网络，这些子网络的联结可能不同，因此需要对子网络节点间的联结进行说明。执行 New 命令后，在 Step 3 中将出现编辑栏。首先，在 Source Nodeset Name 列中选择作为来源的节点，即在有向网络中处于箭尾方向的节点；然后，在 Target Nodeset Name 列中选择作为目标的节点，即在有向网络中处于箭头方向的节点；最后，在 Network Name 列中将会自动生成子网络的名称，也可根据实际情况对子网络名称进行更改。在输入完成后，可继续执行 New 命令定义其他网络中的联结或执行 Clear 命令清除以上所有定义的网络联结。

以上三步信息输入完成后，执行 Finish 命令，通过在绘图界面直接连接节点，或在网络界面编辑（Editor）节点间的联结数量完成网络创建。

### 2. 从 Excel 或者 text 中导入

从外部导入数据的形式中，最常用的是从 Excel 或者 text 中导入数据，导入这种形式的数据，需要先在 Excel 或者 text 中输入数据。数据格式如图 8-6 所示。

|   | Bob | Amy | Duug | Carl | Sam |
|---|---|---|---|---|---|
| Bob | 1 | 0 | 0 | 1 | 0 |
| Amy | 0 | 2 | 0 | 0 | 4 |
| Doug | 0 | 0 | 1 | 1 | 0 |
| Carl | 2 | 0 | 1 | 0 | 1 |
| Sam | 1 | 1 | 0 | 0 | 1 |

| Bob | 1 | 0 | 0 | 1 | 0 |
|---|---|---|---|---|---|
| Amy | 0 | 2 | 0 | 0 | 4 |
| Doug | 0 | 0 | 1 | 1 | 0 |
| Carl | 2 | 0 | 1 | 0 | 1 |
| Sam | 1 | 1 | 0 | 0 | 1 |

图 8-6　数据格式

若输入的为矩阵格式的数据，可以执行 File → Data Import Wizard → Import Excelortext delimited files → Rectangle of link values（matrix）命令，根据向导页面输入信息。

首先，执行 Create a new meta-network with name 命令创建新网络并命名，然后，执行 Browse 命令从文件夹中选择要导入文件的路径，若文件簿中含有多个文件表，会出现"Select Excel Worksheet"的窗口，选择矩阵所在的文件表，执行 yes 命令。根据是否有表头在 File has source headers 和 File has target headers 前打钩或不打钩。最后，在 Source type 和 Target type 中选择该子网络中的节点的类型"Agent、Organization、Knowledge、Resource、Belief、Event、Task、Location、Role、Action、Unknown"以及该节点作为来源节点或者目标节点并命名，在 Network Name 列将会自动生成子网络的名称，也可根据实际情况对子网络名称进行更改。当网络中有多个子网络时，执行 Click to import from another file 命令，同时导入多个子网络（见图 8-7）。

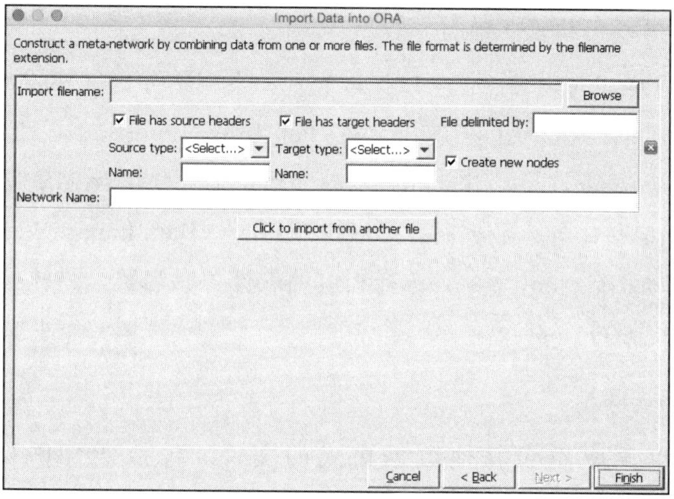

图 8-7　网络创建页面

以上信息输入完成后，执行 Finish 命令，就将 Excel 或 text 中矩阵格式的文件导入网络了。数据格式如图 8-8 所示。

| Name | Sex | City | Age | Occupation |
|---|---|---|---|---|
| Harry Adams | male | Pittsburgh | 60 | Salesman |
| Chris Tucker | male | Seattle | 45 | Fireman |
| Samuel Jenkins | male | Seattle | 35 | Salesman |
| Alice Carlyle | female | Boston | 32 | Consulting |
| Jane Roberts | female | New York | 28 | Media |

| Source Nodeset | Source Node | Target Nodeset | Target Node | Strength |
|---|---|---|---|---|
| Agent | Bob | Agent | Luke | 1 |
| Agent | Bob | Agent | Sam | 1 |
| Agent | Carl | Agent | Bob | 1 |
| Agent | Bob | Knowledge | Sales | 2 |
| Agent | Bob | Knowledge | Consulting | 2 |
| Agent | Doug | Task | Report | 1 |

图 8-8 数据格式

若输入的为非矩阵格式的数据，可以根据数据所包括的信息情况执行 File → Data Import Wizard → Import Excel or text delimited files → Table of network links /Table of node attributes /Advanced table /Ego network transition table 命令，根据向导页面输入信息并完成导入。

### 3. 从其他网络分析软件导入

ORA 具有良好的兼容性，可以读取其他社会网络分析软件的文件格式，包括 Ucinet、Pajek、Analyst's Notebook、Pen-Link、Pathfinder、Thing Finder、PersonalBrain、Cmap Tools、Palantir XML、Pythia 和 CAESARIII 等。当需要从其他网络分析软件中导入数据时，可以执行 File → Data Import Wizard → Import from another analysis tool 命令，选择相应的软件工具名称。具体导入步骤与从 Excel 或 text 中相同。

### 4. 其他格式导入

ORA 可以读取更多其他数据格式的文件，包括 DyNetML、GraphML、Palantir XML、Twitter data、Blogtrackers data、VK data、JSON data、Survey

Monkey data、Shapefile data、Citations data、TAVI data、THINK data、Email 和数据库，此时可以执行 File → Data Import Wizard → Import XML network data / Import other data formats/Import Email/Import from a database 命令，选择相应的文件格式进行导入。

## 8.5　实例应用

本节将应用一个实例对社会网络分析的相应操作（数据收集、网络构建、数据导入、网络可视化、网络指标测算）进行说明。

### 8.5.1　数据收集及输入

本例探究我国 31 个省、直辖市、自治区之间合作共同申请发明专利网络的结构和性质，是一个基于二手数据的研究。因此，本例数据来源为国家知识产权局官方网站（http://www.sipo.gov.cn）。

通过收集 2017 年我国 31 个省、直辖市、自治区之间两两合作共同申请发明专利的情况，将数据输入到 Excel 表格中，其中表头为各省、直辖市、自治区的首字母缩写（按字母顺序排列），图 8-9 中的数据 1 和 0 分别代表两两之间有无共同专利。

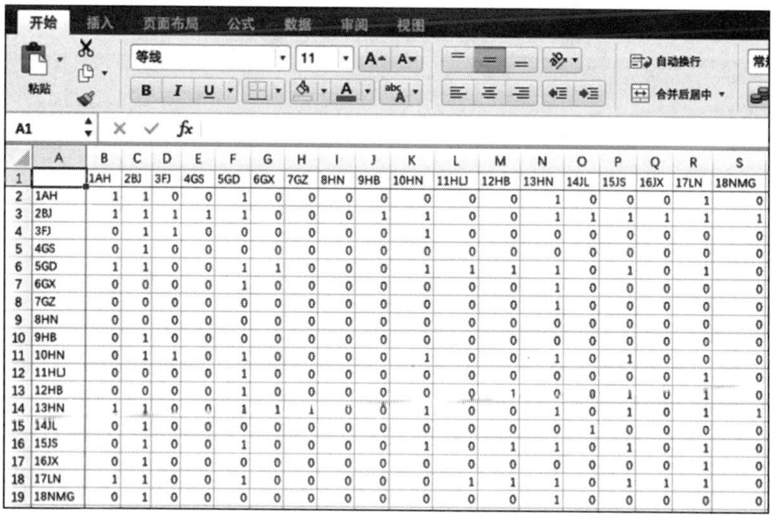


| | A | B | C | D | E | F | G | H | I | J | K | L | M | N | O | P | Q | R | S |
|---|---|---|---|---|---|---|---|---|---|---|---|---|---|---|---|---|---|---|---|
| 1 | | 1AH | 2BJ | 3FJ | 4GS | 5GD | 6GX | 7GZ | 8HN | 9HB | 10HN | 11HLJ | 12HB | 13HN | 14JL | 15JS | 16JX | 17LN | 18NMG |
| 2 | 1AH | 1 | 1 | 0 | 0 | 1 | 0 | 0 | 0 | 0 | 0 | 0 | 0 | 1 | 0 | 0 | 0 | 1 | 0 |
| 3 | 2BJ | 1 | 1 | 1 | 1 | 1 | 0 | 0 | 0 | 1 | 1 | 0 | 0 | 1 | 1 | 1 | 1 | 1 | 1 |
| 4 | 3FJ | 0 | 1 | 1 | 0 | 0 | 0 | 0 | 0 | 0 | 1 | 0 | 0 | 0 | 0 | 0 | 0 | 0 | 0 |
| 5 | 4GS | 0 | 1 | 0 | 0 | 0 | 0 | 0 | 0 | 0 | 0 | 0 | 0 | 0 | 0 | 0 | 0 | 0 | 0 |
| 6 | 5GD | 1 | 1 | 0 | 0 | 1 | 1 | 0 | 0 | 0 | 1 | 1 | 1 | 1 | 0 | 1 | 0 | 1 | 0 |
| 7 | 6GX | 0 | 0 | 0 | 0 | 1 | 0 | 0 | 0 | 0 | 0 | 0 | 0 | 1 | 0 | 0 | 0 | 0 | 0 |
| 8 | 7GZ | 0 | 0 | 0 | 0 | 0 | 0 | 0 | 0 | 0 | 0 | 0 | 0 | 1 | 0 | 0 | 0 | 0 | 0 |
| 9 | 8HN | 0 | 0 | 0 | 0 | 0 | 0 | 0 | 0 | 0 | 0 | 0 | 0 | 0 | 0 | 0 | 0 | 0 | 0 |
| 10 | 9HB | 0 | 1 | 0 | 0 | 0 | 0 | 0 | 0 | 0 | 0 | 0 | 0 | 0 | 0 | 0 | 0 | 0 | 0 |
| 11 | 10HN | 0 | 1 | 1 | 0 | 1 | 0 | 0 | 0 | 0 | 1 | 0 | 0 | 1 | 0 | 1 | 0 | 0 | 0 |
| 12 | 11HLJ | 0 | 0 | 0 | 0 | 1 | 0 | 0 | 0 | 0 | 0 | 0 | 0 | 0 | 0 | 0 | 0 | 1 | 0 |
| 13 | 12HB | 0 | 0 | 0 | 0 | 1 | 0 | 0 | 0 | 0 | 0 | 0 | 1 | 0 | 0 | 1 | 0 | 1 | 0 |
| 14 | 13HN | 1 | 1 | 0 | 0 | 1 | 1 | 1 | 0 | 0 | 1 | 0 | 0 | 1 | 0 | 1 | 0 | 1 | 1 |
| 15 | 14JL | 0 | 1 | 0 | 0 | 0 | 0 | 0 | 0 | 0 | 0 | 0 | 0 | 0 | 1 | 0 | 0 | 0 | 0 |
| 16 | 15JS | 0 | 1 | 0 | 0 | 1 | 0 | 0 | 0 | 0 | 1 | 0 | 1 | 1 | 0 | 1 | 0 | 1 | 0 |
| 17 | 16JX | 0 | 1 | 0 | 0 | 0 | 0 | 0 | 0 | 0 | 0 | 0 | 0 | 0 | 0 | 0 | 0 | 1 | 0 |
| 18 | 17LN | 1 | 1 | 0 | 0 | 1 | 0 | 0 | 0 | 0 | 0 | 1 | 1 | 1 | 0 | 1 | 1 | 1 | 0 |
| 19 | 18NMG | 0 | 1 | 0 | 0 | 0 | 0 | 0 | 0 | 0 | 0 | 0 | 0 | 1 | 0 | 0 | 0 | 0 | 0 |

图 8-9　源数据

需要注意的是，该网络的横纵坐标皆为省、直辖市、自治区，即在该网络中有且仅有 1 种类型的网络节点，故在 ORA 导入数据选择 Source type 和 Target type 时应选择并命名为相同的节点类型，如 Agent，则该子网络名为 Agent*Agent（见图 8-10）。

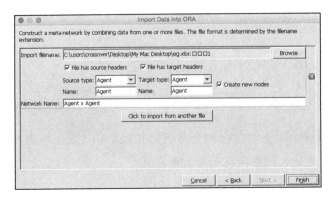

图 8-10　数据导入及网络创建页面

执行 Finish 命令，即可将数据导入 ORA 之中，创建 2017 年我国 31 个省、直辖市、自治区之间两两合作共同申请的发明专利网络。

### 8.5.2　网络可视化

在网络管理栏单击 Meta Network 后进入网络操作栏执行 Visualize 命令，即可进入网络可视化界面（见图 8-11）。

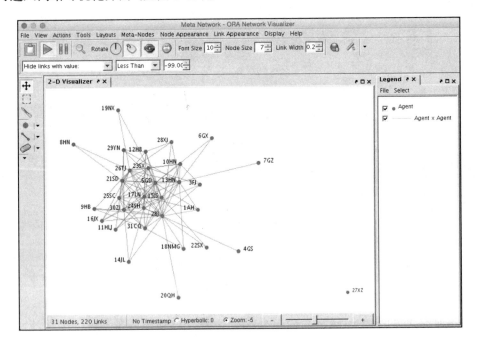

图 8-11　网络可视化

### 1. 整体布局变化

ORA 可以展示不同布局的网络图，在 Layouts（布局）功能列进行选择。

可供选择的布局有以下几种：Run Circle Layout（Pendants to Outside，由内向外的圆形布局）、Run Circle Layout（Center is Highest Betweenness，由中介中心度决定的圆形布局）、Run Single Circle Layout（Ordered by Attribute/Measure，由属性/测量决定的圆形布局）、Run Circle Layout for Groups（Requires Meta-Node Grouping，由元节点分组决定的圆形布局）、Run MDS Layout（多维标度分析布局）、Run Tree Layout（树形布局）、Run Hierarchical Layout（层次布局）、Run Box Layout（框布局）、Run Hive Plot（蜂巢布局）、Run Component Layout（组件布局）、Run Multi-Level Layout（多层次布局）、Multi-Dimensional Layout（多维度布局）、Attribute / Measure Layout（属性/测量布局）。也可执行 Layouts → Run Active Layout 和 Layouts → Stop Active Layout 命令，运行和停止网络图整体布局的随机变化（见图 8-12）。

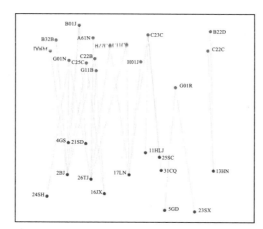

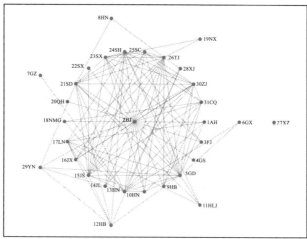

图 8-12　网络整体布局

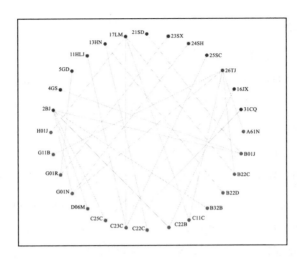

图 8-12 （续）

## 2. 节点外观变化

ORA 可以展示不同的节点外观，在 Node Appearance（节点外观）功能列进行选择。

执行 Node Appearance → Label Style 命令可对标签样式进行选择，包括 Default（默认）、On Right of Node（节点右边）、On Left of Node（节点左边）、On Top of Node（节点上方）、On Bottom of Node（节点底部）、Centered on Node（节点中心）。执行 Node Appearance → Node Style 命令可对节点样式进行选择，包括 Toggle Node Size（切换节点大小）、Spot（点状）、Small Shapes（小形状）、Large Shapes（大形状）。执行 Node Appearance → Node Color 命令可对节点颜色进行选择，包括 Save Node Color to attributes（保存节点颜色）、Load Node Color from attribute（下载节点颜色）、Show Node Occurrence Transparencies（显示节点透明度）、Color Nodesby Attribute or Measure（根据属性或测量改变节点颜色）、Color Nodesby Component（根据组件改变节点颜色）、Color Nodesby Dense Subgraph（根据密度子图改变节点颜色）、Color Nodesby Concor Grouping（根据康可分组改变节点颜色）、Color Nodesby Newman Grouping（根据纽曼分组改变节点颜色）、Color Nodesby Louvain Grouping（根据鲁汶分组改变节点颜色）。执行 Node Appearance → Node Size 命令可对节点规模进行选择，包括 Save Node Size to attributes（保存节点规模）、Load Node Size from attribute（下载节点规模）、Apply Log Scaleto Current Sizing（应用对数处理于当前规模）、Size Nodes by Attribute or Measure（根据属性或者测量改变节点规模）。也可执行 Node Appearance → Reset

Node Colorand Size 命令，重置节点颜色和规模（见图 8-13）。

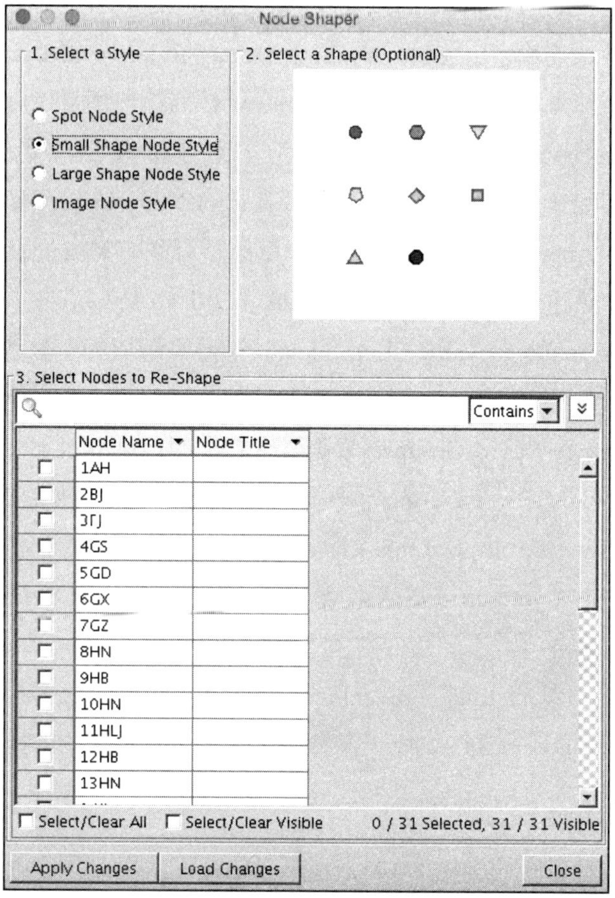

图 8-13　结点外观变化页

此外，还可以执行 Node Appearance → Show Labels 命令选择是否显示节点标签，执行 Node Appearance → Node Shaper → Selecta Style → Select a Shape（Optional）→ Select Node to Re-Shape → Apply Changes → Close 命令对部分或全部节点的形状进行变化。

### 3. 联结外观变化

ORA 可以展示不同的联结外观，在 Link Appearance（联结外观）功能列进行选择。

执行 Link Appearance → Link Labels 命令可对联结标签进行选择，包括 Show Link Labels（显示联结标签）、Show Link Value Labels（显示联结标签值）、Show Link Value Sign Labels（显示联结值符号标签）。执行 Link Appearance → Link

Color 命令可对联结颜色进行选择，包括 Use Default Color（使用默认颜色）、Color by Link Value（根据联结值改变颜色）、Color by Link Value（Log Scale，根据联结值的对数改变颜色）、Color by Link Value（Relative Size，根据联结值的相对大小改变颜色）、Color by Positive / Negative Class（根据正/负类别改变颜色）、Color as Percentage-Based Groups（根据百分比分组改变颜色）、Match Source Node Color（匹配来源节点颜色）、Match Target Node Color（匹配目标节点颜色）。执行 Link Appearance → Link Width 命令可对联结宽度进行选择，包括 Use Default Width（使用默认宽度）、Scale Link Width to Value（根据联结值改变宽度）、Scale Link Width to Value（Log Scale，根据联结值的对数改变宽度）、Scale Link Width to Value（Relative Size，根据联结值的相对大小改变宽度）、Scale Link Width as Percentage-Based Groups（根据百分比分组改变宽度）、Scale Link Width to Number of Links Between Nodes（根据节点之间的联结值改变宽度）。执行 Link Appearance → Show Multiple Links Between Nodes 命令可显示节点间多种不同的联结，包括 Retain Symmetric Links（保持对称联结）和 Spit Symmetric Links（分离对称联结）。

此外，还可以执行 Link Appearance → Show Links 命令选择是否显示联结，执行 Link Appearance → Show Arrows 命令选择是否显示联结的指向情况。

#### 4. 其他图形快捷键说明

其他图形快捷键说明如图 8-14 所示。

| 图标 | 意义 | 图标 | 意义 |
| --- | --- | --- | --- |
| Rotate | 旋转指针改变网络图的方向 | | 单击显示节点标签 |
| | 单击显示联结 | | 单击显示联结指向 |
| | 单击可移动网络图 | | 单击可创建新节点 |
| | 单击可选定网络区域 | | 单击可创建新联结 |
| | 单击可在网络图中标识 | | 单击可执行擦除操作 |
| Font Size 10 Node Size 8 Link Width 0.2 | | | 单击箭头或直接输入值调整字体大小、节点规模、联结宽度 |

图 8-14　快捷键说明

### 8.5.3 网络指标测算

**1. 生成报告**

当仅需计算整体网络中的节点个数、联结条数、密度、孤立点等个别指标时，可直接在网络管理栏单击 Meta-Network Network 后，在网络操作栏中的描述里查看该网络指标。

当需计算更多网络指标时，执行 Analysis → Generate Reports → All Measures by Category 命令或直接点击网络操作栏中的 Generate Reports 按钮。

在 Generate Reports 界面中选择 Select Report 后，若要计算所有网络指标，则在右边 Reports 处选择 All Measures by Category；若只计算某一个网络指标，则在右边 Reports 处选择该网络指标，然后勾选需要计算网络指标的元网络，在 Parameters（参数）中根据计算的网络指标的测算层面进行选择，并在 Save Options（保存）选项中选择要保存的格式和路径，点击 Finish 完成设置。生成的报告就会出现在选择的路径中。

图 8-15　报告生成页

**2. 读取报告**

在 ORA 中，网络指标的计算是以报告的形式呈现的，也就是说具体网络指标的计算结果，需要在报告中进行对应。以下将对常用指标的读取进行说明。

（1）**整体网络密度**。执行 Analysis → Generate Reports → All Measures by Category → Next → Network-level measures on all networks → Next → Finish 命令，在报告的第二类 Network-Level Measures 中可看到 Density（密度）。

在本例中，2017 年我国 31 个省、直辖市、自治区之间合作申请发明专利网络的密度为 0.242（见图 8-16）。

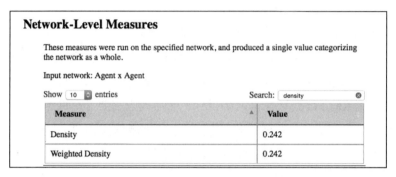

图 8-16　密度

（2）**整体网络中心势**。执行 Analysis → Generate Reports → All Measures by Category → Next → Network-level measures on all networks → Next → Finish 命令，在报告的第二类 Network-Level Measures 中可看到 4 种中心势指标：Total-Degree centralization（总体度数中心势）、Betweenness centralization（中介中心势）、Closeness centralization（接近中心势）以及 Eigenvector centralization（特征根中心势）。

在本例中，2017 年我国 31 个省、直辖市、自治区之间两两合作共同申请发明专利网络的总体度数中心势为 0.518，中介中心势为 0.252，接近中心势为 0.128，特征根中心势为 0.294（见图 8-17）。

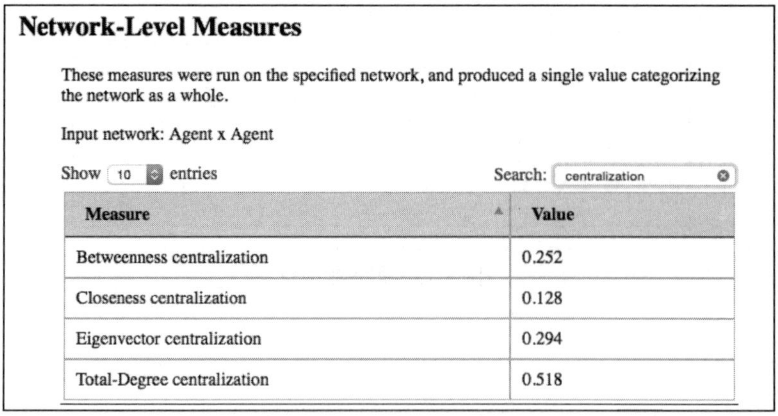

图 8-17　网络中心势

（3）**自我网络中心性**。执行 Analysis → Generate Reports → All Measures by Category → Next → Node-level measures on unimodal networks → Next → Finish 命令，在报告的第二类 Agent-Level Measures 中可看到 28 种中心性指标：如 Centrality, Betweenness（中介中心性）、Centrality, Closeness（接近中心性）以及 Centrality, Total-Degree（总体度数中心性）等。

在本例中，2017 年我国 31 个省、直辖市、自治区之间两两合作共同申请发明专利网络中，所有节点中介中心性的最小值为 0，最大值为 0.269，平均值为 0.026，标准差为 0.053（见图 8-18）。

**Agent-Level Measures**

These measures were run on the specified network, and produced a vector of values, one value for each Agent node.

Input network: Agent x Agent

| Measure | Min | Mean | Max | Std.Dev |
|---|---|---|---|---|
| Centrality, Betweenness | 0 | 0.026 | 0.269 | 0.053 |
| Centrality, Betweenness [Unscaled] | 0 | 11.906 | 125.207 | 24.637 |
| Centrality, Bonacich Power | 0 | 0.014 | 0.043 | 0.011 |
| Centrality, Bonacich Power [Unscaled] | 0 | 0.323 | 1 | 0.260 |
| Centrality, Closeness | 0.031 | 0.249 | 0.310 | 0.059 |
| Centrality, Closeness [Unscaled] | 0.001 | 0.008 | 0.010 | 0.002 |
| Centrality, Contribution | 0 | 0.203 | 0.509 | 0.117 |
| Centrality, Contribution [Unscaled] | 0 | 0.144 | 0.360 | 0.082 |
| Centrality, Eccentricity | 0 | 2.563 | 3 | 0.788 |

图 8-18　网络中心性

（4）**自我网络结构洞**。执行 Analysis → Generate Reports → All Measures by Category → Next → Node-levelmeasuresonunimodalnetworks → Next → Finish 命令，在报告的第二类 Agent-Level Measures 中可看到 3 种结构洞指标：Structural Holes Constraint（结构洞约束）、Structural Holes, Effective Network Size（结构洞有效网络规模）、Structural Holes Efficiency（结构洞效率）。

在本例中，2017 年我国 31 个省、直辖市、自治区之间两两合作共同申请发明专利网络中，所有节点结构洞约束的最小值为 0，最大值为 1，平均值为 0.352，标准差为 0.254（见图 8-19）。

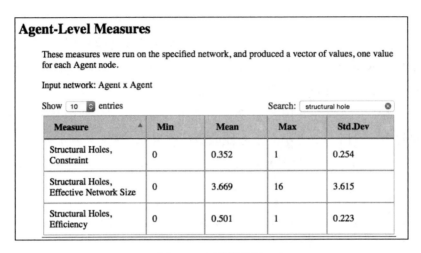

图 8-19　网络结构洞

（5）**节点的网络指标**。执行 Analysis → Generate Reports → All Measures by Category → Next → Node-level measures on unimodal networks → Next → Finish 命令，在报告的第四类 Measure List 中可看到测量指标列表，在该列表中选择相应的指标，查看各个节点具体的指标值（见图 8-20）。

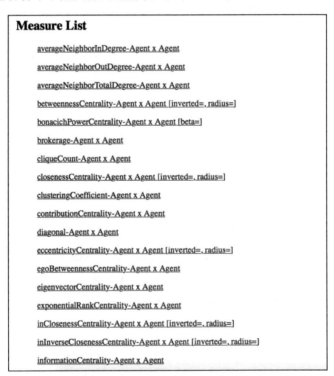

图 8-20　网络指标列表

如选择查看实例，2017 年我国 31 个省、直辖市、自治区之间两两合作共同申请发明专利网络中，节点上海（24SH）的中介中心性，则点击列表中的第四行“betweennessCentrality-Agent*Agent”，可见上海的中介中心性为 0.043（未标准化的为 18.894），在我国 31 个省、直辖市、自治区中排名第 6（见图 8-21）。

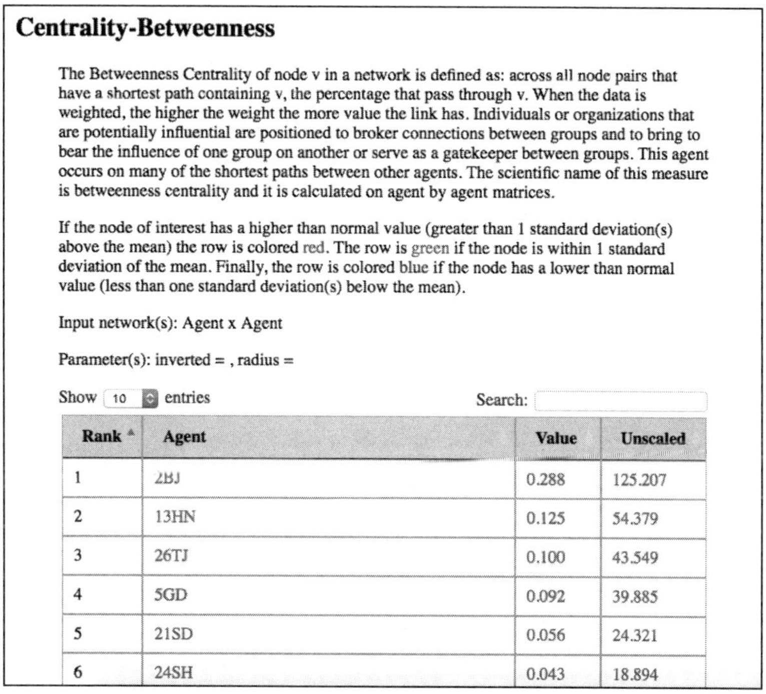

**Centrality-Betweenness**

The Betweenness Centrality of node v in a network is defined as: across all node pairs that have a shortest path containing v, the percentage that pass through v. When the data is weighted, the higher the weight the more value the link has. Individuals or organizations that are potentially influential are positioned to broker connections between groups and to bring to bear the influence of one group on another or serve as a gatekeeper between groups. This agent occurs on many of the shortest paths between other agents. The scientific name of this measure is betweenness centrality and it is calculated on agent by agent matrices.

If the node of interest has a higher than normal value (greater than 1 standard deviation(s) above the mean) the row is colored red. The row is green if the node is within 1 standard deviation of the mean. Finally, the row is colored blue if the node has a lower than normal value (less than one standard deviation(s) below the mean).

Input network(s): Agent x Agent

Parameter(s): inverted = , radius =

Show 10 entries　　Search:

| Rank | Agent | Value | Unscaled |
|---|---|---|---|
| 1 | 2BJ | 0.288 | 125.207 |
| 2 | 13HN | 0.125 | 54.379 |
| 3 | 26TJ | 0.100 | 43.549 |
| 4 | 5GD | 0.092 | 39.885 |
| 5 | 21SD | 0.056 | 24.321 |
| 6 | 24SH | 0.043 | 18.894 |

图 8-21　节点指标

## 小结

本章首先从社会网络分析的简介出发，介绍了社会网络分析相关的几个理论，包括网络结构理论、弱关系和“嵌入性”理论、结构洞理论和社会资本理论等。然后，梳理了社会网络分析的基本概念、模态、数据的收集与处理，以及社会网络分析方法中常用的指标，包括网络规模、网络密度、平均度数和直径等反映网络聚合程度的指标，度数中心度、中间中心度和接近中心度等反映节点重要性的指标，以及有效规模、效率、限制度、等级度等反映结构洞的指标。最后，对社会网络分析软件 ORA 的应用进行了详细的说明。本章在上述内容的写作中，也结合一些文献进行了解释和说明。总之，社会网络分析方法已经在多个学科得到应用，在管理学相关研究中的应用也越来越广泛，希望本章的介绍能够帮助读者了解和掌握这一方法的基本概念、相关指标、数据处理和应用等。

## 参考文献

[1] J Brennecke, O Rank. The Firm's Knowledge Network and the Transfer of Advice among Corporate Inventors—A Multilevel Network Study[J]. Research Policy, 2017, 46(4): 768-783.

[2] G Carnabuci, B Dioszegi. Social Networks, Cognitive Style, and Innovative Performance: A Contingency Perspective[J]. Academy of Management Journal, 2015, 58(3):881-905.

[3] T J Grosser, V Venkataramani, G Labianca. An Alter-centric Perspective on Employee Innovation: The Importance of Alters' Creative Self-Efficacy and Network Structure[J]. Social Science Electronic Publishing, 2017, 102(9) : 1360-1374.

[4] M Granovetter. Economic Action and Social Structure: The Problem of Embeddedness[J]. American Journal of Sociology, 1985, 91(3):481-510.

[5] G Hirst, D Van Knippenberg, J Zhou, E Quintane, C Zhu. Heard it through the Grapevine: Indirect Networks and Employee Creativity[J]. Journal of Applied Psychology, 2015, 100(2):567-574.

[6] 刘军. 整体网分析讲义：UCINET 软件实用指南 [M]. 上海：格致出版社，2009.

[7] 约翰·斯科特. 社会网络分析法 [M]. 刘军，译. 3 版. 重庆：重庆大学出版社，2016.

[8] 罗纳德·伯特. 结构洞：竞争的社会结构 [M]. 任敏，李璐，林虹，译. 上海：格致出版社，2017.

[9] 林聚任. 社会网络分析：理论、方法与应用 [M]. 北京：北京师范大学出版社，2009.

[10] 杨隽萍，于晓宇，陶向明，李雅洁. 社会网络、先前经验与创业风险识别 [J]. 管理科学学报，2017，20（5）：35-50.

[11] 周静，周小宇，王汉生. 自我网络特征对电信客户流失的影响 [J]. 管理科学，2017，30（5）：28-37.

[12] 朱秀梅，李明芳. 创业网络特征对资源获取的动态影响——基于中国转型经济的证据 [J]. 管理世界，2011（6）：105-115.

# 第9章

# 虚拟变量及其 STATA 应用实例

通常，回归分析中的解释变量和被解释变量均为定量数据，如温度、距离、年龄等，不论是离散型数据还是连续型数据，它们均可通过数值来反映。但是，在计量经济学模型中，除定量数据外，还存在无法将其量化的文字表述型数据，这类数据通常用来表示事物属性，规定事物类别，我们称其为属性变量。采用"虚拟变量"是对属性变量进行量化的一种思路，可以有效弥合定量数据与属性变量之间的鸿沟。本章重点介绍如何将虚拟变量引入模型，从而使模型更加丰富、完善，并且讨论引入虚拟变量时容易出现的问题及相应处理方法，帮助读者更好地理解和使用含虚拟变量的回归模型。

## 9.1 虚拟变量的定义

在实际生活中存在许多属性变量的例子，例如性别（男性和女性）、肤色（黄种人和白种人）、国籍（本国和他国）和就业状况（就业和失业）等。此外属性变量在经济管理领域中也十分常见，例如企业性质（国有企业和非国有企业）、汇率制度（固定汇率和浮动汇率）、投资（过度投资和非过度投资）、居民类型（城镇居民和农村居民）等。这类变量没有任何数量上的度量标准，仅通过事物的不同属性规定其类别。针对此类变量通常可通过人为地构造取值进行量化，来表示两个或多个不同的级别或属性。量化过程中所使用的数值表示事物的不同特征及其分组情况，数值大小本身并没有实际意义。一般地，基础类型、肯定类型取值为"1"，比较类型、否定类型取值为"0"。例如，"1"表示男性，"0"表示女性；类似地，"1"可以表示某人被雇用，"0"则表示某人失业。在计量经济学中，这种通过定义一个二值变量来表述的属性变量被称为虚拟变量，又称哑变量或 0-1 变量。

虚拟变量与计算机技术中的二进制码有异曲同工之处。二进制法最早由 18 世纪的德国数理大师莱布尼兹提出，他详细说明了二进制算数原理，并且给出了二进制的加、减、乘、除四则运算规则。在二进制中也存在着类似虚拟变量的 0 和 1，其实质是一个非常微小的开关，用 1 来表示"开"，用 0 来表示"关"，所有输入计算机的文字、数字或符号都编制成二进制的数码，转换成二进制电脉冲信号。

二进制数码由 0 和 1 组成，它的基数为 2，进位规则是"逢二进一"，借位规则是"借一当二"。在莱布尼兹眼中，二进制乃是具有世界普遍性的、最完美的逻辑语言。其实早在莱布尼兹之前，中国古代《易经》的八卦系统中就已出现对 0 与 1 的朴素认知。"易有太极，是生两仪，两仪生四象，四象生八卦。"两仪即为阴阳，可以在不同时候引申为"天地、昼夜、男女"等；四象即"少阴、少阳、太阴、太阳"；继而，"四象"演"八卦"，用"—"代表阳，好比虚拟变量中的 1，用"- -"代表阴，好比虚拟变量中的 0。

---

### 💬 小诀窍

由于虚拟变量的加入，使单调的回归分析变得丰富起来，那些无法用数字表达的属性变量也因为被赋予 0 和 1 这样的数值而变得可以衡量。所以在研究中，如果有些问题无法采用连续变量进行定量衡量，可以考虑引入虚拟变量加以解决。

当然，有些问题虽然可以采用连续变量进行衡量，但当回归结果不显著时，可以考虑把连续变量转化为虚拟变量。转化的方法可以采用行业（年度）中位数法，比如处于行业（年度）中位数以上的定为 1，以下的定为 0；如果采用行业（年度）中位数法还不显著，则可以考虑将连续变量进行三分位或者五分位等分，然后把前 1/3 分位或者 1/5 分位定为 1，其余定为 0。

另外，在研究中我们也经常遇到三分类而不是两分类的问题。针对此类问题，可以考虑引入两个虚拟变量加以解决。例如企业性质，我们可以划分为国有企业和非国有企业，但国有企业又可以进一步划分为中央国有企业和地方国有企业，这就出现了三分类的问题。此时，可以考虑以非国有企业作为基准，引入中央国有企业和地方国有企业两个虚拟变量，当然也可以以地方国有企业为基准，引入中央国有企业和非国有企业两个虚拟变量。

对于虚拟变量的运用，要视具体问题而定，最重要的还是要在学习过程中能够知理论且善实践，举一而反三。

## 9.2 被解释变量为虚拟变量的估计模型

当被解释变量为虚拟变量时，其数据类型为0-1离散型。在这种情况下，若继续使用普通最小二乘法（OLS）估计，则会出现如图9-1所示的情况：被解释变量分布在两条平行于$x$轴的直线上，而无法均匀地分布在回归方程的附近。同样，依据OLS得出的回归方程，会出现$y_i<0$或者$y_i>1$的情况，那么这样的方程就失去了它的价值。

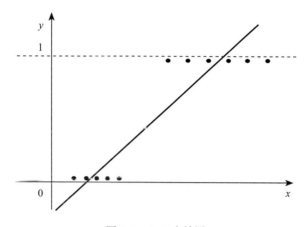

图 9-1 OLS 失效图

我们通过一个例子来演示 OLS 估计失效。为方便操作，我们使用 Stata 自带数据 auto.dta 研究国内外汽车在性能上的差异，主要关注汽车重量和里程两个变量。数据集包括以下数据：*foreign*（汽车产地虚拟变量，1表示进口，0表示国产）、*weight*（汽车重量）、*mpg*（汽车里程）。

回归方程如下：

$$foreign_i = \alpha + \beta_1 weight_i + \beta_2 mpg_i + \varepsilon_i \tag{9-1}$$

首先打开数据集：

sysuse auto，clear

OLS 回归模型的 Stata 命令如下：

reg *foreign weight mpg*

Stata 输出结果如表 9-1 所示。

表 9-1 OLS 模型回归结果

| foreign | Coef. | Std. Err. | t | P>|t| | [95% Conf. | Interval] |
|---|---|---|---|---|---|---|
| weight | -0.000 47 | 0.000 094 3 | -4.96 | 0.000 | -0.000 655 8 | -0.000 279 7 |
| mpg | -0.019 43 | 0.012 670 1 | -1.53 | 0.130 | -0.044 693 | 0.005 834 |
| _cons | 2.123 506 | 0.528 982 4 | 4.01 | 0.000 | 1.068 745 | 3.178 267 |

我们可以根据回归结果得出其表达式为：
$$foreign_i = 2.123\,506 - 0.000\,47 weight_i - 0.019\,43 mpg_i \quad (9\text{-}2)$$
$$(4.01)\qquad\quad(4.96)\qquad\quad(-1.53)$$
$$N = 74 \qquad Pseudo\ R^2 = 35.46\%$$

取 auto.dta 数据集的第 1 行数据做检验，$weight_1$ 为 2930，$mpg_1$ 为 22，$foreign_1$ 为 0，代入回归方程得：$foreign=0.318\,9$；再取第 5 行数据做检验，$weight_5$ 为 4 080，$mpg_5$ 为 15，$foreign_5$ 为 0，代入回归方程得：$foreign=-0.085\,5$，此时所得 $foreign<0$。可见，根据表达式算出的 $y$ 的预测值会超出 [0，1] 的范围。因此，当被解释变量为虚拟变量时，OLS 估计无法准确表达解释变量与被解释变量之间的数据关系。

为解决上述问题，可将 $y_i$ 设定为连续变量，即运用 $y_i$ 分别等于 0 或 1 时的概率分布 $P(y_i|x_i)$ 来表示。或者用事件发生的概率 $P$ 与不发生的概率 （1-$P$）之比 $P/(1-P)$（概率比）来表示。因此虚拟变量作为被解释变量时，我们一般使用两种非线性模型：Probit 模型与 Logit 模型。其中，Probit 模型以概率 $P$ 做被解释变量，Logit 模型以 $P/(1-P)$ 作被解释变量。

### 9.2.1　Probit 模型

最简单的 Probit 模型是指被解释变量 $y_i$ 是一个 0–1 变量，事件发生的概率依赖于解释变量，即 $P(y_i=1)=f(x_i)$，也就是说，$y_i=1$ 的概率是一个关于 $x_i$ 的函数，其中 $f(x_i)$ 服从标准正态分布。其概率分布函数和概率密度函数如式（9-3）和式（9-4）所示。

概率分布函数：
$$F(t)=\int_{-\infty}^{t}\frac{1}{\sqrt{2\pi}}\mathrm{e}^{(-x^2/2)}\mathrm{d}x \quad (9\text{-}3)$$

概率密度函数：
$$f(x)=\frac{1}{\sqrt{2\pi}}\mathrm{e}^{(-x^2/2)} \quad (9\text{-}4)$$

将标准正态分布的概率分布函数做成图形，如图 9-2 所示。

依然使用上述 Stata 自带数据 auto.dta。用 Probit 二值选择模型进行回归分析，回归方程为：
$$P(foreign_i=1)=\beta_0+\beta_1 weight_i+\beta_2 mpg_i+\varepsilon_i \quad (9\text{-}5)$$

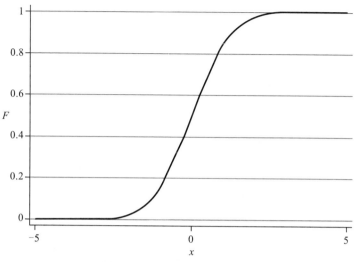

图 9-2 Probit 概率分布函数图

Probit 模型回归的 Stata 命令如下：

probit *foreign weight mpg*

Stata 输出结果如表 9-2 所示。

表 9-2 Probit 模型回归结果

| foreign | Coef. | Std. Err. | z | P>|z| | [95% Conf. | Interval] |
|---|---|---|---|---|---|---|
| weight | -0.002 335 5 | 0.000 566 1 | -4.13 | 0.000 | -0.003 445 | -0.001 226 1 |
| mpg | -0.103 950 3 | 0.051 568 9 | -2.02 | 0.044 | -0.205 023 5 | -0.002 877 2 |
| _cons | 8.275 464 0 | 2.554 142 0 | 3.24 | 0.001 | 3.269 437 | 13.281 49 |

我们可以根据回归结果得出其表达式为：

$$P(foreign_i=1)=8.275\,464-0.002\,335\,5weight_i-0.103\,950\,3mpg_i \qquad (9\text{-}6)$$
$$(3.24) \qquad (-4.13) \qquad (-2.02)$$
$$N=74 \qquad Pseudo\ R^2=40.39\%$$

与 OLS 不同，该表达式说明了"*foreign*=1"的概率与 *weight*、*mpg* 之间的关系。从上表的结果可以看出，*weight* 与 *mpg* 的系数分别为 -0.002 3 和 -0.104 0，分别在 1% 和 5% 水平上显著。因此，进口汽车与汽车重量和汽车里程数均呈负相关关系。

### 9.2.2 Logit 模型

与 Probit 模型类似，Logit 模型中 $y_i$ 的取值依旧不是一个具体的变量值，而是一个关于概率的比值 $P/(1-P)$，也称为"概率比"。概率比是指事件发生的概率与事件不发生的概率之比。通常,概率与概率比都是用来描述某件事情发生的可能性,其中,$P \in [0, 1]$,而 $P/(1-P) \in [0, +\infty)$,对概率比取对数,则将被解释变量的取值范围扩大至 $(-\infty, +\infty)$。

Logit 模型为:

$$\text{Log}(P/(1-P)) = \beta_0 + \beta_1 x_1 \tag{9-7}$$

在式(9-7)中,$\beta_1$ 表示解释变量 $x_1$ 增加一个微小量,所引起的"对数概率比"的边际变化,或者 $x_1$ 每增加一个单位,所引起的概率比的变化百分比。

为和 Probit 模型对比,我们将 Logit 模型中的 $P/(1-P)$ 转换成概率 $P$:

$$P = \frac{e^{\beta_0 + \beta_1 x_1}}{1 + e^{\beta_0 + \beta_1 x_1}} = 1/\left[1 + e^{-(\beta_0 + \beta_1 x_1)}\right] \tag{9-8}$$

自变量 $x$ 和概率 $P$ 之间的关系是非线性的,Logit 函数的图形是一条 S 形曲线;参数 $\beta_1$ 控制着曲线的坡度,$\beta_1$ 越大,图形越陡峭,如图 9-3 所示。

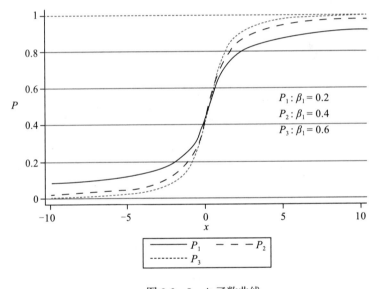

图 9-3 Logit 函数曲线

下面我们依然使用数据集 auto.dta 进行 Logit 模型的回归,建立回归方程如下:

$$\text{Log}(P/(1-P) = \beta_0 + \beta_1 weight_i + \beta_2 mpg_i + \varepsilon_i \tag{9-9}$$

Logit 模型回归的 Stata 命令如下:

logit *foreign weight mpg*

Stata 输出结果如表 9-3 所示。

表 9-3 Logit 模型结果

| foreign | Coef. | Std. Err. | z | P>|z| | [95%Conf. | Interval] |
|---|---|---|---|---|---|---|
| weight | -0.003 906 7 | 0.001 011 6 | -3.86 | 0.000 | -0.005 889 4 | -0.001 924 |
| mpg | -0.168 586 9 | 0.091 917 5 | -1.83 | 0.067 | -0.348 741 8 | 0.011 568 |
| _cons | 13.708 37 | 4.518 709 | 3.03 | 0.002 | 4.851 859 | 22.564 87 |

我们可以根据回归结果得出其表达式为：

$$\text{Log}(P/(1-P)) = 13.708\,37 - 0.003\,906\,7 weight_i - 0.168\,586\,9 mpg_i \quad (9\text{-}10)$$

$$(-3.86) \qquad (-1.83) \qquad (3.03)$$

$$N = 74 \qquad \text{Pseudo } R^2 = 39.66\%$$

与 OLS 不同，该表达式说明了被解释变量 *foreign* 对数概率比与 *weight* 和 *mpg* 之间的关系。从表 9-3 的结果可以看出，*weight* 与 *mpg* 的边际系数分别为 -0.000 5、-0.022 4，分别在 1% 和 10% 的水平上显著。同样可以得出结论：进口汽车与汽车重量和汽车里程数均呈负相关关系。

> **小诀窍**
>
> 当虚拟变量作为被解释变量时，我们通常使用 Logit 回归模型或者 Probit 回归模型，那么这两种回归模型有什么区别呢？我们可以从函数图的分布和回归的系数两个角度来说。
>
> 对于函数分布，Logit 回归和 Probit 回归的图虽然几乎重叠，但是两个回归对 $\varepsilon$ 的分布的设定不同。在 Logit 回归中，$\varepsilon$ 服从标准逻辑分布；在 Probit 回归中，$\varepsilon$ 服从标准正态分布。两个回归估算的边际效应的差异主要体现在尾部数据上。
>
> 对于回归系数，Probit 或 Logit 模型估计出的参数并不是边际系数，且其本身无意义。按照公式，边际系数等于系数乘以转化因子，因为转化因子恒为正。因此，系数的符号决定了边际效应的符号，也可以通过系数符号反映变量之间的变动方向关系，但不能反映边际效应关系。因此需计算边际效应，然后进行比较，但是通常两者边际效用的结果差异并不大。
>
> 迄今为止，对于这两种回归哪一个更好并没有准确的说法，相对而言，Logit 回归系数更具有解释性。

### 9.2.3 Probit 模型与 Logit 模型的结果比较

采用不同的分布形式会得到不同的离散选择模型——在 Probit 模型中，假设随机变量服从正态分布；在 Logit 模型中，假设随机变量服从 Logistic 分布，如图 9-4 所示。由于 Logistic 分布的累积分布函数有解析表达式（而标准正态分布没有），故计算使用 Logit 模型通常比 Probit 模型更方便。

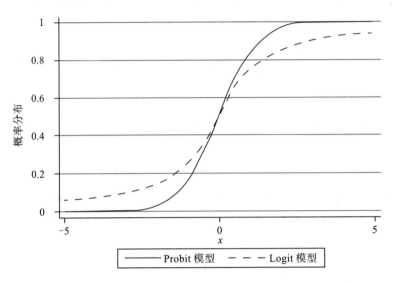

图 9-4  Logit 模型与 Probit 模型概率分布对比图

在选择模型时，由于 Probit 与 Logit 使用的分布函数不同，因此其参数估计值并不能直接对比，需计算边际效应，然后进行比较。对于本章所介绍的两个二值模型，由于是非线性模型，所以回归系数 $\beta$ 并不表示边际效应，因此需要利用 margins 命令生成二者的边际效应再进行比较。常用的边际效应概念有平均边际效应、样本均值处的边际效应和在某代表值处的边际效应。

- 平均边际效应，即分别计算在每个样本观测值上的边际效应，然后进行简单算术平均。
- 样本均值处的边际效应，即在 $x=\bar{x}$ 处的边际效应。
- 在某代表值处的边际效应，即给定 $x^*$，在 $x=x^*$ 处的边际效应。

通常计算样本均值处的边际效应最为简单，但在非线性模型中，样本均值处的个体行为并不等于样本中个体的平均行为。因此，为了使 Probit 模型与 Logit 模型的回归结果可比，使用平均边际效应（Stata 的默认方法）通常更有意义。下面依然使用数据集 auto.dta，分别计算 Probit 模型和 Logit 模型的平均边际效应。

首先计算 Probit 模型的平均边际效应，Stata 命令如下：

margins，dydx（*）

Stata 输出结果如表 9-4 所示。

表 9-4  Probit 模型平均边际效应

|  | dy/dx | Delta-method Std. Err. | z | P>\|z\| | [95% Conf. | Interval] |
|---|---|---|---|---|---|---|
| weight | -0.000 464 9 | 0.000 056 5 | -8.23 | 0.000 | -0.000 575 6 | -0.000 354 2 |
| mpg | -0.020 692 3 | 0.009 200 0 | -2.25 | 0.025 | -0.038 723 9 | -0.002 660 7 |

其次计算 Logit 模型的平均边际效应，Stata 命令如下：

margins, dydx(*)

Stata 输出结果如表 9-5 所示。

表 9-5  Logit 模型平均边际效应

|  | dy/dx | Delta-method Std. Err. | z | P>\|z\| | [95% Conf. | Interval] |
|---|---|---|---|---|---|---|
| weight | -0.000 456 9 | 0.000 057 1 | -8.01 | 0.000 | -0.000 568 8 | -0.000 345 1 |
| mpg | -0.019 718 7 | 0.009 698 7 | -2.03 | 0.042 | -0.038 727 7 | -0.000 709 6 |

从表 9-4 和表 9-5 可以看出：Probit 模型中 *weight* 的平均边际效应为 -0.000 464 9，*mpg* 的平均边际效应为 -0.020 692 3；Logit 模型中 *weight* 的平均边际效应为 0.000 456 9，*mpg* 的平均边际效应为 -0.019 718 7。可以看出 Logit 模型的边际效应与 Probit 模型几乎完全相同，故可视为基本等价。

## 9.3 解释变量为虚拟变量的估计模型

当解释变量为虚拟变量时，我们依然可以使用 OLS 进行估计。在一般情况下，虚拟变量可直接作为解释变量；在特殊情况下，还存在虚拟变量与其他变量交乘的情况，主要包括虚拟变量与虚拟变量交乘、虚拟变量与连续变量交乘。

### 9.3.1 不含交乘项的估计模型

不含交乘项的估计模型，其实质为多元线性回归模型中某一项或多项解释变量是虚拟变量，在回归时仍使用 OLS 进行估计。

以网络数据集 nhanes2.dta 为例，研究血压水平的影响因素。该数据集包含以下变量：*bpsystol*（血压）、*female*（性别：女性为 1，男性为 0）、*heartatk*（是否有心脏病：是为 1，否为 0）、*height*（身高）、*weight*（体重）、*age*（年龄）、*diabetes*（是否有糖尿病：是为 1，否为 0）。

建立回归方程如下：

$$bpsystol_i = \beta_0 + \beta_1 female_i + \beta_2 heartatk_i + \beta_3 height_i +$$

$$\beta_4 height_i + \beta_5 age_i + \beta_6 diabetes_i + \varepsilon_i \qquad (9\text{-}11)$$

首先打开数据集：

webuse nhanes2，clear

OLS 回归的 Stata 命令如下：

reg *bpsystol female heartatk height weight age diabetes*

Stata 输出结果如表 9-6 所示。

表 9-6　不含交乘项的估计模型结果

| bpsystol | Coef. | Std. Err. | t | P>\|t\| | [95% Conf. | Interval] |
|---|---|---|---|---|---|---|
| female | -3.210 188 | 0.543 462 | -5.91 | 0.000 | -4.275 480 | -2.144 897 |
| heartatk | -1.905 019 | 0.931 785 | -2.04 | 0.041 | -3.731 498 | -0.078 540 |
| height | -0.333 251 | 0.030 589 | -10.89 | 0.000 | -0.393 212 | -0.273 291 |
| weight | 0.465 097 | 0.014 325 | 32.47 | 0.000 | 0.437 018 | 0.493 177 |
| age | 0.590 930 | 0.011 961 | 49.40 | 0.000 | 0.567 484 | 0.614 376 |
| diabetes | 5.620 968 | 0.904 987 | 6.21 | 0.000 | 3.847 018 | 7.394 917 |
| _cons | 126.701 4 | 5.257 5 | 24.10 | 0.000 | 116.395 7 | 137.007 0 |

我们可以根据回归结果得出其表达式为：

$$\begin{aligned} bpsystol_i = &126.701\,4 - 3.210\,188 female_i - 1.905\,019 heartatk_i - 0.333\,251 height_i + \\ &(24.10) \qquad (-5.91) \qquad\qquad (-2.04) \qquad\qquad (-10.89) \\ &0.465\,097 weight_i + 0.590\,93 age_i + 5.620\,968 diabetes_i \qquad (9\text{-}12)\\ &(32.47) \qquad\quad (49.40) \qquad\quad (6.21) \end{aligned}$$

$$N = 103\,49 \qquad \text{Adj } R^2 = 31.38\%$$

结果显示：*female* 的回归系数为 -3.210 2，在 1% 的水平上与 *bpsystol* 显著负相关，说明在其他变量不变的情况下，女性血压一般要低于男性血压。*heartatk* 的回归系数为 -1.905 0，在 5% 的水平上与 *bpsystol* 显著负相关，说明在其他变量不变的情况下，心脏病患者的血压一般要低于正常人的血压。*weight* 的回归系数为 0.465 1，在 1% 的水平上与 *bpsystol* 显著正相关，说明在其他变量不变的情况下，体重越重，血压越高。

### 9.3.2　含虚拟变量与虚拟变量交乘项的一般估计模型

虚拟变量与虚拟变量交乘时，可以将其中一个虚拟变量作为调节变量，以验证在两种不同情况下，解释变量对被解释变量的影响是否有差别。

依然以网络数据集 nhanes2.dta 为例，要若进一步研究性别不同时心脏病对血压的影响，我们就需要构建交乘项 *female_heartatk*，等于 *female* 与 *heartatk* 的乘积。

建立回归方程如下：

$$bpsystol_i=\beta_0+\beta_1female_i+\beta_2heartatk_i+\beta_3female\_heartatk_i+$$
$$\beta_4height_i+\beta_5weight_i+\beta_6age_i+\beta_7diabetes_i+\varepsilon_i \quad (9\text{-}13)$$

首先生成交乘项 female_heartatk：

generate *female_heartatk=female*heartatk*

含交乘项的 OLS 回归的 Stata 命令如下：

reg *bpsystol female heartatk female_heartatk height weight age diabetes*

Stata 输出结果如表 9-7 所示。

表 9-7 虚拟变量与虚拟变量交乘项的一般估计模型结果

| bpsystol | Coef. | Std. Err. | t | P>|t| | [5% Conf. | Interval] |
|---|---|---|---|---|---|---|
| female | -3.568 250 | 0.549 168 | -6.50 | 0.000 | -4.644 726 | -2.491 775 |
| heartatk | -4.758 042 | 1.138 022 | -4.18 | 0.000 | -6.988 785 | -2.527 299 |
| female_heartatk | 8.370 180 | 1.920 188 | 4.36 | 0.000 | 4.606 241 | 12.134 120 |
| height | -0.333 032 | 0.030 563 | -10.90 | 0.000 | -0.392 940 | -0.273 123 |
| weight | 0.463 711 | 0.014 316 | 32.39 | 0.000 | 0.435 649 | 0.491 773 |
| age | 0.591 446 | 0.011 951 | 49.49 | 0.000 | 0.568 020 | 0.614 873 |
| diabetes | 5.594 261 | 0.904 221 | 6.19 | 0.000 | 3.821 813 | 7.366 710 |
| _cons | 126.932 4 | 5.253 182 | 24.16 | 0.000 | 116.635 2 | 137.229 7 |

我们可以根据回归结果得出其表达式为：

$bpsystol_i$=126.932 4－3.568 250$female_i$－4.758 042$heartatk_i$+8.370 180$female\_heartatk_i$－

（24.16） （-6.50） （-4.18） （4.36）

0.333 032$height_i$+0.463 711$weight_i$+0.591 446$age_i$+5.594 261$diabetes_i$

（-10.90） （32.39） （49.49） （6.19） （9-14）

$N$=103 49 Adj $R^2$=31.50%

结果显示：female 的回归系数为 -3.568 3，heartatk 的回归系数为 -4.758 0，这两个解释变量的回归系数依然为负，与被解释变量 bpsystol 之间的关系并未发生变化。交乘项 female_heartat 的回归系数为 8.370 2，在 1% 的水平上显著为正。将性别作为调节变量，说明在心脏病对血压的负向影响中，女性对这种负面影响起到了抑制效应，即心脏病患者血压低于正常人，但若心脏病患者是女性，会使心脏病对血压的负向影响减小。

### 9.3.3 含虚拟变量与虚拟变量交乘项的倍差（DID）估计模型

上述例子为一个横截面数据集，若我们研究某事件所带来的影响，就需要两个不同时间点的横截面数据，一个在事件之前，另一个在事件之后。但是不同时间点的样本观测值可能受其他因素的影响，不具有直接可比性，因此需要相同时间点的未被处理的样本做对照组。例如在研究某项政府政策对居民收入变化的影响时，就会有一个不实施该政策的对照组和一个实施该政策的实验组。为了估计政策所带来的经济后果，我们用"实验组在实施政策前后的平均变化"减去"对照组在相同时间点自身的平均变化"得到一个差值，通常被称为倍差估计量（difference-in-difference estimator，DIDE）。

以网络数据集 nlswork.dta 为例，研究 1977 年某政策的执行对工资薪金水平的影响。该数据集包含以下变量：$idcode$（地区，其中 $idcode$ 大于 2 000 为政策执行地）、$year$（年份，其中 1977 年为政策执行年份）、$c\_city$（在中心城市为 1，否则为 0）、$grade$（自身学历）、$ttl\_exp$（工作经历）、$hours$（工作时长）。

为了控制好对照组和实验组之间的系统差异，我们以政策执行时间（1977 年）与政策执行地为标准生成两个虚拟变量：$time$（1997 年政策执行后为 1，否则为 0）、$treated$（政策执行地 $idcode$ 大于 2 000 为 1，设为 E 区，否则为 0，设为 F 区）。通过两个虚拟变量将样本划分为 4 组：变化前的对照组（$treated=0$，$time=0$）、变化后的对照组（$treated=0$，$time=1$）、变化前的实验组（$treated=1$，$time=0$）和变化后的实验组（$treated=1$，$time=1$）。为研究新政策执行在不同地区对工资的影响是否显著，我们就需要构建交乘项 $did$，等于 $time$ 与 $treated$ 的乘积。建立回归方程如下：

$$\ln\_w_i = \beta_0 + \beta_1 time_i + \beta_2 treated_i + \beta_3 did_i + \beta_4 c\_city_i + \\ \beta_5 grade_i + \beta_6 ttl\_exp_i + \beta_7 hours_i + \varepsilon_i \tag{9-15}$$

首先打开数据集：

webuse nlswork, clear

定义虚拟变量并生成交乘项 $did$，Stata 命令如下：

gen $time$ =（$year$ >= 77）& !missing（$year$）

gen $treated$ =（$idcode$ >2000）&!missing（$idcode$）

gen $did$ = $time$*$treated$

含交乘项的 OLS 回归的 Stata 命令如下：

reg ln_w time treated did c_city grade ttl_exp hours

Stata 输出结果如表 9-8 所示。

我们可以根据回归结果得出其表达式为：

$\ln\_w_i$=0.562 048 1−0.066 373 5$time_i$−0.104 400 5$treated_i$+0.019 811 6$did_i$+0.065 838$c\_city_i$+

（35.01）　　（−7.69）　　　（−14.10）　　　　（2.03）　　　　（13.38）

$$0.071\ 615\ 4grade_i+0.038\ 611ttl\_exp_i+0.001\ 307\ 5hours_i \tag{9-16}$$

$$(68.39) \qquad (57.51) \qquad (5.41)$$

$$N=284\ 58 \quad \text{Adj } R^2=31.54\%$$

表 9-8 虚拟变量与虚拟变量交乘项的倍差模型结果

| ln_wage | Coef. | Std. Err. | t | P>|t| | [95% Conf. | Interval] |
|---|---|---|---|---|---|---|
| time | -0.066 373 5 | 0.008 634 5 | -7.69 | 0.000 | -0.083 297 5 | -0.049 449 6 |
| treated | -0.104 400 5 | 0.007 402 4 | -14.10 | 0.000 | -0.118 909 7 | -0.089 891 4 |
| did | 0.019 811 6 | 0.009 763 6 | 2.03 | 0.042 | 0.000 674 5 | 0.038 948 6 |
| c-city | 0.065 830 8 | 0.004 918 9 | 13.38 | 0.000 | 0.056 189 6 | 0.075 472 1 |
| grade | 0.071 615 4 | 0.001 047 1 | 68.39 | 0.000 | 0.069 563 | 0.073 667 8 |
| ttl_exp | 0.038 611 | 0.000 671 4 | 57.51 | 0.000 | 0.037 295 1 | 0.039 926 9 |
| hours | 0.0013 075 | 0.000 241 6 | 5.41 | 0.000 | 0.000 833 9 | 0.001 781 1 |
| _cons | 0.562 048 1 | 0.016 052 4 | 35.01 | 0.000 | 0.530 584 7 | 0.593 511 5 |

回归结果显示：ttime 的回归系数为 -0.066 4，表示 1977 年新政策执行后，工资对数下降 -0.066 4，treated 的回归系数为 -0.104 4，表示 E 区城市的工资对数比 F 区城市少 -0.104 4。交乘项 did 的回归系数为 0.0198，在 5% 的水平上显著，表示因执行新政策，E 区的工资对数增加了 0.019 8。

### 9.3.4 含虚拟变量与连续变量交乘项的估计模型

继续考虑估计模型中包含虚拟变量与连续变量交乘项的情况。我们可以将虚拟变量作为调节变量，以验证在两种不同情况下，解释变量对被解释变量的影响是否有差别。

同样以数据集 nhanes2.dta 为例，若要进一步研究性别不同时体重对血压的影响，就要构建交乘项 $female\_weight$，等于 $female$ 与 $weight$ 的乘积。

建立回归方程如下：

$$bpsystol_i=\beta_0+\beta_1 female_i+\beta_2 weight_i+\beta_3 female\_weight_i+\beta_4 heartatk_i+$$
$$\beta_5 height_i+\beta_6 age_i+\beta_7 diabetes_i+\varepsilon_i \tag{9-17}$$

首先生成交乘项 $female\_weight$：

generate *female_weight* = *female*weight*

含交乘项的 OLS 回归的 Stata 命令如下。

reg *bpsystol female weight female_weight heartatk height age diabetes*

Stata 输出结果如表 9-9 所示。

表 9-9　虚拟变量与连续变量交乘项的模型结果

| bpsystol | Coef. | Std. Err. | t | P>|t| | [95% Conf. | Interval] |
|---|---|---|---|---|---|---|
| female | -10.354 45 | 2.013 030 | -5.14 | 0.000 | -14.300 38 | -6.408 523 |
| weight | 0.406 600 | 0.021 374 | 19.02 | 0.000 | 0.364 702 | 0.448 497 |
| female_weight | 0.100 167 | 0.027 177 | 3.69 | 0.000 | 0.046 894 | 0.153 439 |
| heartatk | -1.912 774 | 0.931 221 | -2.05 | 0.040 | -3.738 148 | -0.087 401 |
| height | -0.319 618 | 0.030 794 | -10.38 | 0.000 | -0.379 979 | -0.259 257 |
| age | 0.589 784 | 0.011 958 | 49.32 | 0.000 | 0.566 345 | 0.613 224 |
| diabetes | 5.601 287 | 0.904 453 | 6.19 | 0.000 | 3.828 384 | 7.374 189 |
| _cons | 128.936 7 | 5.289 175 | 24.38 | 0.000 | 118.568 9 | 139.304 5 |

我们可以根据回归结果得出其表达式为：

$bpsystol_i$=128.936 7-10.354 45$female_i$+0.463 711$weight_i$+0.100 167$female\_weight_i$-
（24.38）　　（-5.14）　　　（19.02）　　　（3.69）

1.912 774$heartatk_i$-0.319 618$height_i$+0.589 784$age_i$+5.601 287$diabetes_i$
（-2.05）　　　（-10.38）　　　（49.32）　　（6.19）　　（9-18）

$N$=103 49　　Adj $R^2$=31.46%

结果显示：*female* 的回归系数为-10.354 5，*weight* 的回归系数为 0.406 6，同表 9-6 相比，与被解释变量 *bpsystol* 之间的关系并未发生变化，交乘项 *female_weight* 的回归系数为 0.100 2，在 1% 的水平上显著为正，说明在体重对血压的影响上，女性性别起到了正向作用。也就是说，从样本整体上看，体重越重，血压越高，若样本为女性，则体重对血压的正向影响更大。

## 9.4　问题解决

在上述虚拟变量作被解释变量与解释变量的回归中，我们都直接使用样本数据进行回归，其实，现实的数据并不一定能完美地切合我们所建立的模型，往往会出现多重共线性、异方差、内生性、样本自选择以及样本区间不连续等问题。此外，在论文投稿时，评审人也往往会要求作者解决上述问题。下面我们将详细阐述如何识别并解决这些问题。

### 9.4.1　多重共线性

如果某一解释变量可以由其他解释变量线性表示，则存在"完全多重共线性"。在现实数据中很少出现完全多重共线性，较常见的是近似多重共线性。在存在近似共线性的情况下，系数的估计通常不准确，表现出的"症状"是：虽然

整个回归方程的 $R^2$ 较大、$F$ 检验也很显著,但单个系数的 $t$ 检验不显著,或者系数估计值不合理,甚至符号与理论预期相反。

为避免多重共线性引起的估计不准确的问题,我们可以通过计算"方差膨胀因子"(VIF)来验证模型是否存在多重共线性问题。方差膨胀因子是指解释变量之间存在多重共线性时的方差与不存在多重共线性时的方差之比。

在回归方程中,我们定义第 $k$ 个解释变量 $x_k$ 的"方差膨胀因子"(VIF)为:

$$VIF_K = 1/(1-R_k^2) \tag{9-19}$$

其中,$R_k^2$ 指以 $x_k$ 作为被解释变量,其他自变量对 $x_k$ 进行回归所得。VIF 越大,显示共线性越强。经验判断方法表明:当 0<VIF<10 时,不存在多重共线性;当 10≤VIF<100 时,存在较强的多重共线性;当 VIF≥100,存在严重多重共线性。

仍然以数据集 nhanes2.dta 为例,在上述回归方程的基础上加入解释变量 tcresult(血清胆醇)研究血清胆醇对血压的影响,建立回归方程如下:

$$bpsystol_i = \beta_0 + \beta_1 female_i + \beta_2 tcresult_i + \beta_3 heartatk_i + \beta_4 weight_i + $$
$$\beta_5 height_i + \beta_6 age_i + \beta_7 diabetes_i + \varepsilon_i \tag{9-20}$$

OLS 回归的 Stata 命令如下:

reg *bpsystol female tcresult heartatk weight height age diabetes*

Stata 输出结果如表 9-10 所示。

表 9-10　OLS 回归模型结果

| bpsystol | Coef. | Std. Err. | t | P>\|t\| | [95% Conf. | Interval] |
|---|---|---|---|---|---|---|
| female | -3.312 425 | 0.542 827 2 | -6.10 | 0.000 | -4.376 471 | -2.248 378 |
| tcresult | 0.025 276 4 | 0.004 238 6 | 5.96 | 0.000 | 0.016 967 9 | 0.033 584 9 |
| heartatk | -1.905 046 | 0.930 232 1 | -2.05 | 0.041 | -3.728 481 | -0.081 611 6 |
| weight | 0.455 093 | 0.014 399 | 31.61 | 0.000 | 0.426 868 1 | 0.483 317 8 |
| height | -0.316 6602 | 0.030 664 6 | -10.33 | 0.000 | -0.376 768 7 | -0.256 551 7 |
| age | 0.563 989 2 | 0.012 767 1 | 44.18 | 0.000 | 0.538 963 1 | 0.589 015 2 |
| diabetes | 5.829 073 | 0.904 152 4 | 6.45 | 0.000 | 4.056 76 | 7.601 387 |
| _cons | 120.462 6 | 5.351 968 | 22.51 | 0.000 | 109.971 7 | 130.953 5 |

我们可以根据回归结果得出其表达式为:

$bpsystol_i$ =120.462 6-3.312 425$female_i$ +0.025 276 4$tcresult_i$-1.905 046$heartatk_i$+

　　　　(22.51)　　　(-6.10)　　　　(5.96)　　　　　(-2.05)

0.455 093$weight_i$-0.316 6602$height_i$+0.563 989 2$age_i$+5.829 073$diabetes_i$

　　(31.61)　　　　(-10.33)　　　　(44.18)　　　　(6.45)

$$\tag{9-21}$$

$N$=103 49　　Adj $R^2$=31.61%

从样本整体上看，血清胆固醇的回归系数为 0.025 3，在 1% 的水平上，与血压显著正相关，说明人体内血清胆固醇越高，血压越高。若要区别男性与女性体内血清胆固醇对血压的影响，需加入交乘项 $female\_tcresult$，等于 $female$ 乘以 $tcresult$，建立回归方程如下：

$$bpsystol_i=\beta_0+\beta_1 female_i+\beta_2 tcresult_i+\beta_3 female\_tcresult_i+\beta_4 heartatk_i+$$
$$\beta_5 weight_i+\beta_6 height_i+\beta_7 age_i+\beta_8 diabetes_i+\varepsilon_i \quad (9\text{-}22)$$

首先生成交乘项 $female\_tcresult$，Stata 命令如下：

generate $female\_tcresult = female*tcresult$

含交乘项的 OLS 回归的 Stata 命令如下。

reg bpsystol female tcresult female_tcresult heartatk weight height age diabetes

Stata 输出结果如表 9-11 所示。

表 9-11 含交乘项的 OLS 回归模型结果

| bpsystol | Coef. | Std. Err. | t | P>\|t\| | [95% Conf. | Interval] |
|---|---|---|---|---|---|---|
| female | -9.732 416 | 1.787 111 | -5.45 | 0.000 | -13.235 5 | -6.229 334 |
| tcresult | 0.008 401 5 | 0.006 162 4 | 1.36 | 0.173 | -0.003 678 | 0.020 481 |
| female_tcresult | 0.029 579 3 | 0.007 845 4 | 3.77 | 0.000 | 0.014 2 009 | 0.044 957 7 |
| heartatk | -1.776 51 | 0.930 263 2 | -1.91 | 0.056 | -3.600 006 | 0.046 985 4 |
| weight | 0.455 132 6 | 0.014 389 8 | 31.63 | 0.000 | 0.426 925 8 | 0.483 339 5 |
| height | -0.317 529 | 0.030 645 9 | -10.36 | 0.000 | -0.377 600 9 | -0.257 457 2 |
| age | 0.560 411 6 | 0.012 794 2 | 43.80 | 0.000 | 0.535 332 4 | 0.585 490 7 |
| diabetes | 5.815 501 | 0.903 582 4 | 6.44 | 0.000 | 4.044 305 | 7.586 697 |
| _cons | 124.370 6 | 5.448 06 | 22.83 | 0.000 | 113.691 3 | 135.049 8 |

我们可以根据回归结果得出其表达式为：

$$bpsystol_i=124.370\ 6-9.732\ 416 female_i+0.008\ 401\ 5tcresult_i+$$
$$(22.83) \quad (-5.45) \quad (1.36)$$
$$0.029\ 579\ 3female\_tcresult_i-0.776\ 51heartatk_i+0.455\ 132\ 6weight_i+$$
$$(3.77) \quad (-1.91) \quad (31.63)$$
$$0.560\ 411\ 6height_i+0.560\ 411\ 6age_i+5.815\ 501diabetes_i \quad (9\text{-}23)$$
$$(-10.36) \quad (43.80) \quad (6.44)$$
$$N=10\ 349 \quad \text{Adj } R^2=31.70\%$$

结果显示：加入交乘项后，解释变量 $tcresult$ 的回归系数不显著，考虑有可能存在多重共线性的问题，我们可以采用以下命令来进行检验：

estat vif

Stata 输出结果如表 9-12 所示。

表 9-12　方差膨胀因子检验结果

| Variable | VIF | 1/VIF |
|---|---|---|
| female_tcresult | 23.43 | 0.042 675 |
| female | 22.17 | 0.045 113 |
| tcresult | 2.58 | 0.387 978 |
| height | 2.44 | 0.410 379 |
| weight | 1.36 | 0.735 815 |
| age | 1.35 | 0.740 672 |
| heartatk | 1.06 | 0.946 2 |
| diabetes | 1.04 | 0.958 912 |
| VIF 均值 | 6.93 | |

结果显示：交乘项 $female\_tcresult$ 的 VIF 值为 23.43，$female$ 的 VIF 值为 22.17，$tcresult$ 的 VIF 值为 2.58，根据方差膨胀因子判断可知，解释变量 $female$ 与交乘项 $female\_height$ 的 VIF 值较高，由此可以判断回归方程式（9-23）存在较强的多重共线性。当模型存在较强的多重共线性问题时，一般常用的有两种解决方案。

**1. 剔除解释变量法**

剔除解释变量法是指剔除回归方程中多重共线性比较严重的一个或多个解释变量，使回归结果变得显著。由于我们要研究交乘项与被解释变量之间的关系，因此首先要剔除解释变量 $female$，重新建立回归方程：

$$bpsystol_i = p_0 + p_1 tcresult_i + c_2 female\_tcresult_i + c_3 heartatk_i + e_4 weight_i + \beta_5 height_i + e_6 age_i + g_7 diabetes_i + \varepsilon_i \quad (9-24)$$

含交乘项的 OLS 回归的 Stata 命令如下：

reg bpsystol tcresult female_tcresult heartatk weight height age diabetes

Stata 输出结果如表 9-13 所示。

表 9-13　剔除一个解释变量的 OLS 回归模型结果

| bpsystol | Coef. | Std. Err. | t | P>\|t\| | [95% Conf. | Interval] |
|---|---|---|---|---|---|---|
| tcresult | 0.031 404 7 | 0.004 493 2 | 6.99 | 0.000 | 0.022 597 1 | 0.040 212 3 |
| female_tcresult | −0.011 129 8 | 0.002 384 8 | −4.67 | 0.000 | −0.015 804 4 | −0.006 455 2 |
| heartatk | −1.847 929 | 0.931 458 7 | −1.98 | 0.047 | −3.673 768 | −0.022 089 3 |
| weight | 0.456 113 8 | 0.014 408 6 | 31.66 | 0.000 | 0.427 870 1 | 0.484 357 5 |
| height | −0.283 674 3 | 0.030 050 3 | −9.44 | 0.000 | −0.342 578 7 | −0.224 769 9 |
| age | 0.568 889 | 0.012 716 8 | 44.74 | 0.000 | 0.543 961 7 | 0.593 816 3 |
| diabetes | 5.811 301 | 0.904 833 3 | 6.42 | 0.000 | 4.037 653 | 7.584 949 |
| _cons | 112.846 8 | 5.027 279 | 22.45 | 0.000 | 102.992 3 | 122.701 2 |

我们可以根据回归结果得出其表达式为：

$bpsystol_i = 112.8468 + 0.0314047tcresult_i - 0.011129female\_tcresult_i - 1.847929heartatk_i +$
　　　　　　（22.45）　　　　（6.99）　　　　　（-4.67）　　　　　（-1.98）

　　$0.4561138weight_i - 0.2836743height_i + 0.568889age_i + 5.811301diabetes_i$
　　　　（31.66）　　　　　（-9.44）　　　　　（44.74）　　　　（6.42）　　　（9-25）

$N = 10\ 349$　　Adj $R^2 = 31.51\%$

结果显示：剔除解释变量 female 后，tcresult 的显著性得到提高。从交乘项 female_tcresult 的回归系数为 -0.011 1，可以看出，相较于男性，女性性别使得血清胆固醇对血压的正向影响变小，即女性的胆固醇对血压的正向影响小于男性。此时，我们再对其进行多重共线性检验。输入 Stata 命令如下：

estat vif

Stata 输出结果如表 9-14 所示。

表 9-14　方差膨胀因子检验结果

| Variable | VIF | 1/VIF |
|---|---|---|
| height | 2.44 | 0.410 403 |
| female | 2.04 | 0.489 597 |
| weight | 1.36 | 0.735 816 |
| age | 1.34 | 0.744 768 |
| tcresult | 1.22 | 0.821 136 |
| heartatk | 1.06 | 0.947 473 |
| diabetes | 1.04 | 0.958 927 |
| VIF 均值 | 1.50 | |

结果显示：解释变量的 VIF 值均小于 3，可见多重共线性得到了很好的解决。上述例子演示了虚拟变量与连续变量交乘时的共线性问题，当交乘项为虚拟变量与虚拟变量相乘时，共线性问题的解决与上述情形相同，在这里不再赘述。

**2. 分组回归法**

分组回归法是指将研究的数据集按照某一解释变量的属性分成 n 组分别进行回归，研究在不同的属性下，被解释变量与解释变量之间的关系。同样以数据集 nhanes2 为例，根据解释变量 female 进行分组，将原始数据分为女性和男性两组，在此基础上，研究血清胆固醇与血压之间的关系。建立回归方程如下：

$$bpsystol_i = p_0 + p_1 tcresult_i + c_2 heartatk_i + e_3 weight_i +$$
$$\beta_4 height_i + e_5 age_i + g_6 diabetes_i + \varepsilon_i \quad (9\text{-}26)$$

首先研究女性组别，Stata 命令如下：

reg *bpsystol tcresult heartatk weight height age diabetes* if *female*==1

Stata 输出结果如表 9-15 所示。

表 9-15 分组的 OLS 回归模型结果（女性组）

| bpsystol | Coef. | Std. Err. | t | P>\|t\| | [95% Conf. | Interval] |
|---|---|---|---|---|---|---|
| tcresult | 0.014 119 4 | 0.005 840 2 | 2.42 | 0.016 | 0.002 670 3 | 0.025 568 4 |
| heartatk | 1.432 377 | 1.601 944 | 0.89 | 0.371 | -1.708 076 | 4.572 831 |
| weight | 0.481 798 8 | 0.018 968 2 | 25.40 | 0.000 | 0.444 613 6 | 0.518 984 |
| height | -0.285 030 6 | 0.043 455 4 | -6.56 | 0.000 | -0.370 220 7 | -0.199 840 5 |
| age | 0.705 858 1 | 0.018 418 9 | 38.32 | 0.000 | 0.669 749 8 | 0.741 966 5 |
| diabetes | 5.732 248 | 1.220 625 | 4.70 | 0.000 | 3.339 334 | 8.125 163 |
| _cons | 105.888 5 | 7.153 624 | 14.80 | 0.000 | 91.864 49 | 119.912 4 |

我们可以根据回归结果得出其表达式为：

$$bpsystol_i = 105.888\ 5 + 0.014\ 119\ 4 tcresult_i + 1.432\ 377 heartatk_i + 0.481\ 798\ 8 weight_i -$$
$$(14.80)\qquad(2.42)\qquad\qquad(0.89)\qquad\qquad(25.40)$$
$$0.285\ 030\ 6 height_i + 0.705\ 858\ 1 age_i + 5.732\ 248 diabetes_i \qquad (9-27)$$
$$(-6.56)\qquad\qquad(38.32)\qquad\qquad(4.70)$$
$$N=103\ 49 \qquad \text{Adj } R^2 = 39.37\%$$

其次研究男性组别，Stata 命令如下：

reg *bpsystol tcresult heartatk weight height age diabetes* if *female*==0

Stata 输出结果如表 9-16 所示。

表 9-16 分组的 OLS 回归模型结果（男性组）

| bpsystol | Coef. | Std.Err. | t | P>\|t\| | [95% Conf. | Interval] |
|---|---|---|---|---|---|---|
| tcresult | 0.026 503 9 | 0.006 147 1 | 4.31 | 0.000 | 0.014 452 8 | 0.038 555 |
| heartatk | -2.162 024 | 1.119 139 | -1.93 | 0.053 | -4.356 037 | 0.031 989 4 |
| weight | 0.389 994 9 | 0.022 030 5 | 17.70 | 0.000 | 0.346 805 3 | 0.433 184 5 |
| height | -0.314 674 7 | 0.043 124 5 | -7.30 | 0.000 | -0.399 217 9 | -0.230 131 4 |
| age | 0.417 135 1 | 0.017 48 | 23.86 | 0.000 | 0.382 866 4 | 0.451 403 8 |
| diabetes | 5.996 247 | 1.324 177 | 4.53 | 0.000 | 3.400 267 | 8.592 226 |
| _cons | 131.904 2 | 7.371 962 | 17.89 | 0.000 | 117.451 9 | 146.356 6 |

我们可以根据回归结果得出其表达式为：

$$bpsystol_i = 131.904\ 2 + 0.026\ 503\ 9 tcresult_i - 2.162\ 024 heartatk_i + 0.389\ 994\ 9 weight_i -$$
$$(17.89)\qquad(4.31)\qquad\qquad(-1.93)\qquad\qquad(17.70)$$
$$0.314\ 674\ 7 height_i + 0.705\ 858\ 1 age_i + 5.996\ 247 diabetes_i \qquad (9-28)$$
$$(-7.30)\qquad\qquad(23.86)\qquad\qquad(4.53)$$
$$N=103\ 49 \qquad \text{Adj } R^2 = 21.08\%$$

为了使两组数据中 *tcresult* 的回归系数可比,我们应当分别获取这两组数据的标准化回归系数,Stata 命令如下:

reg *bpsystol tcresult heartatk weight height age diabetes* if *female*==1,beta
reg *bpsystol tcresult heartatk weight height age diabetes* if *female*==0,beta

得到女性组 *tcresult* 的回归系数为 0.029 2,男性组 *tcresult* 的回归系数为 0.058 1,可知相比于女性而言,男性的血清胆固醇越高,导致血压越高的程度更大。

### 9.4.2 异方差

异方差是相对于同方差而言的。所谓同方差,是为保证回归参数估计量具有良好的统计性质,假定总体回归函数中的随机误差项具有相同的方差。如果不满足这一假定,则称回归模型存在异方差性。线性回归模型一旦出现异方差性,普通最小二乘法参数估计虽然仍具有线性、无偏性,但失去了有效性。在变量的显著性检验中,$t$ 检验也失去了意义,因为 $t$ 统计量建立在随机扰动项方差 $\sigma^2$ 不变且正确估计了参数方差的基础上。

标准的 Probit 模型和 Logit 模型同样假设扰动项为同方差,并据此写出似然函数。对于这个同方差假设,可以进行似然比(LR)检验。在似然比检验过程中能同时估计原方程和条件方差方程。若无法通过检验,则拒绝原假设,认为模型存在异方差问题。

似然比检验的 Stata 命令为:

hetprob *y* $x_1$ $x_2$ $x_3$,het(varlist)

其中,选项"het(varlist)"指定对扰动项方差有影响的所有变量。在 Stata 的输出结果中,将汇报对同方差的原假设 $H_0$ 进行似然比检验(LR)的结果,即检验条件方差方程的联合显著性。如果接受原假设,则可使用同方差的 Probit 模型;否则应使用异方差的 Probit 模型。

下面依然使用网络数据集 nhanes2.dta,研究性别、人种与糖尿病之间的关系。建立回归方程如下:

$$P(diabetes=1) = d_{i_1}sex_i + e_2 race_i + \varepsilon_i \quad (9\text{-}29)$$

首先使用 Probit 回归,Stata 命令如下:

probit *diabetes sex race*

Stata 输出结果如表 9-17 所示。

表 9-17 Probit 回归模型结果

| diabetes | Coef. | Std. Err. | z | P>\|z\| | [95% Conf. | Interval] |
|---|---|---|---|---|---|---|
| sex | 0.078 500 7 | 0.042 363 2 | 1.85 | 0.064 | -0.004 53 | 0.161 531 1 |
| race | 0.169 819 5 | 0.046 938 3 | 3.62 | 0.000 | 0.077 822 2 | 0.261 816 8 |
| _cons | -1.981 712 | 0.088 881 8 | -22.3 | 0.000 | -2.155 917 | -1.807 506 |

接下来使用 Hetprobit 回归，检验回归方程是否存在异方差问题。我们怀疑年龄 age 是对扰动项方差有影响的变量，因此，使用似然比检验法检验 age 与扰动项方差之间的关系。Stata 命令如下：

hetprob *diabetes sex race*, het(*age*) nolog

Stata 输出结果如表 9-18 所示。

表 9-18 似然比检验结果

| diabetes | Coef. | Std.Err. | z | P>\|z\| | [95% conf. | Interval] |
|---|---|---|---|---|---|---|
| diabetes | | | | | | |
| sex | 0.274 051 | 0.110 176 2 | 2.49 | 0.013 | 0.058 11 | 0.489 992 |
| race | 0.492 320 2 | 0.116 483 7 | 4.23 | 0.000 | 0.264 016 | 0.720 624 |
| _cons | -4.789 595 | 0.338 139 4 | -14.16 | 0.000 | -5.452 336 | -4.126 854 |
| lnsigma2 | | | | | | |
| age | 0.015 853 | 0.000 913 9 | 17.35 | 0.000 | 0.014 062 | 0.017 644 |
| LR test of lnsigma2=0: chi2（1）= 357.74 | | | | Prob > chi2 = 0.000 0 | | |

表 9-18 中间部分为原方程（*diabetes*）的估计结果，而下部分为方差方程（*lnsigma2*）的估计结果。方差方程的估计结果显示 age 对扰动项方差影响很大；表的最后一行显示，似然比检验的 P 值为 0.000 0，故拒绝"同方差"的原假设，模型存在异方差问题。此外，对比表 9-17 和表 9-18 的 P 值可知，使用异方差 Probit 回归后的结果更优，主要表现在 sex 显著性水平得到了提高。

我们可以根据回归结果得出其表达式为：

$$P(diabetes=1) = -4.789\,595 + 0.274\,051 sex_i + 0.492\,320\,2 race_i \quad (9\text{-}30)$$
$$(-14.16) \quad (2.49) \quad (4.23)$$

根据回归方程式（9-30）可知：sex 和 race 的系数分别为 0.274 051 和 0.492 320 2，女性比男性患糖尿病的概率更高；黄种人比白种人和黑种人更易患糖尿病。

### 9.4.3 内生性

内生性是实证研究中常见的问题之一，指解释变量 x 与扰动项 ε 相关。产生内生性的根源有三点：首先，遗漏变量：工资和受教育水平同时受到能力的影响，然而，能力是不可直接观测的，这就带来了遗漏变量的内生性问题；其次，联立性：在联立方程中，消费和收入同时受一些宏观因素的影响，带来了联立方程偏差；最后，度量误差：由于关键变量的度量上存在误差，使其与真实值之间存在偏差，这种偏差可能导致内生性问题。

解决内生性问题最有效的方法就是寻找工具变量。在二值选择模型中，若存在内生解释变量，使用通常的 Probit 模型或 Logit 模型将得不到一致估计。此时使用"工具变量 Probit"（IV Probit）可有效解决内生性问题。IV Probit 有两种估计方法。其一是"最大似然估计"（MLE），尽管 MLE 最有效率，但在数值计算时，尤其存在多个内生性解释变量时，可能不易收敛。其二是"两步法"估计，其原理为：既然内生性是由于遗漏了变量 $v_i$，故将 $v_i$ 作为控制变量加入方程中，即可得到一致估计。虽然扰动项 $v_i$ 不可预测，但可用 OLS 残差 $\hat{v}_i$ 作为 $v_i$ 的一致估计。其步骤如下。

第一步：以内生变量作为被解释变量进行 OLS 回归，得到残差 $\hat{v}_i$。

第二步：以残差 $\hat{v}_i$ 替代 $v_i$ 进行 Probit 估计，得到变换后的系数估计值。

需要注意的是两步法估计系数与 MLE 估计系数并不直接可比。

MLE 法和两步法中含内生变量 Probit 模型的 Stata 命令分别为：

ivprobit $y_1$ $x_1$ $x_2$ ($y_2$=$z_1$ $z_2$)

ivprobit $y_1$ $x_1$ $x_2$ ($y_2$=$z_1$ $z_2$), first twostep

其中，"$y_1$"为被解释变量，"$y_2$"为内生解释变量，"$x_1$ $x_2$"为外生解释变量，而"$z_1$ $z_2$"为工具变量，选择项"twostep"表示使用两步法，默认进行 MLE 估计，选择项"first"表示显示第一步回归结果。

下面以网络数据集 laborsup.dta 为例，研究家庭因素对女性是否就业的影响，判断是否存在内生性问题。该数据集包括以下变量：fem_work（女性是否工作：工作为 1，否则为 0）、fem_educ（女性受教育程度）、kids（孩子数量）、other_inc（家庭其他收入）。

建立回归方程如下：

$$P(fem\_work_i=1)=m\_w_1fem\_educ_i+e_2kids_i+i_3other\_inc_i+\varepsilon_i \quad (9\text{-}31)$$

通过常理分析，可能存在同时影响 fem_work 与 other_inc 的遗漏变量。因为 fem_work 与 other_inc 都会直接受 male_inc（配偶的收入水平）的影响，因此，怀疑 other_inc 为内生变量。但配偶的收入水平会直接影响被解释变量 fem_work，不满足工具变量的外生性要求。为此考虑选取 male_inc 的替代变量 male_educ（配偶受教育程度）作为工具变量。一方面，配偶受教育程度与家庭其他收入直接相关，满足工具变量的相关性；另一方面，配偶的受教育程度不直接影响女性是否就业，故满足工具变量的外生性。因此使用此工具变量进行 MLE 估计，可有效检测 other_inc 是否为内生变量。

首先打开数据集：

webuse laborsup，clear

MLE 估计的 Stata 命令如下：

ivprobit fem_work fem_educ kids (other_inc = male_educ)

Stata 输出结果如表 9-19 所示。

表 9-19  MLE 估计结果

|          | Coef.       | Std.Err.    | z     | P>\|z\| | [95% Conf. | Interval] |
|----------|-------------|-------------|-------|---------|------------|-----------|
| other_inc | -0.054 275 6 | 0.006 085 4 | -8.92 | 0.000 | -0.066 202 7 | -0.042 348 5 |
| fem_educ | 0.211 111 | 0.026 864 8 | 7.86 | 0.000 | 0.158 456 9 | 0.263 765 1 |
| kids | -0.182 092 9 | 0.047 826 7 | -3.81 | 0.000 | -0.275 831 6 | -0.088 354 3 |
| _cons | 0.367 208 3 | 0.448 072 4 | 0.82 | 0.412 | -0.510 997 5 | 1.245 414 |
| /athrho | 0.390 785 8 | 0.150 944 3 | 2.59 | 0.010 | 0.094 940 3 | 0.686 631 3 |
| /lnsigma | 2.813 383 | 0.031 622 8 | 88.97 | 0.000 | 2.751 404 | 2.875 363 |
| rho | 0.372 037 4 | 0.130 051 9 |  |  | 0.094 656 1 | 0.595 813 5 |
| sigma | 16.666 21 | 0.527 031 8 |  |  | 15.664 61 | 17.731 86 |
| Instrumented: other_inc |||||||
| Instruments: fem_educ kids male_educ |||||||
| Wald test of exogeneity (/athrho = 0)：chi2（1）= 6.70 |||| Prob > chi2 = 0.009 6 |||

表 9-19 底部提供了对外生性原假设的检验结果，其 P 值为 0.009 6，故可在 1% 的水平上拒绝原假设，认为 other_inc 为内生变量，验证了我们的怀疑。根据模型的估计结果，遗漏变量和扰动项的相关系数 $\hat{\delta}$ =0.372 0，这表明，未度量的遗漏变量（配偶受教育程度 male_educ）在增加家庭其他收入的同时，也会降低妇女的就业倾向。

下面进行两步法估计，Stata 命令如下：

ivprobit fem_work fem_educ kids (other_inc = male_educ)，first twostep

Stata 输出结果如表 9-20 和表 9-21 所示。

表 9-20  两步法估计结果（其一）

| other_inc | Coef. | Std.Err. | t | P>\|t\| | [95%Conf. | Interval] |
|-----------|-------|----------|---|---------|-----------|-----------|
| male_educ | 2.845 253 | 0.283 884 | 10.02 | 0.000 | 2.287 49 | 3.403 016 |
| fem_educ | 0.335 186 6 | 0.283 734 | 1.18 | 0.238 | -0.222 282 9 | 0.892 656 |
| kids | 0.832 905 6 | 0.549 77 | 1.52 | 0.130 | -0.247 259 7 | 1.913 071 |
| _cons | 9.872 562 | 5.049 432 | 1.96 | 0.051 | -0.048 350 6 | 19.793 47 |

表 9-21 两步法估计结果（其二）

|  | Coef. | Std. Err. | z | P>\|z\| | [95% Conf. | Interval] |
|---|---|---|---|---|---|---|
| other_inc | −0.058 47 | 0.009 336 4 | −6.30 | 0.000 | −0.076 77 | −0.040 17 |
| fem_educ | 0.227 437 | 0.028 162 8 | 8.08 | 0.000 | 0.172 239 | 0.282 635 |
| kids | −0.196 17 | 0.049 632 3 | −4.00 | 0.000 | −0.293 45 | −0.098 9 |
| _cons | 0.395 606 | 0.498 264 9 | 0.79 | 0.427 | −0.580 98 | 1.372 187 |

Instrumented: other_inc
Instruments: fem_educ kids male_educ
Wald test of exogeneity: chi2（1）= 6.50　　　　　　　　　　　Prob > chi2 = 0.010 8

表 9-21 底部对于 *other_inc* 外生性原假设的检验结果表明，*P* 值为 0.010 8，故在 5% 水平上认为 *other_inc* 为内生变量。此外，第一步的回归结果表明，工具变量 *male_educ* 对于内生性变量 *other_inc* 具有较强的解释力，说明选取 *male_educ* 做工具变量可有效消除模型的内生性问题。

### 9.4.4　样本自选择

在一般的计量经济学研究中，用于估计系统参数的样本数据都是随机抽取的。但是在现实中，经常出现样本不是随机抽取的情况，即样本存在自选择问题。这时根据这些样本数据所估计的参数就不能准确反映所研究的总体。例如：研究妇女的工资收入，虽然我们可以观测有工作的妇女的实际工资收入，但是不知道没有工作的妇女的"保留工资"（即愿意工作的最低工资）。于是我们收集数据时就会缺失没有工作的妇女的样本，由此产生样本自选择问题。

Heckman 两步法是实证研究中处理样本自选择问题的常用方法，主要用于解决所获得的数据不能代表总体所导致的样本自选择问题。采用 Heckman 两步法的基本思想是：第一，根据经济理论设计出一个模型（称为"选择模型"），来计算考察对象出现某种行为的概率；第二，在原来的模型中加入考察对象做出该行为的概率，作为一个额外的解释变量，以修正自选择行为。另一种更有效率的方法是用 MLE 法来估计模型，在两步法中由于第一步的误差被带进了第二步，因此其效率不如 MLE 法的整体估计。

以网络数据集 womenwk.dta 为例，该数据集包括以下变量：*wage*（工资薪金）、*age*（年龄）、*married*（婚否：已婚为 1，未婚为 0）、*children*（子女数）和 *education*（教育年限）。当 *wage* 为空缺值时，我们认为该女性尚未就业。因为收入的波动性一般较大，为缓解这种波动趋势，使结果更稳健，我们定义新变量 *lwf=ln*（*wage*）。使用因素 *married*、*children*、*educ* 和 *age* 构造选择模型估算出女性工作的概率，并将其代入回归模型中，若该变量显著，则说明"是否工作"确实影响了回归结果，即存在自选择问题。若存在问题，代入虚拟变量以后得到的结果即为修正的结果。

建立模型如下：

$$lwf_i=\beta_0+w_1 education_i+\beta_2 age_i+\varepsilon_i \qquad (9-32)$$

首先打开数据集：

webuse womenwk，clear

生成新变量 lwf：

generate *lwf*=*ln*（*wage*）

Heckman 两步法的 Stata 命令如下：

Heckman *lwf educ age*，select（*married children educ age*）nolog

Stata 输出结果如表 9-22 所示。

表 9-22　Heckman 检验（构造选择方程法）结果

|  | Coef. | Std. Err. | z | P>\|z\| | [95% conf. | Interval] |
|---|---|---|---|---|---|---|
| lwf | | | | | | |
| education | 0.041 669 | 0.002 379 | 17.51 | 0.000 | 0.037 006 | 0.046 331 |
| age | 0.008 363 | 0.000 92 | 9.09 | 0.000 | 0.006 560 | 0.010 167 |
| _cons | 2.196 209 | 0.047 613 | 46.13 | 0.000 | 2.102 890 | 2.289 528 |
| select | | | | | | |
| married | 0.462 935 | 0.072 030 | 6.43 | 0.000 | 0.321 759 | 0.604 111 |
| children | 0.470 022 | 0.028 077 | 16.74 | 0.000 | 0.414 991 | 0.525 053 |
| education | 0.054 654 | 0.010 956 | 4.99 | 0.000 | 0.033 181 | 0.076 126 |
| age | 0.035 036 | 0.004 228 | 8.29 | 0.000 | 0.026 750 | 0.043 323 |
| _cons | −2.487 702 | 0.192 476 | −12.92 | 0.000 | −2.864 950 | −2.110 460 |
| /athrho | 0.520 678 | 0.074 781 | 6.96 | 0.000 | 0.374 111 | 0.667 246 |
| /lnsigma | −1.339 720 | 0.023 322 | −57.44 | 0.000 | −1.385 430 | −1.294 010 |
| rho | 0.478 223 | 0.057 679 | | | 0.357 582 | 0.583 166 |
| sigma | 0.261 919 | 0.006 109 | | | 0.250 216 | 0.274 170 |
| lambda | 0.125 256 | 0.016 940 | | | 0.092 055 | 0.158 457 |
| LR test of indep.eqns.（rho = 0）:chi2（1）=40.10 | | | | | Prob>chi2 = 0.000 0 | |

表 9-22 底部的似然比检验显示 $P$ 值为 0.000 0，因此，可以拒绝原假设 "$H_0:\rho=0$，样本中不存在自选择问题"，说明模型中确实存在样本选择偏差，即应该使用样本选择模型。

上述方法构造的选择方程中的被解释变量是虚拟变量"是否工作"，如果我们手动生成这个虚拟变量，则 Heckman 两步法的 Stata 命令还有一种做法：

先对是否工作生成虚拟变量 $w$，如工作即为 1，不工作即为 0。Stata 命令如下：

generate w=（wage<.）

在选择方程中指定被解释变量为 w，Stata 命令如下：

heckman lwf educ age，select（w=married children educ age）nolog

Stata 输出结果如表 9-23 所示。

表 9-23　Heckman 检验（手动生成变量法）结果

|  | Coef. | Std. Err. | z | P>\|z\| | [95% Conf. | Interval] |
|---|---|---|---|---|---|---|
| lwf |  |  |  |  |  |  |
| education | 0.041 669 | 0.002 379 | 17.51 | 0.000 | 0.037 006 | 0.046 331 |
| age | 0.008 363 | 0.000 92 | 9.09 | 0.000 | 0.006 56 | 0.010 167 |
| _cons | 2.196 209 | 0.047 613 | 46.13 | 0.000 | 2.102 89 | 2.289 528 |
| w |  |  |  |  |  |  |
| married | 0.462 935 | 0.072 03 | 6.43 | 0.000 | 0.321 759 | 0.604 111 |
| children | 0.470 022 | 0.028 077 | 16.74 | 0.000 | 0.414 991 | 0.525 053 |
| education | 0.054 654 | 0.010 956 | 4.99 | 0.000 | 0.033 181 | 0.076 126 |
| age | 0.035 036 | 0.004 228 | 8.29 | 0.000 | 0.026 75 | 0.043 323 |
| _cons | −2.487 7 | 0.192 476 | −12.92 | 0.000 | −2.864 95 | −2.110 46 |
| /athrho | 0.520 678 | 0.074 781 | 6.96 | 0.000 | 0.374 111 | 0.667 246 |
| /lnsigma | −1.339 72 | 0.023 322 | −57.44 | 0.000 | −1.385 43 | −1.294 01 |
| rho | 0.478 223 | 0.057 679 |  |  | 0.357 582 | 0.583 166 |
| sigma | 0.261 919 | 0.006 109 |  |  | 0.250 216 | 0.27 417 |
| lambda | 0.125 256 | 0.016 94 |  |  | 0.092 055 | 0.158 457 |

LR test of indep.eqns.（rho = 0）:chi2（1）=40.10　　　Prob>chi2 = 0.000 0

表 9-23 底部的似然比检验显示，$P$ 值同样为 0.000 0，可以拒绝原假设"$H_0$：$\rho=0$"，与第一种命令得出的结果完全相同，可见两种命令的实质是一样的，任选其中一种检验即可。因此，该模型确实存在选择偏差，应该使用样本选择模型。

我们可以根据回归结果得出其表达式为：

$$lwf_i = 2.196\ 209 + 0.041\ 669 education_i + 0.008\ 363 age_i \quad (9\text{-}33)$$
$$(46.13) \quad\quad\quad (9.09) \quad\quad\quad (17.51)$$

其中，education 与 age 的系数分别为 0.041 669 和 0.008 363，均在 1% 的水平上显著，因此，受教育水平和年龄都与女性的工资水平具有正相关关系。

### 9.4.5　样本选择偏误

我们在研究某一事件所带来的后果时，需要对比事件发生与不发生对同一样本的不同影响。然而在现实生活中，我们只能得到其中一组的数据。例如，我们考察 A 同学读完研究生后的就业机会比没读研究生的时候多多少，就需要在平行时空里有一个"没有读研究生的 A 同学"与之对比。而这个平行时空显然无法获得，若我们随便选取未读研究生的 B 同学与之对比，可能 A、B 两位同学本身就存在影响就业机会的差异，便会带来样本选择偏误。

解决样本选择偏误常用的方法是倾向得分匹配法（propensity score matching，PSM）。倾向得分匹配法的理论框架是基于"反事实推断模型"：假定所有研究对象都存在已被观测到的和未被观测到的两种结果，即实验组和对照组。我们可以通过构建虚拟变量来区分实验组和对照组，取值为 1 时，表示为实验组；取值为 0 时，表示为对照组。面对无法观测的对照组，PSM 的思路是，如果可以找到与实验组样本"相似"的未被处理的样本，就可以估计实验组样本在反事实情况下的发展水平，这一过程称为匹配过程。然后要对匹配的结果进行平衡性检验，以检测研究的匹配结果是否可靠。如果匹配结果良好，则两组样本在匹配变量上不存在显著差异，表明选取的匹配变量和匹配方法都是合适的，匹配后的实验组和对照组所有的特征变量都基本一致。

下面以网络数据集 ldw_exper.dta 为例进行演示，研究参加就业培训对工资薪金的影响。该数据集包括以下变量：被解释变量 $re78$（1978 年实际收入）、解释变量 $t$（是否参加就业培训）、控制变量 $age$（年龄）、$educ$（教育年限）、$yellow$（是否为黄种人）、$hisp$（是否拉丁裔）、$married$（是否已婚）、$re74$（1974 年实际收入）、$re75$（1975 年实际收入）、$u74$（1974 年是否失业）、$u75$（1975 年是否失业）。

首先打开数据集，Stata 命令如下：

webuse ldw_exper, clear

生成随机数，将数据库进行随机整理，Stata 命令如下：

set seed 10101

gen ranorder = runiform( )

sort ranorder

进行近邻匹配，Stata 命令如下：

psmatch2 t age edu yellow hisp married re74 re75 u74 u75, outcome(re78) n(1) ate ties logit

Stata 输出结果如表 9-24 和表 9-25 所示。

表 9-24 显示的是对总体样本执行 Logit 模型，估计出每个观测对象参加培训的概率是多少，目的是针对每一个参加培训的观测对象，匹配一个其他条件类似但没有参加培训的观测对象。表 9-25 根据匹配结果汇报观测值是否在共同取值范围中。在 445 个总体观测样本中，对照组共有 11 个不在共同取值范围中，实验组

共有 2 个不在共同取值范围中，其余 432 个观测值均在共同取值范围中。因此，匹配后实验组并不会丢失太多样本，可进行无放回匹配。

表 9-24　总体样本执行 Logit 模型结果

| $t$ | Coef. | Std. Err. | $z$ | $P>\|z\|$ | [95%Conf. | Interval] |
|---|---|---|---|---|---|---|
| age | 0.014 261 9 | 0.014 211 6 | 1.00 | 0.316 | 0.013 592 3 | 0.042 116 2 |
| educ | 0.049 977 6 | 0.056 411 6 | 0.89 | 0.376 | -0.060 587 | 0.160 542 3 |
| yellow | -0.347 664 | 0.360 653 2 | -0.96 | 0.335 | -1.054 531 | 0.359 203 2 |
| hisp | -0.928 485 1 | 0.506 61 | -1.83 | 0.067 | -1.921 422 | 0.064 452 1 |
| married | 0.176 043 1 | 0.274 881 7 | 0.64 | 0.522 | -0.362 715 1 | 0.714 801 2 |
| re74 | 0.033 927 8 | 0.029 255 9 | -1.16 | 0.246 | -0.091 268 3 | 0.023 412 7 |
| re75 | 0.012 21 | 0.047 135 1 | 0.26 | 0.796 | -0.080 173 1 | 0.104 593 2 |
| u74 | -0.151 603 7 | 0.371 636 9 | -0.41 | 0.683 | -0.879 998 7 | 0.576 791 3 |
| u75 | -0.371 948 6 | 0.317 7 28 | -1.17 | 0.242 | -0.994 684 1 | 0.250 786 9 |
| _cons | -0.473 630 8 | 0.824 420 5 | -0.57 | 0.566 | -2.089 465 | -1.1422 04 |

表 9-25　匹配结果汇总

| | 不在共同取值范围中 | 在共同取值范围中 | 总计 |
|---|---|---|---|
| 对照组 | 11 | 249 | 260 |
| 实验组 | 2 | 183 | 185 |
| 总计 | 13 | 432 | 445 |

检验协变量在实验组与对照组之间是否平衡，Stata 命令如下：

pstest *age educ yellow hisp married re*74 *re*75 *u*74 *u*75, both graph

均衡性检验 Stata 输出结果如表 9-26 所示。

表 9-26　均衡性检验结果

| 类别 | 匹配前后 | 均值 | | 标准化偏差（%） | 偏差变化百分比（%） | $t$ 值检验 | |
|---|---|---|---|---|---|---|---|
| | | 实验组 | 控制组 | | | $t$ | $P>\|t\|$ |
| age | U | 25.816 | 25.054 | 10.7 | | 1.12 | 0.265 |
| | M | 25.781 | 25.383 | 5.6 | 47.7 | -0.49 | 0.626 |
| educ | U | 10.346 | 10.088 | 14.1 | | 1.50 | 0.135 |
| | M | 10.322 | 10.415 | -5.1 | 63.9 | -0.23 | 0.816 |
| yellow | U | 0.843 24 | 0.826 92 | 4.4 | | 0.45 | 0.649 |
| | M | 0.852 46 | 0.863 39 | -2.9 | 33.0 | 1.02 | 0.307 |
| hisp | U | 0.059 46 | 0.107 69 | -17.5 | | -1.78 | 0.076 |
| | M | 0.060 11 | 0.043 72 | 5.9 | 66.0 | 0.02 | 0.982 |
| married | U | 0.189 19 | 0.153 85 | 9.4 | | 0.98 | 0.327 |
| | M | 0.185 79 | 0.191 26 | -1.4 | 84.5 | -1.91 | 0.057 |
| re74 | U | 2.095 6 | 2.107 | -0.2 | | -0.02 | 0.982 |
| | M | 2.067 2 | 1.922 2 | 2.7 | -1 166.6 | -1.00 | 0.317 |
| re75 | U | 1.532 1 | 1.266 9 | 8.4 | | -0.87 | 0.382 |
| | M | 1.529 9 | 1.644 6 | -3.6 | 56.7 | -2.42 | 0.016 |

(续)

| 类别 | 匹配前后 | 均值 | | 标准化偏差（%） | 偏差变化百分比（%） | t 值检验 | |
|---|---|---|---|---|---|---|---|
| | | 实验组 | 控制组 | | | t | P>\|t\| |
| u74 | U | 0.708 11 | 0.75 | -9.4 | | -0.98 | 0.326 |
| | M | 0.710 38 | 0.759 56 | -11.1 | -17.4 | 0.78 | 0.436 |
| u75 | U | 0.6 | 0.684 62 | -17.7 | | -1.85 | 0.065 |
| | M | 0.606 56 | 0.633 88 | -5.7 | 67.7 | 2.07 | 0.039 |

由均衡性检验结果可知，匹配后（M）大多数变量的标准化偏差（%bias）小于10%，只是变量 u74 的偏差为 11.1%，似乎可以接受；而且大多数 t 检验结果不拒绝实验组与控制组无系统差异的原假设（re75 与 u75 为例外）。对比匹配前（U）的结果，大多数变量的标准化偏差均大幅缩小，但变量 re74 与 u74 的偏差反而有所增加。

### 9.4.6 样本区间不连续

在研究某一因素对结果变量的影响时，通常会对整体样本进行回归，但解释变量可能存在不连续的现象。例如，大学 A 录取新生，规定高考分数高于 600 分的学生给予全额奖学金，低于 600 分的学生自费，研究"全额奖学金的授予能否提高大学生的期末成绩"。高考分数高于 600 分的甲，其期末成绩为 95 分；低于 600 分的学生乙，其期末成绩为 85 分，但这并不能说明奖学金能够帮助学生提高成绩，因为甲同学其他方面的能力可能比乙同学优秀，因此选取整个样本区间无法获得有效的因果关系。

断点回归可以通过随机性加以解决。以 90 分为临界点，期末成绩为考 88 分、89 分、91 分、92 分的学生在其他方面的能力差异不大，可以认为这种细微差异是随机的，且在 $x=90$ 分处，可以看出学生的期末成绩有跳跃，这个跳跃即是否获得全额奖学金 $D$（当 $x>90$ 时，$D=1$，反之 $D=0$）对期末成绩 $y$ 的因果效应。因此，我们选取小邻域 $[90-h, 90+h]$ 之间的学生样本进行回归，$h$ 在 Stata 回归中叫作带宽。由于此回归存在一个断点，故称之为"断点回归"。

下面我们以网络数据集 votex.dta 为例，使用民主党候选人的得票比例作为分组变量，以 0.5 作为断点（在两党政治中，得票比例大于或等于 0.5 则当选，反之落选），研究美国国会选区如果有一名民主党众议员对该选区联邦支出的影响。该数据集包含以下变量：lne（选区内联邦支出）、d（民主党候选人获得的选票份额）、win（民主党是否赢得了选举）、i（是否为现任民主党众议员）、votpop（达到投票年龄人口的比例)、*black*(黑种人比例)、*blucllr*(蓝领比例)、*farmer*(农民比例)、*fedwrkr*(在职员工比例)、*forborn*(国外出生人口比例)、*manuf*(制造业人口比例)、*unemplyd*(失业人口比例)、*union*(工会成员比例)、*urban*(城市人口比例)、*veterans*(老兵比例)。

在实践中,断点回归建议按照以下四个步骤,以确保结果的稳定性:

use votex.dta, clear

第一步,使用最优带宽($h$=100%)和三角核进行精确断点回归。在 Stata 中带宽有三种选择,通过 rd 命令 mbw(100 50 200)实现,即最优带宽 100% 及其 1/2 即 50% 或两倍带宽即 200%。

rd *lne d*, gr mbw(100)

在表 9-27 中,最优带宽 $h$ 约为 0.29,因此选择得票率在 [0.21,0.79] 的样本进行了回归。但是局部沃尔德估计值(lWald)为负且不显著,说明了拥有民主党众议员并不能带来更多的联邦开支。

表 9-27　三角核回归结果

| Command used for graph: lpoly;Kernel used: triangle(default) | | | | | | |
|---|---|---|---|---|---|---|
| Bandwidth: 0.292 877 76;loc Wald Estimate: −0.077 395 53 | | | | | | |
| Estimating for bandwidth　0.292 877 759 253 494 1 | | | | | | |
| *lne* | Coef. | Std. Err. | z | P>\|z\| | [95% Conf. | Interval] |
| lWald | −0.077 395 5 | 0.105 606 2 | −0.73 | 0.464 | −0.284 38 | 0.129 588 9 |

图 9-5 也显示,条件期望函数 $E(lne|d)$ 只是在断点 $d$=0 处稍微向下跳跃。

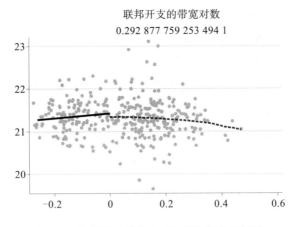

图 9-5　使用最优带宽与三角核的断点回归图

第二步,使用不同带宽 $h$ 进行回归,对比结果是否有所变化。

rd *lne d*, gr mbw(100 50 200)

从表 9-28 中可以看出，改变带宽并未改变因果变量的正负关系以及显著性。

表 9-28　加入协变量的回归结果

| lne | Coef. | Std. Err. | z | P>\|z\| | [95% Conf. | Interval] |
|---|---|---|---|---|---|---|
| lWald | -0.077 4 | 0.105 606 | -0.73 | 0.464 | -0.284 38 | 0.129 589 |
| lWald50 | -0.094 91 | 0.145 444 | -0.65 | 0.514 | -0.379 98 | 0.190 151 |
| lWald200 | -0.054 31 | 0.091 179 | -0.60 | 0.551 | -0.233 02 | 0.124 399 |

第三步，加入协变量重复上述估计。

rd *lne d*, mbw（100）cov（*i votpop black blucllr farmer fedwrkr forborn manuf unemplyd union urban veterans*）

表 9-29 显示，虽然局部沃尔德估计值为 0.05，表明拥有一名民主党众议员与联邦开支正相关，但是这种关系依然不显著。

表 9-29　加入协变量的回归结果

| lne | Coef. | Std. Err. | z | P>\|z\| | [95% Conf. | Interval] |
|---|---|---|---|---|---|---|
| lWald | 0.054 373 3 | 0.092 163 4 | 0.59 | 0.555 | -0.126 263 6 | 0.235 01 |

第四步，进行断点回归后，检验协变量和分组变量在断点处的条件密度是否连续。

首先，检验协变量的条件密度函数是否连续。如果协变量 $w_i$ 在 $x = c$ 处的密度函数也存在跳跃，则不宜将 $\hat{\delta}$ 全部归功于该项目的处理效应。为了检验此假设，需考察协变量的分布在 $x = c$ 处是否有跳跃，可使用 Stata 命令 rd 的选择项"*x*（*varlist*）"来实现。

rd *lne d*, mbw（100）x（*i votpop black blucllr farmer fedwrkr forborn manuf unemplyd union urban veterans*）

表 9-30 显示，除了 *farmer*（农民占人口比例）外，所有协变量的条件密度在断点处都是连续的。

表 9-30　协变量的条件密度回归结果

| lne | Coef. | Std. Err. | z | P>\|z\| | [95% Conf. | Interval] |
|---|---|---|---|---|---|---|
| *i* | -0.004 494 1 | 0.120 801 | -0.04 | 0.970 | -0.241 259 2 | 0.232 271 |
| *votpop* | -0.008 212 8 | 0.006 235 | -1.32 | 0.188 | -0.020 432 6 | 0.004 007 |
| *black* | -0.003 611 3 | 0.020 048 | -0.18 | 0.857 | -0.042 904 6 | 0.035 682 |
| *blucllr* | 0.002 619 3 | 0.005 732 | 0.46 | 0.648 | -0.008 614 4 | 0.013 853 |
| *farmer* | -0.007 873 7 | 0.003 757 | -2.10 | 0.036 | -0.015 236 6 | -0.000 51 |
| *fedwrkr* | 0.000 161 7 | 0.003 758 | 0.04 | 0.966 | -0.007 204 6 | 0.007 528 |
| *forborn* | -0.015 235 | 0.012 068 | -1.26 | 0.207 | -0.038 888 2 | 0.008 418 |
| *manuf* | 0.014 722 3 | 0.010 035 | 1.47 | 0.142 | -0.004 946 3 | 0.034 391 |
| *unemplyd* | -0.000 739 3 | 0.001 907 | -0.39 | 0.698 | -0.004 476 9 | 0.002 998 |
| *union* | -2.25e-06 | 3.66e-06 | -0.61 | 0.540 | -9.43e-06 | 4.94e-06 |

（续）

| lne | Coef. | Std. Err. | z | P>\|z\| | [95% Conf. | Interval] |
|---|---|---|---|---|---|---|
| urban | 0.037 097 8 | 0.055 988 | 0.66 | 0.508 | -0.072 637 | 0.146 833 |
| veterans | 0.001 579 6 | 0.003 621 | 0.44 | 0.663 | -0.005 516 4 | 0.008 676 |
| lWald | -0.077 395 5 | 0.105 606 | -0.73 | 0.464 | -0.284 38 | 0.129 589 |

其次，检验分组变量的条件密度函数是否连续。如果存在内生分组，即断点附近存在非随机分组，将会导致在断点两侧的数据分布不均匀，即分组变量 $x$ 的密度函数在断点 $x=c$ 处不连续。检验分组变量的连续性使用 DCdensity 命令：
DCdensity $d$，breakpoint（0）generate（$Xj\ Yj\ r0\ fhat\ se\_fhat$）graphname（ed.eps）

从表 9-31 可知，$\hat{\theta}=-0.43$，而标准误差为 0.44，故可接受密度函数在 $c$ 处连续的假设。

**表 9-31　分组变量的条件密度回归结果**

| Using default bin size calculation, bin size = 0.017 174 107 |
|---|
| Using default bandwidth calculation, bandwidth = 0.105 148 68 |
| Discontinuity estimate（log difference in height）：-0.429 396 753 |
| （-0.444 361 558） |

从图 9-6 中也可以看出，断点两侧密度函数估计值的置信区间有很大部分重叠，故断点两侧的密度函数不存在显著差异。

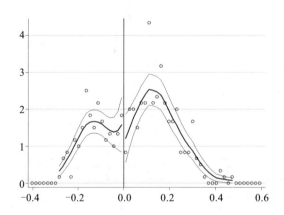

图 9-6　分组变量密度函数在断点处的连续性

## 小结

本章介绍了如何把取值为 0 和 1 的属性变量，即虚拟变量引入回归模型。属性变量是一个"数据分类器"，它根据样本的属性将样本分为各个不同的子群体，并对每个子群体进行回归分析。本章将虚拟变量分成被解释变量为虚拟变量的估计模型和解释变量为虚拟变量的估值模型两种情况。在被解释变量为虚拟变量的估计模型部分，我们重点介绍了 Probit 模型和 Logit 模型；在解释变量为虚拟变量的估值模型部分，除了虚拟变量直接作为解释变量的一般情况，我们还重点介绍了虚拟变量与其他变量的交乘，主要包括虚拟变量与虚拟变量交乘、虚拟变量与连续变量交乘。

本章还进一步讨论了含虚拟变量的方程中出现多重共线性、异方差、内生性、样本自选择、样本选择偏误和样本区间不连续等问题，并提出了检验方法和解决方案。虽然虚拟变量对回归分析十分有用，但在使用时仍需谨慎。若使用不当，会出现一系列问题，引起模型拟合不良或参数估值不准等后果。当然，先验地识别估计模型和样本数据缺陷并非易事。因此，在具体分析中，经验是至关重要的，尤其要依靠经济理论的指导。

### 参考文献

[1] A H 施图德蒙德. 应用计量经济学 [M]. 杜江, 李恒, 译. 7版. 北京: 机械工业出版社, 2017.

[2] 巴蒂 H 巴尔塔基. 计量经济学方法与应用 [M]. 聂巧平, 攸频, 魏学辉, 译. 5版. 北京: 中国人民大学出版社, 2015.

[3] 达莫达尔 N 古扎拉蒂, 道恩 C 波特. 经济计量学精要 [M]. 张涛, 译. 4版. 北京: 机械工业出版社, 2010.

[4] 詹姆斯 H 斯托克, 马克 M 沃森. 计量经济学 [M]. 王立勇, 译. 3版（升级版）北京: 机械工业出版社, 2017.

[5] 詹姆斯 H 斯托克, 马克 M 沃森. 计量经济学 [M]. 沈根祥, 孙燕, 译. 3版. 北京: 格致出版社, 2012.

[6] 杰弗里 M 伍德里奇. 计量经济学导论: 现代观点 [M]. 张成思, 李红, 张步昙, 译. 北京: 中国人民大学出版社, 2015.

[7] J 保罗·埃尔霍斯特. 空间计量经济学: 从横截面数据到空间面板 [M]. 肖光恩, 译. 5版. 北京: 中国人民大学出版社, 2015.

[8] 劳伦斯 C 汉密尔顿. 应用 STATA 做统计分析更新至 STATA12[M]. 巫锡炜, 焦开山, 李丁, 等译. 8版. 北京: 清华大学出版社, 2017.

[9] 陈强. 高级计量经济学及 Stata 应用 [M]. 北京: 高等教育出版社, 2014.

[10] 李子奈, 潘文卿. 计量经济学 [M]. 北京: 高等教育出版社, 2014.

[11] 马慧慧. Stata 统计分析与应用 [M].3版. 北京: 电子工业出版社, 2016.

[12] 谢宇. 回归分析（修订版）[M]. 北京: 社会科学文献出版社, 2013.

[13] 张晓峒. 计量经济学 [M]. 北京: 清华大学出版社, 2017.

# 附录 Appendix

# 研究中的学术资源

**1. 文献检索类**

百度学术：http://xueshu.baidu.com/

百度学术是一个提供海量中英文文献检索的学术资源搜索平台，涵盖了各类学术期刊、会议论文。

谷歌学术：http://scholar.google.com/

谷歌学术提供可广泛搜索学术文献的简便方法，可以从一个位置搜索众多学科和资料来源：来自学术著作出版商、专业性社团、预印本、各大学及其他学术组织的经同行评论的文章、论文、图书、摘要和文章。

中国知网：http://www.cnki.net

面向海内外读者提供中国学术文献、外文文献、学位论文、报纸、会议、年鉴、工具书等各类资源统一检索、统一导航、在线阅读和下载服务。

万方：http://www.wanfangdata.com.cn/index.html

中外学术论文、中外标准、中外专利、科技成果、政策法规等科技文献的在线服务平台。

维普网：http://www.cqvip.com/

全球著名的中文专业信息服务网站，以及中国最大的综合性文献服务网站。

读秀学术搜索：http://www.duxiu.com/

由海量全文数据及资料基本信息组成的超大型数据库。

EBSCO：https://search.ebscohost.com/

全球最早推出全文数据库在线检索系统的公司之一，提供100多种全文数据库和二次文献数据库。

Web of science：http://apps.webofknowledge.com/

全球最大、覆盖学科最多的综合性学术信息资源，收录了自然科学、工程技术、生物医学等各个研究领域最具影响力的超过8 700多种核心学术期刊。

EI：https://www.engineeringvillage.com/search/quick.url

最权威的工程、应用科学领域文献检索平台。

ProQuest外文学位论文全文检索平台：http://pqdt.calis.edu.cn/

目前国内唯一提供国外高质量学位论文全文的数据库，主要收录了来自欧美国家2 000余所知名大学的优秀博硕士论文，涉及文、理、工、农、医等多个领域。

**2. 学术工具类**

OBHRM知识库：http://www.obhrm.net

提供OBHRM研究常用的量表、OBHRM研究常用统计分析方法（包括R、Mplus和SPSS的应用）、国内OBHRM学术会议、国内外OBHRM学术期刊与OBHRM经典的教学游戏等。

统计之都论坛：https://d.cosx.org/

一个自由探讨统计学和数据科学的平台。

Edwards & Lambert（2007）关于有调节的中介模型检验的程序：http://supp.apa.org/psycarticles/supplemental/met_12_1_1/met_12_1_1_supp.html

Edwards和Lambert在2007年所提出的总效应调节模型（total effect moderation model）的方法，即将调节效应和中介效应纳入同一个分析框架进行分析。

Mplus 资源：http://www.statmodel.com/

https://stats.idre.ucla.edu/mplus/faq/common-questions-about-mplus/

介绍 Mplus 应用的网站，里面包括 Mplus 软件、书籍、示例等资源。

### 3. 论文发表类

经管之家（原中国人民大学经济论坛）：http://bbs.pinggu.org/

依托中国人民大学，成立于 2003 年，内容涵盖经济、管理、金融和统计，目前已经发展成为国内最活跃和最具影响力的在线交流平台。

小木虫：http://muchong.com/bbs/index.php

学术科研互动社区。

科学网：http://bbs.sciencenet.cn/

提供快捷权威的科学新闻报道、丰富实用的科学信息服务以及交流互动的网络平台。

英文学术期刊 JournalGuide：https://www.journalguide.com/

为作者提供一种简单的方法来为他们的研究选择最佳投稿期刊。

中文学术期刊论文投稿平台：http://www.cb.cnki.net/

中国知网旗下的中文学术期刊论文投稿平台，内容涵盖了投稿百科、写作指南等实用工具。

### 4. 论文查重类

PaperPass：http://www.paperpass.com/

全球首个中文文献相似度比对系统，现在已经发展成为最权威、最可信赖的中文原创性检查和预防剽窃的在线网站之一。

中国知网学术不端文献检测系统：http://check.cnki.net/

依托中国知网的强大资源，开辟了采用技术手段防范学术不端行为的新方法。主要为检测研究生培养过程中，研究生学术论文发表及学位论文中出现的不端行为提供辅助工具。

万方文献相似性检测系统：http://check.wanfangdata.com.cn/

万方数据旗下论文检测，旨在打造最严谨、科学的论文相似性检测系统，提供学位论文查重、学位论文抄袭检测、学术不端甄别。

英文投稿论文检测系统：http://www.ithenticate.com/

iThenticate 是国际上最著名的英文论文抄袭检测软件，国际期刊投稿前必备的检测系统。

# 推荐阅读

| 中文书名 | 作者 | 书号 | 定价 |
| --- | --- | --- | --- |
| 公司理财（原书第11版） | 斯蒂芬 A. 罗斯（Stephen A. Ross）等 | 978-7-111-57415-6 | 119.00 |
| 财务管理（原书第14版） | 尤金 F. 布里格姆（Eugene F. Brigham）等 | 978-7-111-58891-7 | 139.00 |
| 财务报表分析与证券估值（原书第5版） | 斯蒂芬·佩因曼（Stephen Penman）等 | 978-7-111-55288-8 | 129.00 |
| 会计学：企业决策的基础（财务会计分册）（原书第17版） | 简 R. 威廉姆斯（Jan R. Williams）等 | 978-7-111-56867-4 | 75.00 |
| 会计学：企业决策的基础（管理会计分册）（原书第17版） | 简 R. 威廉姆斯（Jan R. Williams）等 | 978-7-111-57040-0 | 59.00 |
| 营销管理（原书第2版） | 格雷格 W. 马歇尔（Greg W. Marshall）等 | 978-7-111-56906-0 | 89.00 |
| 市场营销学（原书第12版） | 加里·阿姆斯特朗（Gary Armstrong），菲利普·科特勒（Philip Kotler）等 | 978-7-111-53640-6 | 79.00 |
| 运营管理（原书第12版） | 威廉·史蒂文森（William J. Stevens）等 | 978-7-111-51636-1 | 69.00 |
| 运营管理（原书第14版） | 理查德 B. 蔡斯（Richard B. Chase）等 | 978-7-111-49299-3 | 90.00 |
| 管理经济学（原书第12版） | S. 查尔斯·莫瑞斯（S. Charles Maurice）等 | 978-7-111-58696-8 | 89.00 |
| 战略管理：竞争与全球化（原书第12版） | 迈克尔 A. 希特（Michael A. Hitt）等 | 978-7-111-61134-9 | 79.00 |
| 战略管理：概念与案例（原书第10版） | 查尔斯 W. L. 希尔（Charles W. L. Hill）等 | 978-7-111-56580-2 | 79.00 |
| 组织行为学（原书第7版） | 史蒂文 L. 麦克沙恩（Steven L. McShane）等 | 978-7-111-58271-7 | 65.00 |
| 组织行为学精要（原书第13版） | 斯蒂芬 P. 罗宾斯（Stephen P. Robbins）等 | 978-7-111-55359-5 | 50.00 |
| 人力资源管理（原书第12版）（中国版） | 约翰 M. 伊万切维奇（John M. Ivancevich）等 | 978-7-111-52023-8 | 55.00 |
| 人力资源管理（亚洲版·原书第2版） | 加里·德斯勒（Gary Dessler）等 | 978-7-111-40189-6 | 65.00 |
| 数据、模型与决策（原书第14版） | 戴维 R. 安德森（David R. Anderson）等 | 978-7-111-59356-0 | 109.00 |
| 数据、模型与决策：基于电子表格的建模和案例研究方法（原书第5版） | 弗雷德里克 S. 希利尔（Frederick S. Hillier）等 | 978-7-111-49612-0 | 99.00 |
| 管理信息系统（原书第15版） | 肯尼斯 C. 劳顿（Kenneth C. Laudon）等 | 978-7-111-60835-6 | 79.00 |
| 信息时代的管理信息系统（原书第9版） | 斯蒂芬·哈格（Stephen Haag）等 | 978-7-111-55438-7 | 69.00 |
| 创业管理：成功创建新企业（原书第5版） | 布鲁斯 R. 巴林格（Bruce R. Barringer）等 | 978-7-111-57109-4 | 79.00 |
| 创业学（原书第9版） | 罗伯特 D. 赫里斯（Robert D. Hisrich）等 | 978-7-111-55405-9 | 59.00 |
| 领导学：在实践中提升领导力（原书第8版） | 理查德·哈格斯（Richard L. Hughes）等 | 978-7-111-52837-1 | 69.00 |
| 企业伦理学（中国版）（原书第3版） | 劳拉 P. 哈特曼（Laura P. Hartman）等 | 978-7-111-51101-4 | 45.00 |
| 公司治理 | 马克·格尔根（Marc Goergen） | 978-7-111-45431-1 | 49.00 |
| 国际企业管理：文化、战略与行为（原书第8版） | 弗雷德·卢森斯（Fred Luthans）等 | 978-7-111-48684-8 | 75.00 |
| 商务与管理沟通（原书第10版） | 基蒂 O. 洛克（Kitty O. Locker）等 | 978-7-111-43944-8 | 75.00 |
| 管理学（原书第2版） | 兰杰·古拉蒂（Ranjay Gulati）等 | 978-7-111-59524-3 | 79.00 |
| 管理学：原理与实践（原书第9版） | 斯蒂芬 P. 罗宾斯（Stephen P. Robbins）等 | 978-7-111-50388-0 | 59.00 |
| 管理学原理（原书第10版） | 理查德 L. 达夫特（Richard L. Daft）等 | 978-7-111-59992-0 | 79.00 |

# 推荐阅读

| 中文书名 | 作者 | 书号 | 定价 |
|---|---|---|---|
| 创业管理（第4版）（"十二五"普通高等教育本科国家级规划教材） | 张玉利等 | 978-7-111-54099-1 | 39.00 |
| 创业八讲 | 朱恒源 | 978-7-111-53665-9 | 35.00 |
| 创业画布 | 刘志阳 | 978-7-111-58892-4 | 59.00 |
| 创新管理：获得竞争优势的三维空间 | 李宇 | 978-7-111-59742-1 | 50.00 |
| 商业计划书：原理、演示与案例（第2版） | 邓立治 | 978-7-111-60456-3 | 39.00 |
| 生产运作管理（第5版） | 陈荣秋，马士华 | 978-7-111-56474-4 | 50.00 |
| 生产与运作管理（第3版） | 陈志祥 | 978-7-111-57407-1 | 39.00 |
| 运营管理（第4版）（"十二五"普通高等教育本科国家级规划教材） | 马风才 | 978-7-111-57951-9 | 45.00 |
| 战略管理 | 魏江等 | 978-7-111-58915-0 | 45.00 |
| 战略管理：思维与要径（第3版）（"十二五"普通高等教育本科国家级规划教材） | 黄旭 | 978-7-111-51141-0 | 39.00 |
| 管理学原理（第2版） | 陈传明等 | 978-7-111-37505-0 | 36.00 |
| 管理学（第2版） | 郝云宏 | 978-7-111-60890-5 | 45.00 |
| 管理学高级教程 | 高良谋 | 978-7-111-49041-8 | 65.00 |
| 组织行为学（第3版） | 陈春花等 | 978-7-111-52580-6 | 39.00 |
| 组织理论与设计 | 武立东 | 978-7-111-48263-5 | 39.00 |
| 人力资源管理 | 刘善仕等 | 978-7-111-52193-8 | 39.00 |
| 战略人力资源管理 | 唐贵瑶等 | 978-7-111-60595-9 | 45.00 |
| 市场营销管理：需求的创造与传递（第4版）（"十二五"普通高等教育本科国家级规划教材） | 钱旭潮 | 978-7-111-54277-3 | 40.00 |
| 管理经济学（"十二五"普通高等教育本科国家级规划教材） | 毛蕴诗 | 978-7-111-39608-6 | 45.00 |
| 基础会计学（第2版） | 潘爱玲 | 978-7-111-57991-5 | 39.00 |
| 公司财务管理：理论与案例（第2版） | 马忠 | 978-7-111-48670-1 | 65.00 |
| 财务管理 | 刘淑莲 | 978-7-111-50691-1 | 39.00 |
| 企业财务分析（第3版） | 袁天荣 | 978-7-111-60517-1 | 49.00 |
| 数据、模型与决策 | 梁樑等 | 978-7-111-55534-6 | 45.00 |
| 管理伦理学 | 苏勇 | 978-7-111-56437-9 | 35.00 |
| 商业伦理学 | 刘爱军 | 978-7-111-53556-0 | 39.00 |
| 领导学：方法与艺术（第2版） | 仵凤清 | 978-7-111-47932-1 | 39.00 |
| 管理沟通：成功管理的基石（第3版） | 魏江等 | 978-7-111-46992-6 | 39.00 |
| 管理沟通：理念、方法与技能 | 张振刚等 | 978-7-111-48351-9 | 39.00 |
| 国际企业管理 | 乐国林 | 978-7-111-56562-8 | 45.00 |
| 国际商务（第2版） | 王炜瀚 | 978-7-111-51265-3 | 40.00 |
| 项目管理（第2版）（"十二五"普通高等教育本科国家级规划教材） | 孙新波 | 978-7-111-52554-7 | 45.00 |
| 供应链管理（第5版） | 马士华等 | 978-7-111-55301-4 | 39.00 |
| 企业文化（第3版）（"十二五"普通高等教育本科国家级规划教材） | 陈春花等 | 978-7-111-58713-2 | 45.00 |
| 管理哲学 | 孙新波 | 978-7-111-61009-0 | 49.00 |
| 论语的管理精义 | 张钢 | 978-7-111-48449-3 | 59.00 |
| 大学·中庸的管理释义 | 张钢 | 978-7-111-56248-1 | 40.00 |

# 华章经典 · 管理

| ISBN | 书名 | 价格 | 作者 |
| --- | --- | --- | --- |
| 978-7-111-59411-6 | 论领导力 | 50.00 | （美）詹姆斯 G. 马奇<br>蒂里·韦尔 |
| 978-7-111-59308-9 | 自由竞争的未来 | 65.00 | （美）C.K.普拉哈拉德<br>文卡特·拉马斯瓦米 |
| 978-7-111-41732-3 | 科学管理原理（珍藏版） | 30.00 | （美）弗雷德里克·泰勒 |
| 978-7-111-41814-6 | 权力与影响力（珍藏版） | 39.00 | （美）约翰 P. 科特 |
| 978-7-111-41878-8 | 管理行为（珍藏版） | 59.00 | （美）赫伯特 A. 西蒙 |
| 978-7-111-41900-6 | 彼得原理（珍藏版） | 35.00 | （美）劳伦斯·彼得<br>雷蒙德·赫尔 |
| 978-7-111-42280-8 | 工业管理与一般管理（珍藏版） | 35.00 | （法）亨利·法约尔 |
| 978-7-111-42276-1 | 经理人员的职能（珍藏版） | 49.00 | （美）切斯特 I.巴纳德 |
| 978-7-111-53046-6 | 转危为安 | 69.00 | （美）W.爱德华·戴明 |
| 978-7-111-42247-1 | 马斯洛论管理（珍藏版） | 50.00 | （美）亚伯拉罕·马斯洛<br>德博拉 C. 斯蒂芬斯<br>加里·海尔 |
| 978-7-111-42275-4 | Z理论（珍藏版） | 40.00 | （美）威廉 大内 |
| 978-7-111-45355-0 | 戴明的新经济观 | 39.00 | （美）W. 爱德华·戴明 |
| 978-7-111-42277-8 | 决策是如何产生的（珍藏版） | 40.00 | （美）詹姆斯 G.马奇 |
| 978-7-111-52690-2 | 组织与管理 | 40.00 | （美）切斯特·巴纳德 |
| 978-7-111-53285-9 | 工业文明的社会问题 | 40.00 | （美）乔治·埃尔顿·梅奥 |
| 978-7-111-42263-1 | 组织（珍藏版） | 45.00 | （美）詹姆斯·马奇<br>赫伯特·西蒙 |